Minerva Shobo Librairie

地域研究へのアプローチ

グローバル・サウスから読み解く世界情勢

児玉谷史朗/佐藤 章/嶋田晴行

[編著]

ミネルヴァ書房

は じ め に

　テレビや新聞，インターネットのニュースでは，連日，貧困や格差の拡大，移民・難民，紛争など世界各地の出来事が報道されている。本書は，グローバリゼーションに伴い「グローバル・サウス」で起こっている諸問題を読み解くための方法として「地域研究」が有効であるとの考えに立ち，その方法へのアプローチを紹介する教科書として執筆されたものである。世界の出来事に対する具体的な問題設定や調査の実践方法を示すとともに，いま日本にいる自分たちと世界の出来事とが，どのように結びついているかについて考える視点を提供することを本書は目指している。

　中東やアフリカでは地域的な紛争が絶えず，多くの人間が家を追われ，より豊かで治安の安定した国々に押し寄せる移民・難民たちは，国境や難民キャンプで飢えや暑さ寒さに耐え，時には途上で何千人もの人々が亡くなっている。また日本でも外国から来た多くの人々が低賃金やハラスメントなどを受ける苦しい生活を強いられている。一方で，メディアには膨大な情報が溢れ，その中にフェイク・ニュースや「オルタナティブ・ファクト」のような容易に真偽の区別のつかないニュースが紛れ込むことによって，外国で起きている出来事は自分の日常の「リアル」からは遠いものに感じられる。この本の読者にはそのように感じている人もいるのではないだろうか。そうした日常的な違和感に対して，地域研究とは，時にその土地を実際に訪れ，そこに暮らす人々と触れ合い，現地で起きていることを見聞きするフィールドワークを通じ，その地域の固有性を描き出しながら，あるいはその地域と他地域との比較対照から，世界をあらためて理解しようと試みる学問である。

　20世紀半ば以降のグローバリゼーションは，越境的な移動や交流，相互依存の増加をもたらし，中国やインドなどの新興国の台頭などによる国際政治・経済の多極化や社会・文化の多様化を進めてきた。一方で，世界の

「南」と「北」の間の不平等や格差，「南」の貧困という構造が受け継がれ，再生産されてもいる。さらに，新自由主義経済を推し進めるかたちでグローバリゼーションが進行し，中国やインド，湾岸諸国など，これまでは「南」に分類されていた新興国が経済的な影響力を持ち，欧米など「北」の国々の中での格差の拡大や貧困問題が深刻化したことにより，豊かな「北」と貧しい「南」という単純な関係ではなく，それぞれの相互関係を分析に含めることがますます重要になってきている。そこで本書では，「南」と「北」の諸関係を内包し，グローバル化した世界の中で生きる「南」出身の人々，移動する人々を含めて考える「グローバル・サウス」という概念を用いて，今日の世界情勢を読み解いていきたい。

　ところで，越境的移動や取引を飛躍的に拡大させるグローバリゼーションの中，国境，国家の枠組みは弱まっただろうか。実のところ，国民国家の役割はむしろ増してきたと言える。例えば，トランプ政権の下でアメリカが文字通り国境に壁を築き，内戦中のシリアや中東地域ではIS（イスラム国）のような疑似国家が生まれている。またBrexit（英国のEU脱退）にみられるような地域統合への反動もまた，このグローバリゼーションの結果，引き起こされてきたものと言えるだろう。ヨーロッパ各国では移民排斥とナショナリズムを訴える極右政党が台頭し，外国人に対するヘイトスピーチも深刻化している。さらに世界は，新型コロナウイルスの感染拡大という未曾有の危機と対峙している。感染症の世界的な感染拡大は，まさにグローバリゼーションの中で不可避な事態であるが，一方で，感染防止のために各国政府が取った国境封鎖や外国人へのビザ発給停止などの措置は，私たちに国境の存在を強く意識させることになった。このことは，グローバリゼーションが，グローバルとローカルの相互の連関の中で生じている現象だということを改めて印象付けている。

　このパンデミックの中で，海外はもとより国内の移動も制限され，多くの地域研究者は，研究の根幹でもあるフィールドワークに赴くことが難しいという状況に置かれている。学部生向けのフィールド実習や，大学院生の論文執筆のためのフィールドワークにもままならないところがあるだろう。本書

に掲載されている論考の大部分は，パンデミック以前に執筆されたものであり，パンデミック後のフィールドワークがどうなるかという論点は必ずしも扱っていない。この問題は，今後改めて考えていく必要がある重要なものであることは間違いない。ただ同時に，パンデミックによってこれまで蓄積されてきた地域研究の方法論が無効になってしまうということも考えにくい。来たるべきフィールドワークに向けた基礎を学ぶ教科書として本書を活用していただければと願っている。

地域研究へのアプローチ
──グローバル・サウスから読み解く世界情勢──

目　次

はじめに

第 I 部　「地域」から「世界」へ
——グローバル・サウスからのアプローチ——

第Ⅱ部　貧　困
——グローバル・サウスの経済的形成——

第Ⅲ部　移民・難民
──グローバル・サウスの越境する人々──

第Ⅴ部　開　発
――グローバル・サウスにおける国民国家の再編成――

第 I 部

「地域」から「世界」へ
──グローバル・サウスからのアプローチ──

　「地域研究」とはどのような学問なのでしょうか。そして「グローバル・サウス」とは何を指すのでしょうか。私たちは日頃，テレビ，新聞，インターネットなどのニュースで世界の情勢を知りますが，そうしたニュースから得られる情報は限られています。皆さんは経済学や政治学，あるいは国際関係などの専門的な学問分野を学ばないと，東南アジアの貧困やアフリカや中東地域の紛争，ヨーロッパでの移民・難民など，ニュースで報道されるような問題についてはよく理解できないと思っていませんか？　「××学」と呼ばれる専門的な知識体系や学科を「ディシプリン」と呼びますが，ここで紹介するのは，そうしたディシプリンを用いながらもそれに縛られず，現地の調査を通じて，「南」の国や地域で実際に何が起こっているのかを考察する「地域研究」という方法です。本書は，世界のニュースで取り上げられることの多い「貧困」「紛争」「移民」「開発」の四つのテーマを軸に組まれていますが，以下の第 I 部「『地域』から『世界』へ」では，そうした「問題」が主に起きている「グローバル・サウス」を考えるための方法論を学びます。

　第 1 章では「地域研究」が扱う領域，その方法論と特色を扱います。第二次世界大戦後のアメリカとソ連の間の冷戦が激しくなっていった 1950 年代以降，地域研究はアメリカにおける外交政策を定める上で，特定の「地域」（中東やアフリカ，東南アジアなどの領域）の政治経済的文脈を広く探る方法として発展しました。それに対してグローバル化した時代に狭く，だがより深く探る方法としての「一国地域研究」を論じます。そして第 2 章ではウガンダ，タイ・ラオスを対象にして研究を行う 2 人の研究者が，実際にそれぞれの調査地に訪れ，どのように調査を進めていくのかを，地域研究の魅力とともに紹介します。

第 1 章
地域研究とグローバル・サウス
──理論とそのアプローチ──

　地域研究とは何を扱う学問なのでしょうか。そして「グローバル・サウス」とは，「地域」とは何を指すのでしょうか。第１章ではグローバル・サウスを理解するため，研究アプローチとして有用と考えられる地域研究の可能性について論じます。そして比較や歴史の分析を通しての総合的・学際的な学問としての地域研究を解説していきます。

· · · · · · · ·

1　地域研究の可能性──グローバルな視野をもった地域研究

（1）格差，不平等を伴った「南」の世界

　グローバル・サウスとは世界の南半分を構成する国と人々を指すが，単なる地理的な南半球ではなく，地域的にはアジア，中東，アフリカ，中南米を含み，政治的な不平等，経済的な格差，社会的不均衡といった構造的な意味で世界を比喩的に南北に二分した際の「南」のことである。本書はその構造に注目すると同時に，「南」の世界を単純に共通の特徴を持った社会として描くのではなく，「地域研究」（Area Studies）のアプローチによって，それぞれの地域の状況や人々の特徴を個別的に描くことを試みた。ここでは地域研究を，現地調査，現地滞在に基づき，「南」の国や地域と，そこに住む人々について，政治経済的・社会文化的特徴や個性を重視して描くアプローチとして捉えるものとしよう。

　グローバル・サウスは，国の分類としての「途上国」に近いが，代わりに「南」という呼び方をすることで，20世紀半ばの南北問題に由来する構造が──その後大きな変化があったことを認めつつも──現在まで受け継がれていると認識するものでもある。北の製造業製品輸出国と南の一次産品（原油，鉱物，木材，農産物）輸出国との農工間垂直貿易[1]の不平等という 1970 年代

の南北問題の構造は，その後オイルショックによって起きた80年代の非産
油途上国の第四世界化や，韓国，シンガポールなどアジアNIEs（新興工業
国）の工業化，80〜90年代におけるラテンアメリカとアフリカの債務累積
と経済危機による貧困化という形で，「南」内部での分極化が起きた。本書
の執筆時の2020年においては，中国の急速な経済発展「世界の工場」化と，
インド，ブラジルなど新興国の経済成長，先進工業国での脱工業化と知識集
約産業への移行などが生じてきており，経済面に限っても様々な変化が生じ
てきた。このように本書では，20世紀半ば以来のグローバリゼーションに
より，世界の政治経済の多極化や社会・文化の多様化が進んだ一方で，情報
技術の発達やそれに伴った国際金融制度の管理が進み，北側の支配の高度化
も促進されたと認識している（本書第Ⅱ部を参照）。

　また従来の「南北問題」の見方は国際関係の一側面である貿易や経済に焦
点をあてるので，主に南の世界の内側を重点的に見る地域研究とは異なるも
のである。私たちが南北間の不平等という構造下にある「南」の世界を理解
するために，大きな構造だけでなく，「南」を構成する人々の営為や国の政
策などを，具体的かつ綿密に捉える必要がある。グローバル・サウスとは単
に「南」の世界，「途上国」の人々を指すだけでなく，グローバル化した世
界の中で生きる「南」の人々や，移民・難民など「南」から移動する人々を
対象にした領域なのだ（本書第Ⅲ部〜第Ⅴ部を参照）。

（2）グローバル・サウスを対象とした総合的研究としての地域研究

　さて，従来の地域研究の定義は必ずしも一つに確定されない。一般的に地
域研究とは，特定地域を長期的，継続的に調査することを通じ，一国の「固
有の経済，政治，社会の仕組みを理解することに関心を置く学問分野」だ
（重冨，2012，23）。そして，地域研究的アプローチとは，アジア，アフリカ，
ラテンアメリカなどの国々を対象にそれぞれの国での長期滞在や調査に基づ
き，政治，経済，社会を総合的，学際的に研究するアプローチである。ここ
では，主に**南側諸国を対象とした一国単位の総合的研究**を地域研究の定義の
核と考えることにしよう。本章では，先進国（北側諸国）側の研究する主体

が，南側諸国（およびそこから移動してきた人々）を対象に研究する「グローバル・サウス研究の一種」として地域研究を捉えるので，先進国による先進国地域を対象にした研究は地域研究に含めない。

　また研究単位としての「地域」の範囲，種類については，一つの国，あるいは民族，言語，地理的特色などで何らかのまとまりをもったものになる。例えば①東南アジア，中東，アフリカなどの国家を越えた地域的範囲（リージョナル），②国家の領する地域的範囲（ナショナル），③国家より小さい地域的範囲（ローカル）と，三種類が「地域」を表すものとして考えられるが[2]，本書では主に②の国家としての地域的範囲を対象にした，いわゆる「一国地域研究」を扱う。しかし，後述するように地域研究は共同研究や学会などでは，国家を越えた①のリージョナルのレベルで編成，組織されている場合が多く[3]，また国をまたいだ紛争や人の移動もみられる。加えて②のナショナルの範囲では「途上国」という開発論の認識方法が入り込みやすいため，研究する主体と研究される対象の非対称的な関係[4]に関わってしまう。結果として，国家単位で考えるという視点は，グローバル，ローカルの見方がやや弱いことに留意する必要があろう。その反面，ローカル，ナショナル，リージョナルという枠組みを重ね合わせるという視点が重層的な視点を持てば，国民国家を相対化できるという利点も地域研究にはある。

（3）ヨーロッパ中心主義的な既存の学問への対抗としての地域研究

　地域研究は第二次世界大戦後，外交政策の必要から米国で登場したため，当時の米国の世界戦略や東西冷戦状況の中での南北問題という構図に影響を受けている。だが，学問的に北側に限定されていた対象地域をしだいに南の世界へと広げてゆき，方法論的にも従来とは異なる視点を提示するようになった。すなわち，南の世界に密着して情報を集め，総合的・学際的研究を行うことによって，その特性をとらえ，ヨーロッパ中心主義的見方を回避するというものとなったのである。そのため地域研究は第二次世界大戦後の日本でも受容され，1980年代頃から学問分野として認知されるようになり，制度化が進んでいった。

　ただ一方で，地域研究は学問的に南の世界に対する理解の拡大・深化に貢献し，ヨーロッパ中心主義的見方を打破することを目指しながらも，他方で基本的に東西冷戦状況の中での南北問題，国際開発政策という枠組みの中で発展してきた。この異なる方向性を持ったベクトルが引き起こす緊張関係や矛盾に，地域研究は常にさらされてきたといえる。

2　地域研究の理論とそのアプローチ

（1）地域研究の長所と弱点

1　南の側から見た南の研究　この緊張関係を意識して，地域研究の長所と弱点をまとめておこう。地域研究のアプローチの仕方として，①南の地域を対象にして南の側から見た研究，②長期の現地滞在と現地調査に基づく研究，③総合的・学際的研究の３点が指摘できる。この３点のアプローチには，②，③の調査研究の方法によって，①の南から見た南を対象にした研究が可能になるという関係が想定されているが，この想定自体が緊張関係をはらんでいる。地域研究では研究する主体は先進国側に居て，研究する側である。つまり南を対象に北から見た研究なのである。これがどうして南から見た研究になりうるのだろうか。

　ここでは結論を先取りするが，地域研究が南から見る方法であるのは，現地調査を通じて研究者が南の人々の視点，見方，解釈を理解し，その立場に立って研究するからである。ただ，これには少なくとも二つの疑問が提示されるだろう。一つは南から見た研究が重要なのであれば，南の研究者や研究機関による研究を強化すればよいではないかという疑問だ。これはある意味で正論であり，現実に起きつつあることでもある。例えば，研究機関が整備され，自国の研究者の層が厚くなっているタイやインドでは，自国の研究者や研究機関による政治経済の社会科学研究が蓄積されてきており，それらの研究を無視してはその国の地域研究を語ることができなくなっている。

　もう一つは，北側の人間がなぜ南の人間に代わって，その国々の表象（文化・社会の特徴を言い表すこと）ができるのかという疑問だ。これはパレスチ

ナ出身の研究者サイードが提起した，中東（オリエント）社会を中東の人々の言葉を無視して成立させる中東研究「オリエンタリズム」の問題とも重なる（サイード，1993）。北側の研究者の描く非西欧社会（中東）を「西欧でないもの」としてステレオタイプに描くことは，その対象となる人々の言葉を奪うことでもある。本来，その地域の社会や文化の説明は，言語や文化のネイティヴである現地の研究者にしか許されていないのではないのだろうか。

　だが地域研究というのは特定のディシプリン（学問分野）の延長線上にあるものでなく，現地の資料などの情報を現地の経験を通して集めることで成立している。それには南の研究者との交流も含まれ，そして現地の経験を通じて，地域研究者は自らの出身国と研究対象の国々，時には研究留学など第三国での滞在から，多数の地域にまたがる視点を手に入れる。つまり地域研究はその方法論を通じ，地域的な領域や視点を総合する研究である。

2　現地調査と総合的研究　次に②の現地調査の重要性について述べていこう。地域研究が登場し始めた1950年代や60年代においては南の国の情報や資料を集めるには現地に行くことが不可欠であり，それも簡単ではなかった。民主化は進んでおらず，マスメディアも十分に発達していなかった。政府は情報を公開せず，マスメディアを統制した。このような状況では現地に滞在して，いろいろな分野の情報源となる人物と関係をもち，かれらから直接話を聞く，様々な（参与）観察をする，現地紙を読むといった形で現地にて情報を集めることが不可欠であった。日本国内で現地の新聞を読めるのはアジア経済研究所など限られた場所だけであり，現地研究者の論文や現地の組織（政府組織だけでなく労働組合などの非政府組織）の文書も現地に行って本人や関係者から見せてもらうしかなく，それをコピーするのも一苦労だった。それが現在では，民主化によってマスメディアに対する規制が緩和され，情報技術の発達によって政府の報告書，NGOの活動報告や新聞，研究者の論文などがインターネット経由で，日本で入手できる時代になっている。

　しかし地域研究の出発点は，人類学などと同様，調査者が他社会に住むことで受けるカルチャーショックであり，そこから自社会と他社会の異同を考察することが始まる。そもそも地域研究者は自分の目で観察し，自分の脚で

歩き回り話を聞き，自身で調査をして初めて，あるいは現地生活を経験して初めて，新聞で報道される政治家の発言の意味が理解できるようになり，政府の報告書に書かれている数値の信頼度を判断できるようになる。これは遠く離れた社会の研究だから当然なのだが，最近は地域研究や外国研究に限らず，自分が住む社会に関してさえ同様のことがいえるだろう。

3　総合的・学際的研究　地域研究の特徴として③の総合的・学際的研究について述べていこう。地域研究が登場した1950〜60年代当時，人文・社会科学のほとんどのディシプリンは，文化人類学や東洋学を例外として，暗黙のうちに欧米先進国（北側）社会を研究対象とし，南の世界は対象外だった。また歴史学を除けば，近代社会を対象にした研究が主であった。その結果，概念やそれに基づく理論的枠組みは地域を越えた普遍的なものとされながら，欧米近代社会が前提にされていたのである。ここでいう総合性とは，方法論的総合性というよりも，研究対象における分野的総合性である。つまり経済学と社会学の総合を目指すというより，一つの地域を対象に政治・経済・社会を広くカバーし，モニターすることだった。つまり当時は専門分野の異なる研究者たちで，同じリージョンの地域研究をディシプリンなどの役割を分担しながら，共同で行っていたのである。

　共同研究で行われたような複数の分野を抱え込むような「地域研究」は当時の特徴であり，利点でもあった。例えば，個々の研究者が単独で複数の専門分野を修得して，その分野の調査研究方法に熟達し，かつ対象地域における現地調査研究を行うのは，時間もかかり，至難の業である。ましてや専門分化が進む現在，複数の分野において完成された専門的研究者となるのは不可能といってよいだろう。そのため，実際には個々の研究者が，対象地域に関する多くの分野，領域の情報を広く収集し，複数の研究分野の研究動向を注視しつつ，主たる専門分野一つに加えて，副専攻的な専門分野を研究することになる。そして総合的・学際的研究は共同研究で行うことが合理的なことだった。つまり地域研究は専門性と地域性の二つを兼ね備え（武内, 2012），対象地域を共有する多くの研究者が関わる共同事業として成立していたのである。このようにして地域研究は，南の国を南の側の視点で理解し，総合的，

かつ学際的に説明するのに適した研究方法だった。しかし，残念ながらそうした共同研究を主体とした地域研究には限界や弱点もある。

4　一国地域研究の限界　地域研究はいわゆる南側諸国の研究に大きな貢献をしてきたが，時代と共にその限界も指摘されるようになってきた。地域研究の登場以来，南側諸国を取り巻く環境や問題は常に変化している。当然のこと，地域研究が直面する実践的，学術的課題にも変化が生じる。これまでは，個々の研究者のレベルで「一国地域研究」であり，重要な部分は「国民国家」の研究だった。ところが今，この国民国家の存在自体が問われており，その解体論までもが登場している。ヒト，モノ，カネ，情報の国を越えた移動，つまり越境的現象の増加というかたちで，グローバリゼーションが進展し，国境の重要性と統制力が低下してきた。それに伴って国民国家の重要性も低下している。一国地域研究のように国を研究対象にする発想が染みついていると，移民や労働移動のような越境的現象は見落としがちにもなる。

　また地域研究は基本的に一国に焦点を絞った研究であり，その国の個性，特殊性に関心を寄せるため，国や地域を越えた一般性や普遍性の追究は二の次である。またそれぞれの個性や特殊性は，元来他との比較対照によって，よりよく理解されるはずだが，日本の地域研究では比較研究を取り入れた地域研究はほとんどない。そこで以下では地域研究的アプローチを中心にグローバルな視点を取り入れた研究がどのように可能かを論じていこう。

（2）「地域」の重層性から統合性へ

1　「地域研究」に携わる学会や研究機関　ここで比較研究との関係で「地域」の重層性，あるいは多重性について触れておこう。すでに述べたように，研究対象あるいは単位としての「地域」は，アフリカ，中東，ラテンアメリカなどの国家を越えた地域（リージョナル），国家（ナショナル），国家より小さい地域（ローカル）と，いろいろな単位が考えられるが，個々の研究者のレベルでは国家，あるいはより小さい民族や言語話者集団を単位とすることが多い。いわゆる一国地域研究が主流で，その理由として研究者養成上の理由と現地調査，現地滞在に関わる制度上のものがある。地域研究者の養成に

は言語，文化の習得が重要な位置を占めるので，言語話者集団が一つの研究の範囲や単位となるのは自然で，言語集団と国民国家が一致していれば一国単位の研究になる。ただし南の国々では日本のように一言語が国語とされていて，言語話者集団と国民が一致すると考えられている国はむしろ例外的だ[5]。また現地調査を行うには，滞在のためのビザの取得や現地の大学や研究所との協力関係が必要で，これは国の制度や法律に関わることが多く，自然と研究者の対応も国家単位にならざるをえない。

　一方で，学会や研究所などの組織や共同研究のレベルでは地域研究は，国家より大きな地域（リージョン）で編成されている。また学術誌は各学会が出版し，出版は共同研究の成果であるため，自ずから国家を越えた地域単位になっている。国際問題，国際関係，国際開発などを専門分野とした研究所や大学院の専攻などは世界全域をカバーする場合が多いが，地域研究系ではリージョンとしての各地域（アジア，アフリカ，ラテンアメリカ，オセアニアなど）をすべて網羅して研究するものは稀だ。その理由としては，地域研究の共同研究においては政治的・経済的統合性の高いリージョナルとしての地域が前提とされるため，地域内での比較はともかくとして，地域をまたいだ比較（例えばアフリカとラテンアメリカなど）が成立しにくい傾向があるからである。

2　国家を越えた地域の意義　このように，「地域」の現実の共通性の程度と，それぞれに関連する学問の伝統などによって，地域研究における「地域」（リージョナル・ナショナル・ローカル）の意義や認識は一様ではない。そして基本的に一国（ナショナル）地域研究を各地域研究者が選びつつも，国家を超えた「地域」（リージョン）に意義があることも広く認められている。なぜなら，国境を越えたリージョン内の国家同士のつながり，交流，紛争，また人々の移動などが相互に絡まり合い，それぞれの国の特徴を形成していることも，一国地域のことを深く知れば知るほど見えてくるからである。

　例えば，東アフリカのウガンダの国民の多くは隣国（ルワンダ，コンゴ民主共和国，ケニア，南スーダン）などからのルーツを持っていて，そこでの人々の移動や交流は大きくアフリカ大湖地域と呼ばれるような共通の文化圏を形

成している。もしくは，フィリピン，インドネシア，マレーシアなどの海洋諸国においての海を通じてのつながりは，近代国家の枠組みで語られるものとは別の歴史を築いている。こうしたリージョナルな地域を想定しつつ，一国地域の社会や歴史を掘り下げ，その上で各国を比較し，総合化していく共同研究を促すのも地域研究が目的とすることの一つであろう。

3　総合的・学際的研究と地域研究　ただ，このような比較研究としての地域研究の最も困難な点の一つは，総合性と専門性にあるだろう。地域研究では対象を一国，一地域に限定することで総合性，学際性を高めるが，総合性，学際性は対象の限定によって扱いが可能になるだけで，そのまま自然に身につくわけではない。その仕事の陰には地域研究者の資質（専門性と現地調査への順応性）や，他の研究分野を同時に学ぶという，マルチタスクへの努力や柔軟性が必要とされる。地域研究者の学際的な努力と制度的な支援の下で，ようやく総合的な地域研究が成立している。

　その総合性・学際性も必ずしも地域研究の専売特許といえなくなってきている現状もある。なぜなら，途上国を対象にした研究分野でも，経済学が経済現象だけでなく，政治や教育の分野に適用されたり，開発研究のような学際的な分野が登場してきており，地域研究だけが途上国を対象にした学際的，総合的研究ではもはやないからである。そして，ほとんどの専門分野（政治学，経済学，社会学など）で方法論や技法のハイブリッド化が進んでおり，また「途上国」を研究対象にするようになってきている。

4　南の経験と地域研究の蓄積　だが，それでも地域研究が総合的研究として優れているのは，地域に密着した視点とともに，そこで培われてきた経験があるからである。これはアジア，アフリカの国々が独立して60〜70年ほど経ち，独立国としての政治や開発の経験や研究の蓄積がされてきたことも関係している。過去の1950〜60年代頃の時点では経済学，政治学，社会学など主要な学問は欧米先進国の社会や歴史的経験をもとに理論やモデルが作られており，そうした概念，理論をもとに途上国を分析することは，途上国の理解としては歪んだものになる怖れがあった。なぜなら当時の地域研究では，先進国の過去と途上国の現在を安易に同一視することで成立していたた

めに，そこで示される図式は，前近代／近代のような単純な二分法，二項対立的なものだったからである。これらの研究はともすると，欧米的な図式を非欧米的な地域に（その歴史的・地域的文脈を無視して）あてはめるものや，「オリエンタリズム」を生み出す原因ともなった。しかし過去60～70年の間で，南側諸国の経験や研究が蓄積してくると，南側諸国をもとにしたモデルや理論も登場する。ここから導けるのは，南側諸国同士の比較研究と歴史研究の重要性である。そしてこれらの新しい手法が，地域研究をさらなる発展を遂げた学際的・総合的研究へ昇華させていくことが期待される。

3　新しい地域研究の動向
──国家を越えた「地域」による比較と総合性──

（1）「南」の内部の比較研究

　従来，地域研究は一国地域研究として国別に研究が行われ，地域の特殊性，個性を明らかにすることが中心的な研究目的であり，地域＝国の違いを越えた一般性や普遍性への関心は低かった。しかし国ごとの特殊性や個性は他の国と比較してこそより明確になる。また地域研究は通常，東南アジア研究，アフリカ研究，ラテンアメリカ研究のように複数の国にまたがる地域を単位に組織されている場合がほとんどである。そこでは暗黙のうちに，あるいは明示的に各国の共通性や違いに基づく比較や類型化が行われている。

　例えば，アジア経済研究所のアフリカ研究は伝統的に，研究所内外の研究者がそれぞれ一国を担当して1章を執筆し，5，6カ国をまとめて「アフリカ地域」の研究成果として出版している。同研究所が発行した著作の内，例えば『現代アフリカの紛争』（武内編，2000）では，90年代に頻発して起こったアフリカの内戦・紛争（ケニア，ブルンジ，ルワンダ，リベリア，スーダン）を題材にして，各国に共通した特殊な政治状況を浮かび上がらせることに成功している。こうしたスタイルは龍谷大学社会科学研究所がまとめたアフリカ国家や国際関係についての著作『アフリカ国家を再考する』（川端・落合編，2006）などでも踏襲されている。ただ，こうした同一地域内の国家間比較を主としたスタイルが，必ずしも方法論的明確さや一貫性を持ったものになっ

ているわけではない。また時として明確なひとつの研究課題が設定されず，結論が見当たらない場合もある。では，こうした比較研究を，総合研究にまとめるものとは何なのだろうか。

（2）歴史研究としての地域研究

　一国地域研究の束縛から離れ，総合的研究としての比較を行う際にもっとも考慮せねばならない点は，歴史研究の側面であろう。先述したように，第二次世界大戦後の植民地の解放，1960年代のアフリカ諸国の独立など，南の世界はここ半世紀以上もの間，北の世界とはまた別に独自の歴史を築き上げてきた。それは，1960年代に登場した当時の地域研究には欠けていた視線である。当時の地域研究において，研究の対象になる国々が独立直後で歴史が存在せず，また存在していたとしても「前近代」の状態に置かれた歴史だとされ，無視された。ところが半世紀を経過した現在では，南の歴史も，北の亜流としてではなく，それ自体の流れとして見るべき対象としてある[6]。また，その南での歴史は，発展段階論や進化論的に捉えるのではなく，一つの堆積した地層として見る必要がある[7]。その歴史性への分析が，地域研究を単なる浅い比較ではない，南側の各国の歴史の流れも組み込んだ「深い比較」を可能とする[8]。

（3）時代状況への対応

　さて，歴史性の研究を通して統合化・学際化された地域研究ではあるが，それに対して同時代のグローバル化された状況へ対応した研究をしているのかという批判もあるだろう。特にモノやカネがやすやすと国境を越えていくグローバル化の現象と，それに伴っての移民（ヒトの移動）の増加などによって，一つの国や地域の中が多極化していくという社会内の多文化・多様性の問題は，従来の地域研究では十分扱ってこなかった。欧米先進国やオーストラリアなどの北側諸国で，南側からの移民の受け入れが進み，多文化主義政策が採用されたが，それと同時に移民排斥の動きも各国内の政治の一部となり（本書第Ⅲ部を参照），また2000年代以降，特にシリア内戦やイスラム

国（IS）などの問題が起こるようになった。伊豫谷が指摘しているように，グローバル化には統合と分裂の両面性があり，単純に新自由主義的グローバル化が資本と多国籍企業の自由な活動，国民国家の解体を意味するわけではなく，むしろ国民国家の再編成を促すという（伊豫谷，2002）。しかしその中での南の国々や人々の対応は，北の国々や多国籍企業とは異なる。なぜなら，南の国の経済発展には，多国籍企業の直接投資が不可欠であり，そのため南の国家は外国資本が投資する魅力的な政治，経済条件や制度を整備する必要があるからだ。その反面，北側諸国や多国籍企業側は南側諸国から低賃金労働力を搾取するだけでなく，安定した政治・経済基盤の確保のため，南側諸国における雇用拡大や技術移転に一定の貢献をする必要がある。

（4）地域研究と開発研究

　最後に，同時代の状況を踏まえた上で地域研究と開発研究との関係について言及しよう。開発研究（開発学）および政治学（比較政治学，国際政治学）においては，「途上国」の研究は，地域研究だけでなく，一般的な理論への志向を持った研究として行われてきた。ただ，ここでの主要な関心は経済的側面で，経済成長，経済発展の要因，従属理論など，単一のモデルを重視する傾向にある。また経済学・開発学とは異なる政治学のアプローチでは，経済発展と政治や国家の関係も議論され，南側諸国における開発独裁や開発主義国家の指摘など，地域研究に強く示唆を与える研究も行われてきた。だが，それらの研究では分析の中心が政治と経済に限定され，1990年代に社会開発の議論が盛んになっても，保健・教育などの社会部門についてであり，社会や文化という意味で社会全体を視野に入れたものではなかった。それは開発研究における「社会」の視点の弱さともいえるものだろう。

　ただ，そうした開発研究の「社会」の弱さの一方で，国連諸機関の取り組みによって近年アフリカ諸国の社会経済的実績を示す各種の統計が整備され，マクロ（国）レベルでの統計学的な比較研究が行われるようになってきたことは指摘しておく必要がある。2000〜2015年に行われた「ミレニアム開発目標」（MDGs）の発表は，国連総会で採択された国際目標に基づくという点

と，結果目標としての数値目標である点に特徴がある。これらの国際的な流れによって，各国の数値化された指標をデータとして集計し，比較している。ただし，こうした統計手法は一国ごとの特徴を追求する一国地域研究とは対極的なアプローチである。どちらのアプローチが優れているかというよりも，相互補完的な関係にあるととらえた方が生産的であろう。数値化によって可視化された「途上国」の社会の現状を，学際的・総合的な地域研究によって細かく描き，その内部の動態を，歴史性や移民などの多文化的な現状も含めて，明るみに出すことが現代における地域研究の役割としてある。開発研究も地域研究もグローバル・サウスの構造性を様々な比較を通して明らかにしていくという意味で，目的を共有している立場であるといえよう。

4　本書の構成と利用の仕方

　本書は，本章と次章「地域研究のアプローチ」の理論と方法論を扱った第Ⅰ部から始まり，第Ⅱ部のグローバル・サウスにおける「貧困」，第Ⅲ部の「移民・難民」，第Ⅳ部の「紛争」，そして第Ⅴ部の「開発」と，全体で5部の構成となっている。第Ⅱ部から第Ⅴ部までは各部3章によって構成され，それぞれの理論的な解説，歴史的背景，また具体的な事例として，各問題を取り扱った論考が挙げられている。各章の説明については各部の扉にある概要に譲り，ここでは教科書としての本書の使用法について説明をしよう。

　各章では，冒頭に簡単な要約としてのイントロダクションとそれに続く本論がある。またその後に，「さらに学ぶための問い」として三つの問いが示されている。「振り返ってみよう」では各章の内容の復習を，「議論してみよう」では授業内のグループワークなどに用いるかたちで，そして最後の「調べてみよう」では各章の内容から発展させてレポート執筆につながるように，それぞれの問いが用意されている。また本書の読者としては「地域研究」を学ぶ学部の2～4年生や大学院の修士課程などの学生を想定しているが，各自の興味や知的なバックグラウンドが一様でないことを考慮して，興味を持ったテーマに基づいて深く学べるように，「さらに学びたい人へ」として

3冊の推薦書籍を紹介している。

　地域研究は，全国の大学でも学部の専攻分野として用意されている場所は限られているが，本章で述べたように学際的で，グローバル化の中の様々な事象（貧困，紛争，移民，開発）を扱う野心的な領域としてある。本書を手に取った方々へ，少しでもこの研究分野の魅力が伝われば幸いである。

（児玉谷史朗・森口　岳）

●さらに学ぶための問い

振り返ってみよう　学際的な地域研究と専門的な政治学や経済学はどのように異なる学問なのでしょうか。

議論してみよう　地域研究の長所と短所とはどのようなものでしょうか。「地域」の定義づけや比較研究が持つ問題を指摘しながら，いくつか述べてみよう。

調べてみよう　地域研究において，グローバル・サウス（途上国）の近現代史の研究が果たす役割について考えてみましょう。歴史（性）を扱うことで，それまでと違うどのような視点が可能になるのでしょうか。

●さらに学びたい人へ（参考文献ガイド）

①末廣昭，1993，『タイ──開発と民主主義』岩波書店．／著者は，タイの国民経済や国家建設の問題を正面から取り上げて議論する一国研究の立場で書いている。タイ研究，東南アジア政治経済を学ぶ人にとって必読の文献である。

②佐藤章，2015，『ココア共和国の近代──コートジボワールの結社史と統合的革命』アジア経済研究所．／アフリカで例外的に「安定と発展の代名詞」と言われたコートジボワールの政治経済を中心とした地域研究書。国家形成史の研究として刺激的な著作である。

③村井吉敬，1988，『エビと日本人』岩波書店．／海洋資源の豊かな東南アジアと日本経済との関係を「エビ」を通して見た文献。本来は国境のない海という空間と，領域性のある国家との関係を考えるのに示唆的な本である。

引用参考文献

伊豫谷登士翁，2002，『グローバリゼーションとは何か』平凡社．

岩崎育夫，2019，『アジア近現代史』中央公論社．

川端正久・落合雄彦（編），2006，『アフリカ国家を再考する』晃洋書房．

サイード，E.／今沢紀子訳，1993，『オリエンタリズム』（上・下）平凡社．

佐藤章，2015，『ココア共和国の近代──コートジボワールの結社史と統合的革命』アジア経済研究所．

重冨真一，2012，「比較地域研究試論」『アジア経済』53（4），23-33頁．

武内進一，2012，「地域研究とディシプリン──アフリカ研究の立場から」『アジア経済』53
　　（4），6-22頁.
　────（編），2000，『現代アフリカの紛争──歴史と主体』アジア経済研究所.
宮本正興・松田素二（編），2018，『改訂新版　新書アフリカ史』講談社.
Bayart, J-F., 2009（1993）, *The State in Africa: Politics of Belly*. New York: Longman.
Mamdani, M., 1996, *Citizen and Subject: Contemporary Africa and the Legacy of Late
　　Colonialism*. Princeton, N.J.: Princeton University Press.

注

（1）農工間垂直貿易とは，第一次産業（農業）の財（一次産品）と第二次産業（工業）の財（二
　　次産品）との間に生じる貿易が，対等ではない上下関係を含んだものであることを指す。な
　　お，一次産品間，二次産品間の貿易は水平貿易と呼ばれる。

（2）「地域（的）」を三つの段階（リージョナル，ナショナル，ローカル）に分けたが，国家の領
　　域を意味するナショナルは本来，「国民（ネーション）」などその中にいるヒトを含意するも
　　のであり，南側諸国からの移民もまたその領域に含まれていることも指摘しておく。

（3）「地域研究」を軸にする学会は複数存在するが一部の例外を除き，一つの国を対象とした学
　　会は成立しにくく，研究所，学術誌の出版なども含めて，国家を越えたアフリカ，中東など
　　の「地域」のレベルで編成されているものがほとんどである。これは日本の内外を問わず共
　　通している。また国家を越えた「地域」が組織上の編成単位になることが多いのは，実際の
　　「地域」に共通性や統合度が高い政治・経済が想定されているからである。

（4）研究主体と研究対象の非対称性とは，植民地行政，開発援助，外交政策の中で宗主国，援助
　　国，大国などの力を持った側が主に「北」に位置し，開発研究，地域研究などで，植民地，
　　被援助国などの「南」が研究対象と位置づけられている構造のことである。

（5）ラテンアメリカではスペイン語，サハラ以南アフリカでは英語，仏語という旧宗主国の言語
　　が複数の国で公用語としてある。その反面，アフリカでは，ジュラ語，ハウサ語，スワヒリ
　　語などが国境を越えて用いられ，中東ではアラビア語が多くの国で使われている。

（6）例えば，一般書でも『新書アフリカ史』（宮本・松田編，2018）や『アジア近現代史』（岩崎，
　　2019）のように，それまで欧米から周辺的な地域とされてきた場所が，近現代史の歴史を通
　　して中心的な役割を果たしてきたと歴史研究の中でも指摘されつつある。

（7）地域研究における歴史性は，歴史の方向を単純に定めるようなマルクス主義的な歴史観や目
　　的論的な進歩主義史観と異なり，必ずしも直線的なものでなく，複合的な要因を抱えた「地
　　層」としての歴史である（Bayart, 2009）。後の終章の拙稿の議論を参照のこと。

（8）例えば佐藤の研究（2015）は，西アフリカの一国コートジボワールの1960年から半世紀の
　　歴史を追ったものであり，地域研究の歴史性を深く捉えた好例である。

取材対象を理解するために──新聞記者の場合──

　照りつける日差しの下，数万人の市民がステージに向けて歓声を送っていた。人々の視線を一点に集めていたのはミャンマーで民主化運動を率いてきたアウンサンスーチー氏。2015年11月，歴史的な総選挙が1週間後に迫っていた。最大都市ヤンゴン郊外の広場で私は人々の熱狂をカメラに納めながら，彼女の演説を取材した。「今回の選挙は変革の好機。生かせれば真の民主主義を打ち立てられる」。自信に満ちた彼女の訴えは有権者を動かし，半世紀続いた軍の政治支配に区切りを付けた。

　閉鎖的な軍事政権の国から「アジア最後の経済フロンティア」へと変貌した2010年代のミャンマーを取材した。特に2013年から17年まではヤンゴンに駐在し，かつて自宅軟禁に置かれたスーチー氏が事実上の政権トップに上り詰めるに至るプロセスを社会の変化とともに間近に見て，日本の読者に伝えるという仕事ができた。

　「ミャンマーが民主化する時には現場で取材したい」。それが2002年に記者になった時に立てた目標の一つだった。ミャンマーとの出会いは1995年。在籍していた一橋大学社会学部で東南アジア研究のゼミに加わったのがきっかけで旅行し，政治的自由もなく経済的にも貧しいにもかかわらず，豊かな心を持つ人々に魅了された。「この国を深く理解したい」。そんな思いに突き動かされ，大学院でミャンマーを研究する道を選んだ。

　大学院の指導教官の方々には地域研究の基本を教わった。先生方に共通していたのが研究対象への姿勢だ。政治学や文化人類学といった学問分野は違えども，フィールドに行けば人々と同じものを食べ，同じものを着，同じように暮らして，人々を理解しようとされていた。私も軍政下のヤンゴンに2年間留学したが，ミャンマー人になりきって生活することで，感覚の上でも人々を理解しようと心がけた。そして，「豊かな心」の内側で自由や生活向上を願う人々の切実な思いを感じたのだった。

　その後，記者になった私は運良くミャンマーで取材活動ができた。地域研究の経験はミャンマーに限らず取材対象を理解しようとする際の努力の仕方につながっている。イスラム教徒ロヒンギャ迫害や民主化停滞などでかつての熱気が冷めつつあるミャンマーの動向も，人々の思いを理解する努力を怠らずに追い続けていきたい。

（五十嵐　誠／朝日新聞社）

　実際に地域研究を行うにあたって，具体的にどこで，どのように，何をすれば
よいのでしょうか。本章では，アフリカのウガンダ，そして東南アジアのタイと
ラオスをフィールドとする2人の研究者が，それぞれの経験からライブラリー・
リサーチとフィールドワークの方法と魅力を紹介していきます。

・・・・・・・・

1　地域研究の方法論──どこで，どのように，何をするのか？

　「地域研究」は，おおむね海外での現地調査を含む学問である。実際に自
分が研究をする地域を訪れ，そこで少なくない時間を過ごすことが求められ
る。本章の筆者2人は，1人がアフリカのスラム地域，もう1人が東南アジ
アの農村地域での現地調査をもとに研究を行ってきた。調査では，首都の中
心部にあるホテルや農村部にある近代的な建物の中での滞在もあるが，場合
によってはダニだらけのベッド一つに男2人（／女2人）で寝たり，ぎゅう
ぎゅう詰めのピックアップ・トラックに乗って悪路を移動したり，足を棒に
して隣村のインフォーマント（情報提供者）のところを訪ねたりもする。

　なぜ，そんな苦労をするのだろう？　研究なら，もっとスマートにできる
ことがあるのではないか，と思う人もいるかもしれない。だが地域研究者の
1人としていえるのは，その土地を（内側から）知らなければ，研究の上で
その「地域」を語るのは難しいということだ。その土地に実際に訪れ，実際
の眼で見て，肌で感じ取る。それらは，日本の限られたメディアの中で生き
ている私たちの世界に対する認識をひっくり返すことでもある。

　地域研究者の研究地域やテーマの出会い方というのは，本当に人それぞれ
だが，世界の社会情勢に対してアンテナを立てることから始めてみよう。そ
の手始めは，新聞紙やニュース雑誌を広げて，国際欄のニュースを読んでみ

ることだ。

　新聞を読む感覚は，同時代の感覚を捉えるのに必要不可欠なものだ。1週間のうちの1日でも，海外へ記者を派遣している日本の四大紙（朝日新聞・日本経済新聞・毎日新聞・読売新聞）とニュース雑誌（「ニューズウィーク」「エコノミスト」など）の国際欄を広げ，そこでどのような事件が起きているかを確認してみよう。以上の新聞・雑誌は大学付属の図書館や市や区の公立図書館に定期購入され，アクセスしやすいメディア媒体である。この「読む」作業を通して重要なことは，自分が自然に吸い寄せられるニュースや記事がどのような傾向のもので，どのような分野で，またどの地域のものなのかを知ることである。それは，自分がどこに行きたいのか，どのような人と交わりたいのか，なにを知りたいのかということの感覚を磨く行為でもある。

　次にそれぞれのテーマと地域とを絞って地域研究を行う段階となるのだが，その際に大切なのは，調査対象となる国の実情をなるべく詳しく知ることである。特に現地調査に入る者にとって，身の安全の確保も含め，出国前に徹底した国情についてのリサーチが求められる。次節ではフィールドに入る前に必要な国内でのライブラリー・リサーチ，現地新聞での対象国の政情の把握などについて述べ，言語習得の必要性についても論じていこう。

2　ライブラリー・リサーチ
──国情を調べ，新聞を読み，言語を学ぶ──

（1）ライブラリー・リサーチ事始め

　まず自分がもっとも身近に接している図書館で，なにが手に入り，なにが手に入らないのかを確認することから始めよう。そして，現在入手できない情報をどのように得るかを考えてみよう。先に述べた新聞雑誌以外に，どのような研究資料が必要だろうか。以下の該当リストを参考にして，その図書館がどこまで揃えているかチェックしよう。

　　①調べたい地域を扱っているデータ集など（5年以内に刊行のもの）
　　②調べたい研究テーマの基礎文献

　③調べたい地域の基礎文献[1]

　④調べたい地域の現地新聞・ニュース雑誌

　①はよく知られているものとして，外務省の国別・地域別データや EIU（Economist Intelligence Unit）の国別レポートなどがあり，各国の政治状況・経済状況や略史など必要最低限の情報を知ることができる。だが，これらはあくまで必要最低限の情報であり，データの正確さ，妥当性については研究を進める中で検討していかなくてはならない。

　②と③は研究テーマを掘り下げていくために必要な視点と，理論的な枠組みを用意してくれる。調べたい研究テーマの基礎文献については，自分が対象とする地域だけに限る必要はない。地域を超えてどのような議論が行われているかを押さえておくことが大切だ。

　④は，フィールドワークの準備の一環だ。現地の事情を知るには，現地で発行された新聞を読むことで，その時の経済や政治事情を詳しく知ることができる。だが，よほど大規模の図書館でない限り，（例えば筆者たちの調査地域のウガンダやタイ，ラオスなどの）特定の国の新聞や雑誌が揃えられていることはない。基本的に現地で発行された新聞を普通の図書館では手に入れることは難しいだろう。だが，もし自分の所属している大学に，その地域の研究者がいる場合，現地新聞を館内に置いている可能性は高くなる[2]。また欧米や中国などの国の中でも地域性を絞る場合は（米国の州ごとの新聞など）自ら扱う地域の地方紙が置かれていることが望ましい。日本国内の例でたとえるとすれば，北海道や沖縄など，東京などの主要都市の状況とは違う政治経済状況に置かれた地域もある。その場合も沖縄日報など地方紙を確認しているかどうかで，地域研究としてどこまで現実の詳細さに迫っているかどうか問われるだろう[3]。これは本章の第3節で改めて説明しよう。

　さて，普段に使っている図書館の OPAC 検索[4]で見つからなかった場合は，CiNii ／ Webcat ／カーリル／ Google Scholar[5]などのデータソースを調べてみよう。いまはスマートフォンからでもインターネットで検索可能だ。

　自分が頻繁によく使う図書館をうまく利用すれば，たいてい日本国内で入

手可能な情報ソースを見つけるという問題は片づく。実際にその図書館に資料がなくとも，「相互貸借サービス」などで他館から取り寄せてもらえる。最近は司書による図書検索の相談（レファレンスサービス）を受け付けている図書館も多いので，そのようなサービスを利用することもできる。しかし地方の大学図書館の場合，限界があることも現実だ。その次の手段としてあるのは，国内の中での他学，もしくは他研究機関の図書館を訪れることである。

（2）国内の図書館への訪問

　地域研究を中心に据えて，それぞれの地域の研究者が在籍しまた各地域の資料を集めている機関は日本国内でも限られている。ここでは関東・関西圏の主な研究機関の図書館を紹介しておこう。それぞれの図書館には各自のホームページがあり，たいていは一般の利用も受け付けている。ただ開館時間などは他の大学の総合図書館などと比べて短く，週末など開かれていない場所も多いので注意が必要だ。

> **東京・千葉など関東圏の地域研究の研究機関の図書館・資料室**
> ・東京大学　東洋文化研究所図書室
> ・東京外国語大学　アジア・アフリカ言語文化研究所　文献資料室
> ・日本貿易振興機構（JETRO）アジア経済研究所　図書館
> **京都・大阪など関西圏の地域研究の研究機関の図書館・資料室**
> ・京都大学　アジア・アフリカ地域研究研究科図書室
> ・大阪大学附属図書館　外国学図書館
> ・国立民族学博物館　みんぱく図書室

　上記の図書館で確認すべきなのは，現地新聞や各国の統計資料，そして調査地域の研究専門書の有無である。限定された期間で調査する以上，現地調査で入手できる資料は限られている。そのため日本で入手できる資料と現地でしか調達できないデータを把握しておく。自分の研究にとって重要なデータがどこにあり，そして現地調査で必要なものが何かを徹底して洗い出すた

めに，ライブラリー・リサーチは決して手を抜いてはならない。

（3）調査地域で用いられている言語（行政言語・現地語）を学ぶ

　大学入試で学んでいるはずの英語でも，研究で「使える」ようになるのには時間がかかる。大学から学び始めた第二外国語（仏・独・西・中国語など）はなおさらだ。ただ，言語は用いないと上達しない。知りたいことを知るため，道具として使い続けることで，言語の修得は成し遂げられる。そのため，文献調査においても外国語を用いて是非進めていってほしい。また，英米仏などの外国語は，調査地における旧宗主国による行政の言語としての役割を担っており，次節で述べる現地調査の初期に用いる可能性は大であろう。

　本項で伝えたいのは，日本における現地の言語の学習の必要性である。留学にしても調査にしても，出発前に語学の勉強の時間をあまり割かず，「現地で学ぶ」やり方もある。日本では話者の少ない言語（筆者らの例ではガンダ語・スワヒリ語，タイ語・ラオス語など）を学ぶのは，手間もお金もかかる。学べる場所も限られている。だから現地に行ったときに学ぶ方が早いと考える人もいるだろう。

　筆者は以下の二つの理由から，事前に現地語を学んでおく意義があると考える。第一に，文法や単語などは早い段階で身につけた方がよい。現地では確かに生きた言語を学べる。だが正確な文法の知識を早期に学んでいることで，正しい言葉遣いや言い回しなどが早くに身につく。これは現地のインフォーマントの信頼を得るために重要なことだ。第二に，調査地域での研究時間は限られている。現地調査というものは，たいてい，資金がつねに足りず，かつ卒業論文や修士論文など非常に限定された期間の中で実施せざるをえない。そのためにも，日本にいる間に基本的な訓練はすませた方がよい。

　タイ語やスワヒリ語などを日本で学ぶことができる機関は，公立では東京外国語大学オープンアカデミー（東京都府中市および文京区）などの公開講座があり，そこで半年のコースや10日間ほどの集中講義を受けられるようになっている。地方の国公立大学（大阪大学など）でも履修学生を対象に外国語クラスが置かれている。また私立の大学でも，一般の人々に向けた公開講

座が設置され，その他民間の語学学校で様々な言語を学ぶことは可能だ。ま
た調査地の現地語を母国語とする留学生などに個人レッスンを依頼するとい
う方法もあるだろう。理想としては，調査地へ出発するまで現地語で，挨拶，
自己紹介，数の数え方，道の訊き方や買い物での値段の交渉などができてい
ることが望ましい。

（4）フィールドワークを行う前の準備

　現地調査（フィールドワーク）の現場の経験について紹介する前に，その事
前準備について考えてみよう。フィールドワークには，聞き取り調査，参与
観察（成員の 1 人となって，集団の内側から観察すること），ドキュメント分析，
観察などの様々な手法があるが，いずれの場合でも調査をする前に，以下の
ような点を整理しておく必要がある[6]。

　　・調査によって何を明らかにしようとしているのか。
　　・いつ，どこで，誰を対象に，どのような調査を行うのか。
　　・どのような質問を行い，どのような回答が予想されるのか。
　　・質問に対して想定される回答が得られた場合にはどのような分析を行
　　　うことができ，その調査結果からどのような議論が展開できるか。ま
　　　たその議論は先行研究とどのような関係にあるのか。

　こうした問題意識に基づいて，フィールドワークのデザインを吟味してお
く必要がある。聞き取り調査には，系統的に整理された質問に基づく構造化
インタビュー，事前に大まかな質問項目を決めておき，回答者と対話しなが
ら，さらに詳細に尋ねていく半構造化インタビュー，非構造化インタビュー
がある。非構造化インタビューとは，「問わず語りに耳を傾け」（佐藤，2002，
221-281），対話を通じてインフォーマントから情報を引き出す手法である。
構造化インタビューや半構造化インタビューを行う場合には，事前に調査票
や質問リストを用意することになる。
　事前に調査のデザインを吟味したつもりでも，用意した質問は見当外れで

あることが多いし，調査前の「予想」は見事に裏切られ，目の前の「事実」を論文の中でどう扱えばよいのか頭を抱えることになる。だがその時に，ライブラリー・リサーチで積み上げた仮説とフィールドで得られた現実との「ズレ」は何を意味するのか，またどうしてギャップが生まれるのかを自分なりに考えて，その両者をすり合わせる作業を続けていくことによって，学術的な議論につなげることができる。その意味で，この「ズレ」をすりあわせる作業は現地調査の醍醐味でもある。

　加えて，調査前に行っておくこととしては，調査地の治安についての下調べ，予防接種，調査許可の手配，そして現地でお世話になる大学や研究機関などのカウンターパートとのやりとりや，簡単なお土産の用意，それからチケットやビザの手配である。さて，次節からは，現地に到着後の調査の実際について述べる。

3　フィールドワーク①　都市を歩く──デモ，暴動，貧困地域

（1）現地の政治情勢と調査

　フィールドに入る前段階として，各国の首都での生活，事前調査（現地の大学でのライブラリー・リサーチ，現地新聞の購読），そして突発的な政治的事件（デモ，暴動）と調査との関係について，主にウガンダ，カンパラでの筆者（森口）の経験を挙げながら述べてみよう。

　筆者が初めてアフリカに魅かれたのは，留学で渡英した際に1994年4月のルワンダ虐殺[7]の事件の報道に遭遇した時だった。それから12年後，筆者がウガンダの首都のカンパラに調査で入ったのは2006年11月末のことで，そして調査時期としてはかなり状況の悪い時期であった。その年のはじめにウガンダでの総選挙（5年に一度で，村や県レベルの地方自治体から国会，大統領選挙までカバーされているもの）が終わり，政治的不満がデモなどで発散される時期にちょうど重なっていたのである。また間の悪いことに，2007年初頭からインド系財閥がヴィクトリア湖からナイル河口に沿って広がる森林地域を，サトウキビ畑にするために政府から二束三文で買い取ろうとすること

をメディアが報道し，そのことがカンパラの住民のアジア系の人々への排斥
運動にもつながっていった[8]。

　それらの政治的・経済的不満は2007年4月にデモから暴動へと発展する。
当時，カンパラにあるウガンダ随一の国立大学であるマケレレ大学でガンダ
語の習得や，図書館で現地の移民や難民の歴史についての資料を集め，調査
地のスラムに入ろうとしていた筆者は，アジア系ということから道端での激
しい揶揄，調査地への立ち入り拒否などに悩まされた。いったん調査地に入
る準備ができたかと思い，引っ越しの手はずを整えたその日に，やはり部屋
を貸さないと断られるなど，だいぶ苦い思いもした。

（2）現地でのニュースとリアリティ

　語学研修や事前調査を終えたにもかかわらず，調査地に入れない自分が
行ったことは，とにかくカンパラの街で起きているデモや暴動を理解するた
めに，毎日のように新聞を買い，部屋で読むという作業だった。大学の寮で
知り合った学生を捕まえ，新聞の記事の説明を求め，アジア系排斥，もしく
は富裕層への不満への社会的背景を必死に知ろうとした。 時に都市中心部
にあるインターネットカフェで日本からのメールを確認するかたわら，海外
のメディア（BBC，CNN，アルジャジーラなど）のニュースを見ることで，外
の世界からいまカンパラで起きていることはどのように見られているかとい
うことも調べていたのだが，そこで面白いのは，外のメディアで騒がれてい
る暴動の背景と，実際にウガンダの新聞で報じられていた社会背景の強調の
仕方が明らかに異なることだった。

　BBCなどではカンパラの暴動は人々の環境運動の高まりとして報道され，
アフリカにおける市民運動の表れとして説明されていた。しかし，実際にカ
ンパラで数カ月を暮らして，新聞などを時系列で追いかけていくと，それは
欧米のメディアが思い描くような自律的な市民（民主化）運動というより，
政治不満による散発的な事件の重なりが暴動などの事件に収斂し，そしてそ
れが次の事件へとつながっていくというような状況であった。これらの一連
の出来事の背景には，貧困層の土地所有の難しさや，当時拡がっていた経済

格差への妬みや怒りが現地新聞の読者からの投書欄に繰り返し訴えられていた。筆者は現地で新聞を読みながらウガンダ国内における土地問題，そして貧困問題と捉え始めていた。

　そのような過程を経て，ウガンダ，カンパラでの暴動にしても，またスラムの貧困生活の調査にしても，自分では意識していなかった隣国ルワンダ，また内戦が続くコンゴ民主共和国（旧名ザイール共和国）との関係を語らずして理解できない問題であることを筆者は知っていくことになる。例えば，暴動における土地問題，「民族対立」の問題[9]は，1960 年代からの内戦によるルワンダ系移民との関係が潜んでおり，そしてスラムに住むコンゴ系移民は，コンゴの内戦によって移り住んできた人々でもあった。また，彼らが経験する戦争や，それに起因する移動や貧困が，グローバル化された経済・政治の中でつながっている。コンゴの内戦の原因の一つとなっているレアメタルのタンタルは，日本の日常にあるスマートフォンや携帯電話で用いられている必要不可欠な材料でもある[10]。私たちの日常の生活は，知らない間に遠い地での内戦や貧困問題の一端となっている。

　現地の新聞などのメディア，そしてそれらを通して現地の人々に共有されている社会的事件をその土地のその場で知ることは，現実の複雑さや現地の人々のリアリティを理解する上で重要である。もちろん，その社会的事件を読み解くには，また別の知識や分析の力がいる。だが，それでも外から描かれるようなステレオタイプの「市民運動」という民衆像でなく，人々の生活に根差した状況を現地の新聞や人々との触れ合いの中から知ることで，自分は地域研究でしか学べない知見を得たといえるだろう。

4　フィールドワーク②　農村に「暮らす」
──タイの暮らし，人々との関わり──

（1）フィールドワークとの出会い──無駄とハプニングから生まれる発見

　筆者（東）が初めてタイの農村でフィールドワークを行ったのは，バンコクの大学に交換留学をしていた大学4年生の時だった。地域住民参加型の社会開発事業を対象に，住民組織の成功と失敗の要因を分析する，という卒業

論文のための調査で，タイ東北部の村に数日滞在することになった。調査は
ハプニングの連続で，目的地でバスを降り損ね，早朝に見知らぬ町でバスを
待つ羽目になったり，恐る恐る水瓶から冷たい水をすくって水浴びをしてい
る途中で停電になり，暗闇の中，手探りで石鹸を洗い流したり，事前に約束
を取り付けていたはずのインフォーマントの家を訪れたら，数日後まで留守
だと言われたり。一方で，滞在中に村のお祭りがあり，その日の調査の予定
は延期になったが，祭りの「天女」役に抜擢され，厚化粧と伝統衣装で村を
練り歩くという楽しいハプニングもあった。

　大学院生としてタイ北部で伝統的な灌漑管理組織についての調査をした際
は，調査補助のタイ人学生から当日になって「今日は行けなくなった」とい
う連絡が入ったことがあった。せっかくの調査期間が無駄になってしまう，
と苛立ちを隠せない私を，調査中泊めてくれていた家のお父さんが，「暇な
ら農作業を手伝え」と畑に連れ出してくれた。見よう見まねで手伝う農作業
の合間には，森に入ってタケノコや野生ハーブを採り，出来立てのタケノコ
のスープを味わった。インタビュー調査だけでは知ることができない，農村
の暮らしと森林資源のつながりや，親戚や親しい者同士が共同で作業する地
域の農業の様子についても知ることができた。予期せぬことが次々起こり，
それに驚いたり，戸惑ったり，楽しんだりしながら，周りの人に助けられな
がら対処し，そこに新しい発見が生まれる，というのはいまも変わらない
フィールドワークの醍醐味である。

（2）フィールドワークと言語

　フィールドワークの方法は調査者によっても，地域の特性によってもそれ
ぞれで，言葉が分からない場所で，通訳を介して調査をすることもあり得る
が，言語はフィールドワークを行う上での重要な道具となる。そして，言語
がもっとも必要となる場面の一つは，調査対象者との「雑談」であろう。調
査票を用いたインタビューに答えた後，調査対象者が雑談の中で調査票の回
答とは矛盾するような意見を語ることや，食事や酒宴の場で思わぬ本音が聞
けることもある。また，短い現地での滞在であったとしても，会話を通じて

調査対象者を含む地域の人との距離が縮まり，そうして作られた人々との関係性が調査の方向性を決めたり，質を高めたりすることもある。

（3）地域の人間関係と調査者の関わり

　農村調査に限ったことではないが，人と関わりながら調査をする限り，そこには調査者とそこで暮らす人々の間で人間関係が作られる。相対的に外国人が珍しい農村部では，調査者は「目立つ」存在であるし，村で誰かの家に泊めてもらうことになれば，必然的に関係も深くなる。筆者にも「お父さん，お母さん」「私の娘」と呼びあえる人たちがいる。一方で，当然のことながら，村の中には村の人間関係がある。調査者にとって「お父さん」と呼べる信頼関係を築いた村長は，ある村人にとってはビジネス上のパートナーであったり，別の村人にとっては政敵であったりもする。それは，そうした人たちのインタビューの答え方に影響するばかりでなく，場合によっては，外国人である調査者を案内することが権威づけにつながるなど，調査者の存在が現地の人間関係に影響を及ぼす可能性もある。

　調査対象との距離をどのように取るかどうかは，調査者によってそれぞれだが，透明人間でない限り，現地の人間関係とまったく無関係でいることは難しい。そのため現地の権力構造や基本的な住民組織の代表者などの情報は把握しておく必要がある。タイでは村長は選挙で選ばれ，また各村2名ずつ自治体の評議員が選出される。最近の選挙で誰が立候補し，それぞれの得票数はどうだったか，主な住民組織の代表者は過去にどのような役職に就いていたことがあるかなどの情報が得られれば，大雑把な村の権力構造を把握できる。それでも，調査者の関わり方が調査結果に及ぼす影響や，調査者自身が現地に与える影響を完全に回避できないが，それらの影響を最小限にする努力をする必要があるだろう。

（4）人々の嘘や勘違い

　最初にタイの農村で質問票を用いた半構造化インタビュー調査を実施した際，村の中の住民組織の会合の開催回数，年会費，代表者の選出方法といっ

た，単純な「事実」だと思われる項目について，バラバラな答えが返ってくることに戸惑うことがあった。そこで他のインタビュー項目や別の聞き取りの内容を合わせて考えると，活動に積極的でない組合員は，会合や年会費について詳しく覚えておらず，「間違った」回答をしている可能性があり，公平な選挙で選ばれているはずの代表者の選出方法をめぐる「嘘」や「勘違い」は，現在の組合の運営に対する回答者の不信感が背景にあることが見えてきた。

　そもそも，調査対象者としては，時として家族構成や収入源といったプライベートな事柄まで尋ねてくるよそ者である調査者に，本当のことを話さなくてはいけない義務はなく，いい加減に答えることもあるだろう。しかし，調査対象者が敢えてつく「嘘」の裏に，現場を理解するヒントが隠されていることもある。調査の中で生まれた疑問を，質問の仕方を変えてみたり，雑談のなかでそれとなく聞いてみたりしながら，一つずつピースをはめていくような作業もフィールドワークならではの面白さではないだろうか。

（5）現地へのフィードバック

　フィールドワークを実施する時に気にかかるのは，この調査は調査を行った地域の人々にとって「何の役に立つのだろう？」という疑問である。日本から持ってきたささやかな記念品などを謝礼として渡すこともあるが，基本的には人々は好意で，あるいは仕方なくインタビューなどの調査に協力する時間を割いてくれる。調査によっては，農繁期などの多忙な時期に協力をお願いせざるをえない。

　筆者は，環境 NGO のスタッフとしてラオスに駐在し，ラオス国立大学や地方行政と協働して水源林保全事業に携わっていたことがあり，その中では具体的な現地の問題解決を想定したアクション・リサーチを行った。アクション・リサーチとは，調査で得られた知見を具体的な現状の改善につなげることを目的とした実践的研究のことである。アクション・リサーチとしてデザインされた調査でなくとも，調査で明らかになった地域の資源利用についての課題を国際機関や中央政府の行政官に向けて提言することもある。現

在取り組んでいるタイの水資源利用をめぐる調査では，灌漑管理システムの運営面の課題を灌漑局に提言しようと試みている。地域を歩いて現場で起きている問題や人々の意識や行動を把握しようとする地域研究は，ともすればトップダウンで決められがちな現地の政策の課題を明らかにし，政策提言といった支援につながる可能性もある[11]。

　一方で，直接的に問題解決や政策支援につながる研究でなくとも，研究成果を現地にどのようにフィードバックできるかという問題意識を持っておくことは大切なのではないだろうか。少なくとも私の滞在を受け入れ，忙しい時間を割いてインタビューに答え，村を案内し，時には食事を共にし，歌って踊った村の人たちを，単なる「データ」として扱うのではなく，そこで生まれた人間関係を今後も大事にしたいと考えている。

5　地域研究へのアプローチ──図書館とフィールドの間で

　ここまで図書館での調査とフィールドでの調査について書いてきた。だが，そもそも図書館やフィールド調査など，地域研究を行うことの意味とは何だろうか。筆者たちにとっての地域研究の魅力を述べてきたものの，意義についてはあまり触れてこなかった。本当に，地域研究者はなぜ好きこのんでアフリカのスラムや東南アジアの農村などを廻るのか。

　日本での調査準備も含め，地域研究における現地調査の実施には長い道のりが必要とされる。そして，はじめに望んだ場所に辿り着くとは限らず，さまざまな偶然によって別の場所に導かれていく。だが，そこにあるのはインターネットでの検索だけでは得られない，いま生きている他者や，同時代の自分が住み慣れた場所から離れた地域との出遭いであり，交流でもある。時に煩わしさや不快さが伴うことがあるものの，それと同時に現実の豊かさを知る旅でもある。そして，調査から日本に帰ってきたときに，図書館やニュースで見出す「世界（グローバル・サウス）」とフィールドワークで見出した「地域」の現実のつながり（経済・政治・移民）を改めて知ることでもある。

その意味で，地域研究を行うということは，ニュースなどで見知った「世界」を身近に知る方法であり，かつ「世界」に対して，どのように自分が向き合うのかを，調査や研究を通じて考える行為である。そして，その研究を通して知り得たことは，身近な生活の中での政治や経済をあらためて捉え直す契機となるだろう。

（森口　岳・東　智美）

●さらに学ぶための問い

振り返ってみよう　現地でのフィールドワークを行う前に，どのような準備が必要でしょうか。本章の内容を踏まえて説明してみよう。

議論してみよう　地域研究を行う上で，ライブラリー・リサーチはなぜ必要なのでしょうか。フィールドワークの重要性を踏まえて，その意義を考えてみよう。

調べてみよう　関心のある国や地域を一つ選び，日本の新聞・英字新聞やニュース雑誌から，その国についての報道を集め，気になる出来事をピックアップしてみよう。

●さらに学びたい人へ（参考文献ガイド）

①佐藤郁哉，2006，『フィールドワーク――書を持って街へ出よう〔増訂版〕』新曜社．／社会科学で現地調査をする者の必読書。調査前の準備から調査そのものへの心構えも含め，ほぼすべてが網羅されている。

②梶茂樹・砂野幸稔（編著），2009，『アフリカのことばと社会――多言語状況を生きるということ』三元社．／アフリカでの言語習得を前提にした言語学者・文学研究者たちのアンソロジー。現地調査と言語について考えるヒントに富んでいる。

③アンダーソン，B.，2009，『ヤシガラ椀の外へ』加藤剛訳，NTT出版．／『想像の共同体』の著者が日本の若い読者に向けて綴った書で，地域研究者としての著者の体験から，フィールドワークの魅力に触れることができる。

引用参考文献

荒木徹也・井上真（編），2009，『フィールドワークからの国際協力』昭和堂．

市古みどり・上岡真紀子・保坂睦（編），2014，『資料検索入門――レポート・論文を書くために』慶応義塾大学出版会．

佐藤郁哉，2002，『フィールドワークの技法――問いを育てる，仮説をきたえる』新曜社．

武内進一，2009，『現代アフリカの紛争と国家』明石書店．

華井和代，2016，『資源問題の正義――コンゴの紛争資源問題と消費者の責任』東信堂．

森口岳，2018，「都市の政治学――2007〜2011年のウガンダ共和国首都カンパラでの三つの暴動を事例に」『国際地域学研究』21：17-34頁．

注

（ 1 ）明石書店から出版されている『〜を知るための…章』シリーズは，世界各国（地域）の概要
をわかりやすく解説している。入門書として基礎的な知識を身につけ，さらに各章の文献リ
ストは関心のある分野の学びを深めるための参考となる。また，日本アフリカ学会，東南ア
ジア学会，日本ラテンアメリカ学会など，地域や国ごとに編成されている学会（第 1 章参照）
の学会誌に掲載されている論文のタイトルを見れば，自分の研究対象地域において，これま
で日本の研究者によってどのような研究が行われきたのかを掴むことができ，関心のある論
文を読み進めることで，対象地域への理解を深めることができる。

（ 2 ）一方で情報を鵜呑みにするのではなく，入手した新聞や雑誌の性質を把握する必要がある。
米，英，独，仏などの各国の新聞は複数あり，購買読者の社会階層や支援政党によって，政
治色が分かれる。また共産党の一党独裁下にあるラオスでは，新聞を発行するのは政府機関
であり，党や政府の方針に批判的な記事が掲載されることはほとんどない。

（ 3 ）どの新聞やメディアが情報を集めるのに適しているのかの目が養われてきた後であれば，
ネット上にある有料の地域ニュースのプラットフォームを利用するのもよい。例えば，東ア
フリカでは“East African”が，またアジアでは“Nikkei Asian Review”などがある。

（ 4 ）OPAC（Online Public Access Catalog）とは図書館の蔵書資料のデジタル目録を指す。各
図書館に備え付けの利用者用 PC で利用でき，最近はネット上でも公開されアクセスが可能
な場合が多い。

（ 5 ）Google や Yahoo! など検索エンジンでの一括検索は基本的に勧めない。大抵は情報ソースが
曖昧なもの，もしくは Wikipedia など二次資料を基に作られたページ（三次資料）に行き当
たる。研究に絞った場合，調査者は主に一次資料，二次資料を対象にしなければならない。
資料検索については市古ほか（2014）の『資料検索入門──レポート・論文を書くために』
を参考にすると良い。

（ 6 ）筆者（東）が一橋大学大学院で受講した浅見靖仁教授のゼミのレジュメのフォーマットに挙
げられていた項目である。

（ 7 ）1994 年 4 月にルワンダで起こったフトゥ系住民（人口の 85% ほど）によるトゥチ系住民
（人口 14% ほど）への虐殺（実際にフトゥ系住民も被害者に多数含まれる）。数週間の間で 50
万人から 100 万人（推計）ほどの人々が亡くなった（武内, 2009）。

（ 8 ）この暴動の政治背景などについては筆者の別論文（森口, 2018）に詳しい。

（ 9 ）アフリカにおける「民族紛争」や「民族対立」は，必ずしも日本で考えるような「民族」の
カテゴリーによるものではない。そうしたステレオタイプがその地域の問題の本質を分かり
にくくしていることがある。本書第 10 章の橋本の論考を参照のこと。

（10）コンゴ内戦におけるレアメタルとグローバル経済についての結びつきについては華井
（2016）に詳しい。またルワンダの内戦，および 1994 年の虐殺については武内（2009）が歴
史的経緯や内的・外的要因について詳しく説明しているので参照のこと。

（11）荒木・井上（2010）には，現地の研究機関と協力した政策支援や，専門家としての援助機関
の開発支援事業への参加など，複数の地域研究者による国際協力との関わりの体験が綴られ
ている。

地域研究と私のキャリア②

学問とキャリアをつなぐもの──食品マーケターの場合──

　私は現在，調味料の商品開発や販売戦略を立案するという，いわゆるマーケターの業務に携わっている。今回あらためて「地域研究とマーケティングの共通点は何か？」を考えてみた。

　地域研究は，ある地域の地域特性や歴史・政治・文化などを広く研究することにより，その地域特有の問題に対し深い考察を行うことである。対してマーケティングは，自社の製品またはサービスを通じていかにより多くの利益を創出できるかを考え，実行することである。

　一見すると地域研究とマーケティングの間に共通点はまったくないように思われるが，実はそうでもない。なぜなら，必要な情報・知識を得るための思考プロセス，行動プロセスはどちらも共通しているからだ。

　私の経験を例にすると，地域研究は，様々な関連文献から情報を集め，同じゼミのメンバーとのディスカッションを通じて，自分なりの解釈や問題に対する意見を発信していく，という活動がメインであった。マーケティングも，市場データや営業現場の声などの多様な情報から，どのような製品をつくり，どのように売ればもっと生活者の課題解決につながるかを自分なりに考察し，関係者へ共有しながら，戦略に落とし込んでいくことが基本業務である。

　このことは，業務に携わる中で振り返ってみて初めて実感できたことであり，学生時代に将来の業務に必ず結びつくと確信があったわけではない。自分が本当に好きなこと・知りたいことを追求した結果，ある意味必然的にいまの業務につながったのだと考えている。

　スティーブ・ジョブズも伝説のスピーチ*で「Connecting the dots（点と点をつなぐ）」という表現を使ってこう語っている。「将来を見通して点をつなぐことはできない，過去を振り返ってつなぐことしかできない，だから将来何らかの形で点がつながると信じることだ」。

　＊ Steve Jobs, Commencement Speech at Stanford University on June 12, 2005.

（壽福未来／味の素株式会社）

第 II 部

貧　困
──グローバル・サウスの経済的形成──

　本書の主題であるグローバル・サウスとは，簡単に言えば世界に存在する貧困，経済的格差の問題といっても良いでしょう。2020 年に世界中で感染が広がった「新型コロナウイルス」は，あらゆる人が等しく感染の危険性に直面した反面，それに対する備え，医療へのアクセス，失業などへの対応力は，豊かな側と貧しい側で無視できない格差があることを明らかにしました。第 II 部ではその貧困，所得格差という現代の最重要課題について様々な視点から考えていきます。世界の国々は，豊かな国（先進国）と貧しい国（途上国）の二つに分けられてきました。しかし，それは本当に現実を反映しているのでしょうか？

　第 3 章ではそもそも途上国とは何かという点について考え，それらが決して等しく「貧しい」国ではないこと，そしてそのような国々は経済発展を遂げ，いつかは先進国と呼ばれる国となれるのかという問いについて，経済学の基礎的な知識とともに解説します。第 4 章では，「貧困とは何か？」という一見明らかと思われる問いに対し，その背景にある歴史的文脈や政治経済的な力関係，社会規範，さらに貧困者の主体性といった点から検討し，貧困は社会的につくられるものでもあり，欧米的な視点とも言える従来からの貧困の捉え方へ疑問を投げかけます。第 5 章では東南アジアの国ラオスで広まっている外国資本によるバナナ栽培の拡大を例に，貧困や経済的格差の背景には様々な主体の事情や動機があることを筆者のフィールドワークの経験をもとに明らかにし，地域研究の役割についても触れます。

　貧困や格差を理解するためには多面的な視点を持つことが必要です。そのためにも様々な国，地域の実情を深く探りその成果を他の地域とも比較できる地域研究は，貧困や格差の問題を考える上で既存の「常識」へ再考を迫り，問題を改善する方策を提案できる可能性を秘めているのです。

第**3**章
グローバル・サウスと「途上国」
――途上国とは何か？――

　本章は，経済的格差について考えるために，まず途上国が「誕生」した歴史的経緯や国際機関による分類を見ながら，「途上国」とは何かを改めて問います。それをふまえて，経済成発展の理論と途上国が先進国に追いつく（キャッチ・アップ）可能性について考え，経済格差の理解と改善への手掛かりを提供します。

・・・・・・・・

1　グローバル・サウスと「途上国」

（1）途上国について考える――グローバル・サウスとは

　本書全体のキーワードは「グローバル・サウス」である。ではそのグローバル・サウスが何を意味するのか？　その答えが人によって幅があるのも事実である。地理的に南半球の国々というほか，本書の第1章で述べられているように「政治的な不平等，経済的格差，社会的不均衡といった構造的な意味で世界を比喩的に南北に二分した時の『南』」であり，例えば「グローバル・サウスは『南』と『北』の諸関係を内包する呼称」（松下，2016，1）との見方がある。

　グローバル・サウスとの呼称が唱えられるようになったのは，従来，国際関係の基本的な見方とされていた，豊かな国々（先進国）と貧しい国々（途上国）という主として GDP などの経済指標による順位付けに基づく分類，あるいはアメリカ，西欧，日本などの自由主義・資本主義圏（第一世界）とソ連（ソヴィエト連邦，現在のロシア共和国を中心とした東欧・中央アジア諸国）・中国などの社会主義経済圏（第二世界）に加え，それ以外のアジア，アフリカ，ラテンアメリカの経済的に「貧しい」国々（第三世界）という分類が，現代においては相応しくなくなったことが影響している。

　グローバル・サウスとは，このような現実の動きを踏まえて，地球上で起

きている経済のみならず政治，社会，文化といったあらゆる分野，そして国家，地方，コミュニティ，個人といった様々な主体のレベルにおいて生じている経済的格差をはじめとする問題を認識することで，国際関係を考え直す動きと言えるかもしれない。

（2）グローバリゼーションと途上国

　グローバル・サウスの概念が生まれた背景には，「グローバリゼーション」の進展が関係している。言うまでもなくそれは，20世紀後半から21世紀はじめの世界の変化を表現する際に言及される代表的なキーワードである。若干使われすぎの感もある用語であるが，いずれにしてもその意味するところはヒト，モノ，カネそして情報が国境を越えて移動する状況であり，その結果，国境に代表される境界線が希薄となり徐々に意味を失うとも考えられた。

　たしかにそのような現象は，金融やITなどの分野で見ることができる。しかし，国境という境界線が曖昧になったことで，逆に各国政府とその国境線の内に住む人々の「内」と「外」という意識が高まり，それを政治的に利用しようとする勢力の伸張ももたらした。その結果，例えば難民・移民への対応や貿易政策について各国政府による自国中心的・排他的な政策がとられるようになり，国境の外だけではなく国境の中にいる「他者」への内向き，差別的な言論も目立つようになった。

　その一方で，それらの流れへの反作用として，政治，経済，社会，文化といったあらゆる分野において，境界線を乗り越える努力も同時に進行している。その境界線とは可視化されている場合もあれば社会的に造られた区別・差別のように目に見えない場合もある。その中の一つに，世界のどこにでも存在しその拡大が政治・社会の不安定化の要因ともなっている経済的な格差の問題がある。そしてそれはいわゆる「途上国」という存在をどうとらえるのかという問題でもある。以下ではあらためて「途上国」とは何かという問題を考えていく。

2　現代において「途上国」とは？

（1）先進国と途上国

　そもそも「途上国」とは何なのか？　という問いへ答えることは案外難しい。「貧しい国」との解答は間違いではない。ただ，貧しさにも程度があり，同じ国の中でも当然に貧富の差はある。どの国が途上国でどの国がそうではないのか？　最大公約数的には，「1人当たり」GDP（国内総生産）やGNI（Gross National Income：国民総所得）といった集計された経済的指標をもとに国々を並べ，ある一定の数値（未満）をもって途上国とするという方法がとられるであろう。

　ただ，それぞれの国が置かれた状況も様々である。例えば「途上国」とは呼ばれながらも，中国やインドといった近年急激な成長を遂げた国々がある。その一方で，いまだ多くの貧困層を抱える南アジアやアフリカの国々，さらには国ではあるが政府が機能せず国民が日々生命の危機に瀕している国もある。

　その現実から，「先進国」に対する「途上国」（Developing Countries）という類型自体が，現実と合わないものとなっている。例えば，2016年世界銀行の各種指標を集めた主要データ・ベースであるWorld Development Indicators（WDI）では，"Developing Countries"という用語を使うことをやめた[1]。世界銀行によれば，それは各国を"Developed"あるいは"Developing"と単純に分けるほど現実は単純ではないことの反映であるという。

（2）途上国の誕生

1　植民地から途上国へ　貧困問題，国際協力といった用語に身近に接する機会がある現代の人たちには奇妙に聞こえるかもしれないが，一般に開発あるいは発展「途上国」（Developing Countries）と呼ばれている国々が地球上に現れるようになったのは第二次世界大戦後だと考えられる[2]。そして，

「途上国」の誕生には第二次世界大戦後から 1960 年代にかけて，多くの国々が独立を成し遂げたという歴史的な経緯が関係している。

　もちろんそれ以前にも欧米，日本など，他の地域に先駆けて経済発展を遂げた国々があり，それらと比較すれば「貧しい」と表現できるような地域はアジア・アフリカを中心に存在した。ただ，18 世紀以降を見れば，それらの多くは欧米や日本によって植民地といった従属的な地位を与えられた「国」ではない地域であった。その場合，植民地はそれを支配する宗主国と一体化した存在として見なされる。

　植民地の行政，財政さらに経済・社会的な発展に責任を負うのは宗主国であり，植民地の課題は宗主国それぞれの「国内」問題として捉えられる。例えば経済開発を目的として宗主国から植民地への予算配分といった資金の移転が行われる場合，それは国家間で行われる「援助」ではなく，「国内」の財政の問題となる。あるいは，かつてイギリスが自国民をインド省の官僚として採用・現地へ派遣し，その下で現地の人々を雇用して英領インドを支配したように，植民地の経営は自国の行政の一部分として扱われていた。

　このような環境にあっては，「先進国」と「途上国」との間の貧富の差やそれに起因する対立といった問題は国内問題となり，国際的あるいは地球規模の課題としては認識されない。植民地が国家（国民国家）になることによってはじめて，旧宗主国はじめとした他の国家との関係が生じ，そこで経済的格差やその是正も意識されることになった。

2　南北問題と途上国　現代のアフリカ諸国でも見られるように，旧宗主国はかつて植民地であった国々との外交，経済，文化，そして時として軍事的な関係（軍隊の駐留や基地設置など）を維持する場合も多い。しかし独立国家となった旧植民地は，そこで新たに「国民」となった人々が自らの手で行政・財政を運営する責任を負うことになる。ただ，残念ながら新たに発足した国家には行政の経験がある人材は少なく，税収不足から財政はひっ迫し，さらに産業が十分に育っておらず，自ずと経済的にも政治的にも不安定な状態に置かれる。経済発展という観点からは後れを取っていたそれらの国々は，「後進国」（Backward Countries），「低開発国」（Underdeveloped Countries）な

どの名で呼ばれた。

　そして，そのような多数の「貧しい」国々と「豊かな」国々との間の格差
は，「南北問題」と呼ばれるようになり，「貧しい」国々の貧困からの脱出，
経済発展が国際的な課題であるとの認識が広がった。それは前に述べたよう
に，通常，日本や欧米で一般的に利用されている地球儀や世界地図を見れば，
豊かな国々が上＝北側，「貧しい国々」が下＝南側に多く存在したという地
理的な理由から名づけられたものである。さらに当時のアメリカを中心とす
る自由主義・資本主義経済圏と，ソ連を軸とする社会主義経済圏の間の「冷
戦」と呼ばれた勢力圏争いが「東西」間の問題であったことへの対比として
「南北」が使われた。

　以上のような動きを受け，国連は1961年からの10年間を「開発の10年」
（Decade of Development）と定め，1962年には当時，経済発展の鍵とされた
貿易と投資による「南北問題」の解消を目指して「国連貿易開発会議」
（The United Nations Conference on Trade and Development : UNCTAD）を設立
した。そして，アジア・アフリカの新たな独立国が増していくに従い，後進
国，低開発国といった名称が差別的であるとの理由から，経済発展の途中に
あるとのニュアンスを込め開発あるいは発展「途上国」（Developing
Countries）という呼称も広く使われるようになっていった。

　それは国家として数が増えた「途上国」が国際社会の中で存在感を増した
証である。他方，途上国と先進国という二項対立的な分類は，「途上国」に
関する問題点を単純化あるいは可視化を妨げる方向に作用した可能性もある。

（3）分類される途上国

1　国際機関による分類　以上のような動きから半世紀以上が経過した現在
に至るまでの間に，地球上の貧困軽減や格差是正に改善があったことは確か
である。その一方で，成長や発展から取り残された地域や人々も少なくない。
貧困の撲滅に代表される経済・社会開発支援を目標の一つとして設置された
国際機関は，まずは現状の認識と改善への手がかりとするためにGDPや
GNIに代表される各国の経済発展の程度を示す指標を集計し，それに基づ

いての分類を行ってきた。

　代表的なものをいくつか紹介しよう。まず，途上国開発・支援分野で大きな存在感と影響力を有する世界銀行（World Bank）では，1人当たり GNI に基づいて世界の国々を高所得（high income），高・中所得（upper-middle），低・中所得（lower-middle），低所得（low）の4分類している。あるいは国連の分類では「後発発展途上国」（Least Developed Countries：LDCs）という国々がある。それらは「国連総会の決議により認定された特に開発の遅れた国々」であり，具体的には「1人当たり GNI」など三つの基準を満たした国が LDCs として認定される。

　さらに先進諸国 30 カ国（2019 年 9 月現在）で構成される OECD（経済協力開発機構）に設置された DAC（Development Assistance Committee：開発協力委員会）は，DAC リストと呼ばれる ODA（政府開発援助）の供与対象となる国々，つまりは途上国を定めている。

2　分類の相対化　以上のように様々な機関による分類は，絶対的でも固定的なものでもない。もしある国の経済指標が改善すれば，上位の分類へ「昇格」する可能性がある。例えば世界銀行では，1人当たり GNI の変動によって各国の分類を毎年改定しており，国連の LDCs については3年に一度リストの見直しが行われている。

　「途上国」あるいはそれに類するカテゴリーに分類することは，分類する側（国際機関や先進国）にとって，現状の認識に基づき外交・経済関係（援助含む）を検討する観点から必要である。そして分類される方にとっても，「途上国」であることを選ぶ権利がある。例えば，国連の LDCs については，そのリストに載るには「当該国の同意が前提」となるが，それは自らが「貧しい国」であることを公言することでもある。

　例として東南アジアの国，ミャンマーを挙げよう。1989 年までビルマ連邦であったこの国は，長く軍事政権が続いた後 2011 年に民政移行した。豊富な人的・天然資源ゆえに将来の経済発展が期待されるこの国は，1987 年に国連に LDCs として認定され現在（2020 年）までそのリストの中に掲載されている。しかしビルマは，LDCs に認定された 1987 年に突如として貧し

くなった訳ではない。それまでの経済政策の失敗により国内経済が苦境に陥ったことではじめて，支援を求めるために自国を「遅れた国」として認め国連に申請したことで「遅れた」途上国となった。

　それとは反対に「途上国」からの卒業＝「普通の国」として認められることを喜べない点もある。苦境に立つ国として享受してきた先進国市場への参入の際の優遇的地位など様々な恩恵から適用除外となり，それが「卒業」をためらわせる要因にもなりえる。

　結局，途上国であるか否かは「政治的」な問題でもある。経済指標に重きをおいた分類，順位付けへの批判に応えるために，1990年以来，国連開発計画（UNDP）の報告書で発表されている人間開発指数（Human Development Index：HDI）をはじめ，経済だけでなく社会，環境，ジェンダー，あるいは後に触れるが政府の統治能力（ガバナンス）を考慮に入れ数値化した様々な指標が開発，公開されている。

　それらを見るとそれぞれの国への「評価」が異なることは興味深く，その後の学習や研究の参考になる。しかし，様々な分類に接する際はその判断基準を注意してみる必要がある。経済や社会データは重要であり研究や政策立案の基礎になるものであるが，それらの数値に隠された現状を視る（相対化する）ことは地域研究の一つの役割でもある。

3　経済成長とは？

（1）経済成長の要因と考え方

　これまで貧しい国と豊かな国の経済的格差を解消するための経済開発の方法が模索されてきたが，経済成長を遂げることによって「途上国は先進国に追いつく（キャッチ・アップ）ことができるのか？」との問いは，開発経済学，経済発展論において重要なテーマであり続けている。さらに，中所得国が目標としながらも，先進国と呼ばれる経済水準まで達しない「中進国の罠」（middle income trap）と呼ばれる問題も近年注目を集めてきた。

　そもそも経済学は，貧困あるいは貧富の差といった社会が直面する問題の

解決のために，社会全体（国）を富ませそれによって人々の暮らしも改善できるという考え方に基づき，その方法を探ることを主要なテーマとして発展してきた。

　その経済学において経済成長のために必要とされる要素（生産要素と呼ばれる）は，労働力（ヒト）そして資本（カネ）とされる。働き手としてのヒトが多ければ多いほど，あるいは利用できる資本（カネ）つまりそれで購入できる土地，建物あるいは機械が多ければ多いほど，モノは多く生産できると考えられる。

　1950年代から60年代にかけては，投資と貯蓄の関係に着目した経済成長理論が主流であった。それによれば，経済成長は資本に基づく建物，設備，機械などへの投資によって引き起こされる。その元手になる資金は国内の貯蓄あるいは輸出によって賄われる必要がある。しかし，「貧しい」国では産業も育っていないことから雇用機会は限られ，人々の所得も低く，貯蓄する余裕もない。一国（マクロ）的に見れば政府の税収は少なく，結果的に国内の資金（貯蓄）は不足し，輸出によって外貨を稼ぐことも難しい。そこで，国内での不足分は海外からの支援や投資によって補われる必要があり，援助などの形態をとる開発資金の供与や，海外直接投資の役割が注目されるようになった。

（2）生産性の向上

　しかし，現実には単に労働力や投資を増やしても経済成長が期待通りに進むことは考えにくい。その理由としてまず，利用可能な生産要素には限りがある。そして重要な点として，生産要素を単純に追加投入するだけでは，効率が低下していく。例えば企業単位で考えれば，いくら働く人を雇用してもあるいは新しい機械や設備を導入しても生産能力には限界があり，それが制約となって生産の伸びは徐々に鈍ると考えられる。

　このように生産量（経済学では「収穫」とも言われる）は徐々に増えては行くが，その増加率が徐々に低下して行く状況は，「収穫の逓減」と呼ばれる（資料3-1の右）。

資料3-1　収穫一定と収穫逓減

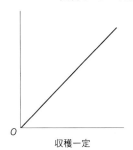

収穫一定　　　　　　　収穫逓減

（出典）筆者作成。

　一国の経済発展においても，初期の段階ではヒトとカネを投入することによって順調に経済は成長していくが，やがて制約に直面し成長率は徐々に低下することになる。このような状況になれば，生産要素をやみくもに使うことは資源の無駄使いである。そこで生産要素を効率的に使って生産を増やすこと，「技術革新」（イノベーション）が重要となる。

　経済発展の中で生産性はとても重要な概念である。ただ，労働力や資本のような量的な投入要素と異なり，「目に見えない」ために実際の計測が難しいという問題もある。そこで経済学では，経済成長の要因として単純な労働力と資本の投入の結果として説明できない部分を「全要素生産性」（Total Factor Productivity : TFP）と呼び生産性の計測に利用している。

　いずれにしろ生産性の向上とは新たな技術の開発・導入によって引き起こされるものである。そのためには「研究・開発」（Research and Development : R&D）が重要であり，さらに新たな知見をただで利用する「フリーライダー」が現れないように特許などの知的財産権の整備が必要となってくる[3]。

　他方で重要な生産要素である労働力についても同様の議論がある。人口が増えている国であるならば，それは豊富な労働力として経済発展に有利な条件となる。しかし，資本と同じく単に労働力を追加的に雇用するだけでは生産の増加は頭打ちになる。そこで効率性＝生産性を向上させるためには，教育や訓練によって労働力の質を高めることが必要となる。このように労働力

を単なる生産要素を見ず，投資によって価値が増し生産性の向上に寄与するとの考えは，「人的資本」（human capital）論と呼ばれる。

（3）経済成長に関する実例

　労働力と資本の投入による経済成長の具体例として，かつてのソ連の工業化政策がある。1950〜60 年代にソ連は社会主義国家建設のために経済成長を重視し，それを達成するための優先課題として「計画経済」に基づく急速な工業化を目指した。計画経済とは，生産手段（土地，建物，機械など）を所有する政府が，その目標とする経済成長に必要な生産量と価格を決めて生産と分配の計画を策定し，その計画に沿って運営されるシステムである。

　しかし，そこでは量的な目標達成が優先され「質」が問われず，人々のまじめに働く動機は薄れ，生産されたモノの質は悪化していった。結局，社会主義経済体制は綻びを見せ，ソ連自身が 1990 年 12 月には消滅してしまった。それに続いて東欧諸国，中国，モンゴル，ベトナムなどが計画経済から民間の力を活用する市場経済への移行を進めた。

　アジアに目を向けると，1960 年代から 90 年代にかけて，日本を筆頭に韓国，シンガポールなどの東・東南アジア諸国は，急速な経済成長を記録した。豊富かつ比較的教育程度が高い良質な労働力，政府の適切な介入，輸出指向の工業化政策などの採用により好調な経済発展を遂げたとされる経緯は，1993 年の『東アジアの奇跡』（East Asian Miracle）と名付けられた世界銀行による報告書で一躍有名となった。

　ただ皮肉なことにその数年後の 1998 年夏には，海外からの投資資金が大量に流出し現地通貨の為替レートが大幅に下落する「アジア金融危機」が発生した。その際，特に影響の大きかったインドネシアでは 30 年以上続いた長期政権が倒れる要因にもなり，韓国では経済を支配していた財閥への批判と経済改革の動きが加速した。

　危機は短期資金による投機的な動きが引き金になったものであったが，その根本の理由にはアジア経済の構造的な脆弱性があったと指摘されている。つまり，一見好調な経済成長は，労働力と資本という生産要素の量的な投入

によるものであり，質的な面つまり生産性向上によるものではなかったとの見方である。

4　経済成長による格差の解消

（1）キャッチ・アップの可能性——成長する「途上国」

　かつて経済的には「遅れた」イメージが強かった中国は今や世界第2位の経済大国となり，もう一つのアジアの巨人インドも，1990年代初頭までの深刻な経済の停滞から一転して高成長を遂げ，将来予測では世界最大の人口を抱える国になることから市場としての注目も高まっている。

　中国やインドに加え，急速な経済成長と人口規模から注目されたブラジル，ロシア，南アフリカを指す用語として，それぞれの国名の頭文字をとってBRICS（ブリックス）という略称が投資銀行であるゴールドマン・サックスの報告書の中で唱えられたのは2001年である。その背景には，経済指標で一定の基準に達しない国々を途上国という一つのカテゴリーだけで分類することには無理が生じてきたことがある。

　南アジアの国バングラデシュの例を見ていこう。アジアで最初のノーベル文学賞を受賞した詩人タゴールに，かつて「黄金のベンガル」と詠われるほど豊かであったこの国は，1974年に独立を果たしたが，独立後の政情は不安定かつサイクロン・洪水などの自然災害にも見舞われた。さらには主要作物であるジュートへの世界的需要は減退し輸出も低迷した。海外への労働者派遣（出稼ぎ）以外に有望な産業もなく，1980年代にはアジアの最貧国と呼ばれた。しかし，安価な労働力を利用して縫製産業を発展させ，さらには所得の向上からバングラデシュ自体が市場として注目されるようになった。

　その後，総称して「新興国」（Emerging Economies）と呼ばれるようになった途上国が先進国に「追いつく」（キャッチ・アップ）ことは，あらゆる国で期待できるのであろうか？　そのためにはどのような方策をとれば良いのか？　最初の問いへの答えが「イエス」であり，その方法が理論化され実践されるのであれば，途上国は先進国へ追いつくことになる。しかし残念なが

ら，途上国が先進国に追いつくことは簡単ではない。BRICS 諸国含め多くの国が，順調に経済成長を持続できたわけではなく，一定程度の成長後は停滞する「中進国の罠」(middle income trap) に嵌るという現実がそれを示している。

（2）なぜ追いつけないのか？　そして追いつくことは必要か？

「なぜ追いつけないのか？」は開発経済学における根本的な問いでもある。これまでのところのそれへの回答は，「一定の条件さえ満たせそれが可能かもしれない」である。しかし，現在の先進国がかつて経済発展を遂げた時代と比べ，現代の国際政治・経済環境は異なっていることも事実である。ここでは考えられる阻害要因として国際経済システムとガバナンスの問題を取り上げる。

国際経済学を学べば必ず出てくる「比較優位」(comparative advantage) の理論がある。農業でも工業でも各国が比較優位をもつ（＝効率的に生産できる）産業に特化し，生産物を交換（貿易）しあえば各国は豊かになれる。そのためには自由に取引できる自由貿易体制が望ましいとの帰結が得られる。

これまで世界貿易機関（WTO）の場での交渉，多国間や二国間の自由貿易協定（Free Trade Agreement：FTA），さらにヒトの移動，知的財産権などより広い対象を含む経済連携協定（Economic Partnership Agreement：EPA）によって自由化は進んできた。しかし，市場は完全には開かれておらずそれどころか貿易の「壁」は高くなる傾向にもある。

単純化している面もあるがその理由は次のとおりである。貿易自由化が進めば人々は安価なモノを輸入・購入できるが，その恩恵を被るのは不特定多数の消費者である。それに対し貿易を制限することで利益を享受できる層は，農業でも工業部門でも生産する側であり相対的に多数とは言えない。しかし，それらの利害関係者は既得権益を守るため組織化され，選挙での投票を動員できるなど政治的な発言力が大きい。ゆえに政府レベルとしては保護主義的な政策が取られる結果となる。

自由貿易体制と国際市場への参入が途上国の経済発展のための機会となる

ことは，1950〜60年代以来唱えられてきた古典的な主張であるが，システムの根本的な変更は困難であり，それが途上国の経済発展を阻む要因にもなってきた。

　他方，経済発展を阻害する大きな要因は，政府の統治能力にあるとの主張も1990年代から盛んに議論されてきた。それは現在では一般的となった「ガバナンス」（governance）や「オーナーシップ」（ownership）という用語で説明される。貿易・投資あるいは経済協力によって資本や技術へのアクセス機会が増えたにもかかわらず，生産性は向上せず経済が発展しなかった背景には，不安定な政情や治安，汚職や腐敗の蔓延，既得権益の温存といった要因がある。そしてその根本には，政府がそれらを正す能力も主体性も有していない（ガバナンスが弱くオーナーシップが欠如している）ことが国内の生産活動・意欲を阻害し，海外からの投資を抑制し，富が一部の特権層に集中することで発展が阻まれてきたという，「制度」の良し悪しと結びつく議論である。

　先に「良い」例として挙げたバングラデシュも，好調な経済の一方で政治的には与党が強権的な手段で野党を抑え込む状況が続いており，政治的混乱がある。あるいは天然資源に恵まれたアフリカなどでは，政府の能力と経験不足もあり得られた富をうまく経済発展に結びつけることができないケースがある。

　なお，このようなガバナンス，オーナーシップに関する議論は一見わかりやすいが，うまく行かない責任を途上国に転嫁しているという見方もできることを指摘しておく。

5　残る課題

　「途上国」という存在を一様に捉えて議論することは難しく，その定義も時々の国際政治・経済状況により変化してきた。ただ，現実問題として豊かな国とそうではない国は存在し，その現状把握と改善の方策を立てるために分類が必要であることも否定できない。それゆえに，GDPなどの経済指標

に基づく国家を単位とした順位付けがなくなることはないであろう。

　しかし，そもそも「国」（国民国家）を単位として考えることが適切なのだろうか。経済的格差あるいは「途上国」はなくなるのか。さらに根本的な問題として，「豊かさ」あるいは「幸せ」は経済成長の成果としてしか得られないのであろうか，といった疑問も残る。

　最初の点については，中国国内での地域間格差が取り上げられることが多いが，アメリカ，そして日本でもそれは深刻な問題である。そしてもちろん，どんなに貧しい国でも首都などの都市部と農村部との経済的格差は存在する。あるいは歴史的経緯や政治的理由で便宜的に引かれた国境線を持つ国々では，一国だけではなく近隣諸国の状況と併せて現状と対策を考える必要がある。さらには紛争などで名目的にしか存在しない「国家」では，一つの国家として集計された結果をもって，その「国」の状況を判断することは，現実を反映しないものとなる。

　二番目の点に関しては，本章の中でも述べたようにすべての国の経済水準が一定レベルに達する，経済学で言う「収 斂（しゅうれん）」する，ことが困難であることも事実であろう。

　最後の点についてはこれまでも哲学，倫理学，社会思想史，政治学，経済学，社会学などで様々な議論がなされてきた。例えば，「最大多数の最大幸福」として知られる功利主義では，各個人の満足度を足し合わせた合計が最大化されることが社会として望ましい状態とされる。しかし，それでは貧困などの各個人の経済状況は顧みられない。あるいはアマルティア・センによる「ケイパビリティ・アプローチ」では，所得や富の多寡ではなく，各人が持つ潜在能力（ケイパビリティ）と意志が十分に実現されることが，人々の幸福につながると唱える。もちろん，それらの考え方に違和感をもつ人もいるであろう。

　いずれにしても，人類が存在する限り，貧困や格差の問題は常に我々の身近にある。グローバル・サウスについて学ぶことが，そのような根本的な問いを考えるきっかけになれば幸いである。

（嶋田晴行）

●さらに学ぶための問い

振り返ってみよう　あらためて「『途上国』とはどのような国ですか？」と問われたとしたらどのように答えますか。

議論してみよう　現代ではインターネットを通じて様々な国の経済・社会データが入手できます。しかしデータはある目的をもって集積，加工，そして公表されていることも事実です。そのようなデータを利用する際はどのような点に配慮すべきですか。

調べてみよう　自分の関心のある国が，様々な指標でどのように評価されているか調べ，その中で特に気になる項目について現地の状況も含めさらに詳しく調べてみよう。

●さらに学びたい人へ（参考文献ガイド）

①黒崎卓・栗田匡相，2016，『**ストーリーで学ぶ開発経済学——途上国の暮らしを考える**』有斐閣．／開発経済学で扱われる内容が広く，わかりやすく説明されている。経済学にあまりなじみがない初学者へ開発経済学への入門書として薦める。

②セン，アマルティア，2017，『**貧困と飢饉**』黒崎卓・山崎幸治訳，岩波書店．／哲学者という方がふさわしいが，ノーベル経済賞を受賞した著者の初期代表作である。「インドのベンガル地方の飢饉は食糧不足が原因ではなかった」との主張は今でも新鮮である。

③スミス，アダム，2014，『**道徳感情論**』日経 BP 社など．／経済は各人の「利己心」だけではなく，人が人に対して抱く「共感」によって発展していくことを説いた古典である。堂目卓生『アダム・スミス』（2008，中公新書）などの解説書を読んだ後に挑戦することを薦める。

引用参考文献

黒崎卓・山形辰史，2017，『増補改訂版　開発経済学——貧困削減へのアプローチ』日本評論社．
松下冽・藤田憲（編著），2016，『グローバル・サウスとは何か』ミネルヴァ書房．

注

（1）The World Bank says farewell to "developing countries. "https://qz.com/689612/the-world-bank-says-farewell-to-developing-countries"，2020 年 6 月 2 日閲覧

（2）Developing Countries の和訳としては，「発展」あるいは「開発」途上国が使われるが，それは使う側の意図が反映されている反面，どちらを使うべきか決まりもない。

（3）逆に特許などの知的財産権の設定・保護が，新たな知識・技術の途上国への普及を阻むという問題もある。

クラシック音楽界とデリーのスラム，両方を行き来して見えること
——音楽ライターの場合——

　私は現在，西洋クラシック音楽の分野でライターとして活動している。修士課程では，インド，デリーのスラムに暮らすパペッティア・カーストの自立支援プロジェクトについてフィールドワークを行い，論文をまとめた。修士課程修了後は，在学中からアルバイトをしていたピアノ専門誌の編集部に就職。その後フリーとなった。

　モスクワやワルシャワなどの旧社会主義圏から，白人富裕層が多いアメリカのフォートワースまで，様々な都市でコンクールや演奏家の取材をしていると，音楽との出会いだけでなく，音楽を受容する社会の実情をめぐる発見がある。さらに，豪華なクラシックのイベントとインド貧困層の暮らしの別世界ぶりを肌で感じることもある。

　クラシックは，ある意味，西洋至上主義を地でいく分野といえる。グローバル化が進み，各地から音楽家が出て状況は変わりつつあるが，「アジア人がクラシックをやる意味」は今も問い続けられている。クラシックこそがユニバーサルな音楽芸術とするのは視野偏狭だと，地域研究を学んだ人なら感じるだろう。しかし，そう信じて疑わない人も少なくない業界だ。

　例えば，あるドイツの演奏家を取材した時。彼は，西洋の文化を否定するイスラム過激派もベートーヴェンを聴けば魅了され，対立を越えて一つになれるはずだと話した。「では西洋の人々が中東の音楽に魅了され，一つになる可能性もありますね」と問いかけると，「いや，彼らの音楽はあまり洗練されていないので難しい」というのだ。

　私は驚いたが，同時に，彼は自らの音楽の力をそれほど信じているからこそ，そこに魂を注いでいるのだろうとも思った。そして今のこじれた世界情勢を生んだ思考の一端を見た気がした。

　さて現在，私は件のパペッティア・カーストのスラムで，第二の楽器としてヴァイオリンを教えるプロジェクトを準備している。そして小規模ながら住民の収入を増やす流れを作る計画だ。西洋楽器を押し付け，伝統を壊すことになるのでは？　という指摘が出るだろう（この疑問を抱かない人がクラシック界には多いが）。しかし私が手を出すまでもなく，彼らはすでに，自ら現代のニーズにあわせて伝統芸能を改変させている。

　地域研究を学んだのち，音楽ライターになったからこそできること。それは情報発信の機会を活用し，普段インドのスラムに思いを馳せる機会がない層に住民が力強く生きる姿を伝え，問題提起を続けることだと思っている。

（高坂はる香／音楽ライター）

第 **4** 章
貧困の系譜と地域研究
──「開発」の矛盾を克服するために──

　貧困とは何か，開発とは何かといった一見明らかと思われる問いを考えながら，その背景にある歴史的文脈や政治経済的な力関係，社会規範また目指される社会像と，貧困者の主体性，抵抗について検討します。西洋近代が築いてきた価値観や普遍性が，近年の諸矛盾を背景に問い直され始め，同時に新しい開発の方向性が模索されています。非西洋地域の個別性や固有価値，さらに新しい可能性を探る地域研究の意義がそこにあります。

・・・・・・・・・

1　貧困概念の変容

（1）貧困基準の客観性

　「貧困」は社会的に構築された概念であり決して客観的に存在するものではない。「貧困」と聞いて多くの者は栄養失調で痩せこけたアフリカの子供をイメージする。しかしそれは極端な飢餓状態にある貧困集団の姿であり，日常的貧困は目で識別できるわけではない。では全世界の総人口の9.2％，6億8,900万が極貧状態にあるといった時（World Bank, 2017），何を基準にその数字を割り出しているのか。それは1日1人当たり1.90ドルと設定された貧困基準により算出されている。絶対的貧困（Absolute Poverty）といわれ客観的だとされる。

　絶対的貧困はその算出方法が低所得者層の必要とする食糧エネルギー量と消費財，サービスを金銭換算する「ベーシック・ニーズ費用法」にせよ，必要最低限の食糧エネルギーのみを金銭換算する「食糧エネルギー摂取法」にせよ，「貧困者」の生活実態に基づく数値を根拠としている点で客観的だといえる。しかし調査対象「貧困者」の選定や，必要最低限基準の設定の過程で，貧困を定義する者の恣意が多分に入り込んでいる。ましてやグローバ

ル・サウスにおける社会調査や統計把握の質は高くないため，それらの基準で割り出される数値はさらに実態とかけ離れるかもしれない。必要な食料や日用品をすべて貨幣で調達することを前提とする点でも多くの「貧困者」の実態とずれている可能性がある。こうしてみると一見客観的な「貧困」が観察者の一定の判断に基づく類別概念であることがわかる。

（2）多様な貧困概念

　貧困を経済的指標で捉える手法に対しては多くの批判と対案がある。「開発とは人々の選択肢を増やすことである」とする「人間開発」概念はアマルティア・センの「潜在能力（ケイパビリティ）論」に依拠する。センは開発の目的を経済条件の実現ではなく人間が満足な生活を送る条件を実現することだとした。誰もが持つ無限の能力のうち何をどこまで発揮できるかは客観的環境，つまり経済条件や社会制度などに左右される。また人々が潜在能力を発揮し，置かれた状況を自ら改善する主体性を持つことが重要だとする。それが「開発の中心に人間を据える」ことの意味である（セン，2000：2018）。国連開発計画（UNDP）の「人間開発指標」は所得，寿命，識字率・教育年数で人間開発の程度を可視化した（UNDP，1990）。人間開発の裏返しとしての「多次元貧困指数」（MPI）は，人々が能力を発揮し満足な生活を送る条件がどれだけ欠如しているかに着目するものである。生活状態（電化，衛生，水，燃料，床，資産），健康（栄養，乳幼児の死），教育（未就学，就学程度）を基準とする（国連開発計画，2010）。人間開発や多次元貧困は経済的条件に加え人間の能力や生きる力に着目して貧困を捉える点で特徴的である。国際機関や各国の開発援助政策にも影響を与え大きな役割を果たした。

　貧困者のニーズと主体性をより精緻化して論じたのが「ヒューマン・ニーズ論」である。ニーズ論は国際労働機関（ILO）による提唱以来，様々に議論され，また開発分野では世界銀行が「基本的ニーズ戦略」として採用して以来今日でも重要な概念である。ILO は基本的ニーズを人々の最低限の生活を構成する要素と規定し，衣食住，安全な水，衛生，交通，医療・教育に加え報酬のある仕事，満足しうる環境，自由に関する意思決定への参加など

から成ると主張した（ILO, 1976）。しかし多くの開発援助政策は，基本的
ニーズを衣食住に関わる物的条件および医療，教育サービスとして矮小化し
て捉えてきた。こうした見方に欠落していたのは困窮状態にある者の主体性
への視点である。困難な状況にあっても人は生存のため必ず自ら努力すると
いう単純な事実を軽視してきたのである。ドイヨルとゴフは社会的存在であ
る人間は帰属社会に参加・順応し，さらにより良い条件を求めそれを改変す
る点に着目しヒューマン・ニーズ論として論じた。人間の基本的ニーズとは
心身両面の「健康」と，生活者としての「主体性」の二つだとした。それを
実現する「中間ニーズ」として栄養と水，住環境，快適な労働・生活条件，
保健医療，幼少期の安全，人間関係，身体の安全，経済的安定，安全な家族
計画と子育て，基礎教育を挙げる。さらにそれらを満たすのが「充足要因」，
つまり食料や医療制度，雇用といった具体的物資や条件であり，その内訳は
社会や時代により変わると捉えた。こうして基本的ニーズ，中間ニーズ，充
足要因を区別して整理した点でも特徴的である。さらにヒューマン・ニーズ
論は，既存社会に参加し制度を利用するだけでなく，新しい条件や制度を創
造する批判的主体性の獲得とそれに基づく批判的行動こそがニーズを満たし，
同時に社会を変える原動力だと論じた。個人のみに焦点を当てた狭隘な議論，
現状への順応を前提とした非動態的な視点を越えて，貧困のあり方と克服を
社会的文脈に位置づけた点で画期的である（ドイヨル・ゴフ，2014）。

（3）豊かさの問い直し

　近年，貧困概念を根本的に見直そうとする別の国際潮流が，豊かさを享受
しているはずの先進国社会から発せられている。経済的繁栄を謳歌する先進
国で多くの人々が生活不安や孤独に直面し社会病理にさいなまれ閉塞感が広
がっている。端的に言えば，経済的繁栄は必ずしも人間の満足を増進すると
は限らないという認識が共有されつつある。例えば経済協力開発機構
（OECD）による「よりよい生活指標」では人々の生活を経済条件だけではな
く，コミュニティ関係，政治参加，安心・安全，主観的満足度など11項目
に基づき評価し，より快適な生活条件とは何かを模索している。2011年に

は国連で「人々の幸福度を政策に反映すること」が決議され，以後『世界幸福報告』が定期的に発行されている。そこでは経済水準，寿命，頼るべき人の有無，生活上の自由，腐敗の有無，寛容性などを基準として国別幸福度が算出される。社会政策の整備された北欧諸国が上位にあることや，経済指標では上位とはいえないコスタリカ，メキシコなど中南米諸国が上位に位置する。経済達成と人々の幸福感は必ずしも合致しないという興味深い事実を提示している。これらは人々の要望が経済的繁栄から満足できる生活環境の実現へと変わりつつあることを示している。

　以上みてきたように貧困の捉え方や基準をめぐっては様々な視点がある。それは人間にとって何が必要なのか，社会はどうあるべきかという規範や価値観に大きく左右される。経済的指標は貧困を数字で可視化し経済的条件の改善こそが解決策だと想定してきた。一方多面的貧困概念は人間の主体性こそが状況を改善する原動力であるとしてきた。貧困とは社会状況と規範によって規定される社会的概念だといえる。

2　「開発」の普遍化

（1）「進歩」の共有

　グローバル・サウスを対象とした「開発」は旧植民地が独立国家を形成する時期から世界規模の共通課題として認識されてきた。しかし生活環境や条件の改善，経済成長を前提とする開発主義の源流は歴史的にもう少しさかのぼる。より多くの生産・消費の実現，より快適な生活への「変化」や「進歩」は，ヨーロッパでの資本主義の展開に伴って社会通念化した。土地や労働力が地域共同体や個人の生活から切り離され，市場で売買される「商品」となることで資本主義は本格的に発展する（ポラニー，2009）。それまでは限定的な生産力と緩やかな経済的変化の中で人々の生活条件は常に変化，進歩するとは必ずしも考えられておらず，むしろ前の世代と同じ生活を継続し繰り返すことが人々の一般的通念であった。市民革命を経て自由な経済活動が可能となり，新しい科学技術を用いた生産体系をいち早く実現したイギリス

が資本主義発展と経済成長の先鞭を切る。世界規模で「変化が常態である」という考えが広まるのはフランス革命期から19世紀前半頃とされる（ウォーラーステイン，2009）。こうして，より多くより速くより効率的に生産し，今日よりも明日，現世代よりも次世代がより豊かで便利な生活を享受できるはずだという「進歩」概念，その実現を支える「開発主義」が一般通念として広く受け入れられるようになった。

　欧米諸国が18世紀以降，本格的に海外植民地経営に乗り出すとアジア，アフリカなどの地域にも開発主義が近代化政策を通じて持ち込まれる。西洋制度の導入，鉄道，港湾などインフラの整備などが行われた。その目的は植民地社会，現地住民に福利や便益を実現することではなく，むしろ植民地からの経済資源の獲得，市場の開拓，植民支配の効率化など宗主国側の利益を実現することにあった。導入される西洋技術と制度を目のあたりにした植民地の人々すべてがそれらを拒絶したわけではなく，一部の人々，特に植民行政の一端を担うエリート層はむしろ積極的に受容し，自社会の制度や技術を近代化することに邁進した。

（2）グローバル・サウスと開発主義

　戦後，多くの植民地が旧宗主国から独立し国家運営に乗り出すと，今度はグローバル・サウス自らが開発＝近代化を推し進める主体となる。独立後，国民意識醸成を伴う国民国家の建設と，植民地経済構造から脱却した国民経済の形成という二つの大きな課題を負いつつ開発に取り組むことになった。とはいえ新興独立国が独自の資金と技術，手腕で全く新しい環境を作り出すことは難しく，旧宗主国の制度，システムを継承しながら，また先進諸国から財政的，技術的支援を受けながら開発に取り組んだ。しかも，冷戦構造下，資本主義と社会主義が対立する中でグローバル・サウスもどちらかの陣営に取り込まれていく。戦後，開発論の理論的枠組みを提供した近代化論（Modernization Theory）や従属論（Dependency Theory）はそうした文脈の中から生み出されてきた。どんなに貧しい社会も一定の条件を整備すれば先進国が過去に経験した発展経路をたどることが可能だとする近代化論はロスト

ウの発展段階論に依拠しながら，その後，開発経済学として工業化戦略，農村開発，資源配分，労働市場など多くの開発政策上の論点を提供し開発論の主流をなしてきた（トダロ・スミス，2004；黒崎・山形，2017）。どの国でも同じような経路をたどるとする近代化論の単線的発展を批判する従属論は，旧宗主国である中枢の繁栄は旧植民地である周辺からの重層的な搾取と収奪によって支えられているとする。こうした支配・従属関係がある限り，周辺地域の発展はありえないとし，これを「低開発の開発」と呼んだ（フランク，1979）。

　しかし相対立する近代化論と従属論のいずれも，遅れたグローバル・サウスを近代的技術と制度で開発するという点では共通していた。つまりより速くより多く生産することを支える「開発主義」は東西イデオロギー対立，政策の立場を越えて共有されていたといえる（東京大学社会科学研究，1998）。実際，戦後まもなく世界は，貧困からの解放を国際的重要課題に掲げた米国トルーマン大統領の「ポイントフォア計画」を承認し，1961年にはその後第五次まで続く「国連開発の10年」を国連総会で採択した。理念としての開発主義はイデオロギーの違いや理論の別を越えて世界共通の規範として定着した。

　1980年代以降，西洋における福祉国家見直しは新自由主義に基づく開発潮流を作った。自由化，民営化により市場化を進め，国家介入，公的関与を最小限に減らす方策である。市場原理に基づく「構造調整政策」が世界銀行やIMFのコンディショナリティ（融資条件）としてグローバル・サウスに半ば強要された。貧困の深刻化，格差拡大はそれがもたらした結果だった（イースタリー，2009；チョスドフスキー，1999）。

（3）新しい開発論

　一方で開発主義こそ深刻な諸問題の原因だという認識も広まっていた。特に執拗な貧困と環境問題への危機感は，従来の経済開発とは異なる視点と実践を生んできた。「社会開発」は人々の教育や健康，生活環境の改善に焦点をあて社会福祉的な政策や実践を重ねてきた（佐藤，2007）。国連は1995年

「社会開発サミット」を契機に「社会開発委員会」を創設し，60 年代から取り組んできた社会開発政策の強化をはかった。環境分野では国連報告書『われら地球の未来』が「持続可能な開発」（Sustainable Development）概念を整理・提唱し，環境と経済活動の両立や貧困などの構造的問題への対処を強調した（環境と開発に関する世界委員会編，1987）。持続可能な開発は 1992 年国連「環境と開発サミット」でも広く議論され，今日に至るまで国際開発政策の重要な概念として定着している。

　開発主義へのさらなる根本的批判は「もうひとつの発展」（Alternative Development）として草の根社会運動から提起された。経済開発を目標に既存の社会や制度，生活様式を絶えず改編するのではなく，各々の社会の持つ固有の習慣や規範，様式を重視し，人々の日常的営為や価値観を尊重する姿勢である。「内発的発展論」（Endogenous Development）（大林ほか，2014；鶴見，1989）や「等身大の発展」（Human Scale Development）（Max-Neef, 1989）として論じられてきた。90 年代になると「進歩」「開発」そのものを根底から批判する「脱開発思想」（Post-Development）が広く議論される。ポストモダン思想に影響を受け，戦後の開発主義が多くの人々に繁栄をもたらさなかったばかりか貧困，環境破壊などの矛盾を生んできたとの認識が背景にある。貧困，格差，地域崩壊，自然環境破壊などの諸問題は近代化開発主義そのものが生んだ必然的結果だとする。そこでは資本蓄積のため市場活動，合理的行動が優先され，地域や人々のもつ価値や生活様式が犠牲にされた。開発は貧困を解決するための実践ではなく，開発こそ貧困を生み出す原因だとする（イリイチほか，1995）。こうした根本的批判を提示する脱開発思想は国際開発の主流とはなりえないものの，地域や住民に根ざす草の根活動や NGO には大きな影響力を持つ。そこから近代主義，開発主義とは一線を画した社会を目指す運動も現れた。「世界社会フォーラム」（正式名称 WSF）はその結実だった（セン，2005）。相互扶助，地域社会機能，自然との共生などを重視する取り組みは小規模な範囲で効果を上げてきており，近年では国連や世界銀行など国際機関の戦略にも取り込まれるようになってきた。

（4）持続可能な開発目標 SDGs

　西暦 2000 年の新ミレニアム（千年紀）を迎え開発は新しい段階に入った。世界は国連「ミレニアム開発目標」（MDGs）（2000〜2015 年）で貧困，格差，環境破壊など，主としてグローバル・サウスの諸問題に関連する 8 目標を確認した（国連開発計画，2003）。2015 年には「持続可能な開発目標」（SDGs）（2015〜2030 年）としてそれらを引き継ぎ，現在世界が取り組んでいる。SDGs には世界経済の立て直し，社会再生など先進国の諸問題をも包含している点に特徴がある（高柳，2018）。そしてグローバル化を背景として地球社会が途上国・先進国の区別なく共通して問題に取り組むことを謳っている。それは地球社会が一体性を強めたという反面，グローバル社会の方向性が国際機関，それを主導する先進国により実質的に決定される実態が鮮明になったことを意味する。インフラ開発を進め市場原理に則り問題解決をはかろうとする新自由主義的な姿勢が 17 目標の随所に反映されていることにそれは現れている[1]。

　重要なのはこうして開発主義が共有される中で貧困などの深刻な問題が解消されてきたのかである。世界銀行によると世界の貧困率は 1981 年 42.2%，1990 年 35.9%，2000 年 28.6%，2010 年 15.7%，2017 年 9.2% と着実に低下している[2]。しかし一方で自分が貧困だと捉える人の割合は多くの国で高止まりしている。例えばフィリピンの政府統計による 2018 年貧困率は 12.1% であるのに対して主観的貧困率は 48.0% であった（SWS，2019）。メキシコでの調査では，経済的に貧困でないとされた集団のうち 13% が自らを貧困と捉えていた（Rojas，2008）。近年は多様な要素を背景に判断される主観的評価が注目されている。主観的貧困は自分と周りの人々との比較に基づく評価であり，客観的統計の貧困率の低下に伴い減ずるとは限らない。絶対的貧困が克服されたとしても格差がある以上，容易に解消されない。最低限の物質的条件が満たされるだけではなく，満足感をもって暮らせることが世界共通の規範になる時代において，グローバル・サウスにおいても看過できない課題である。

　この問題は消費文化との関係でも考える必要がある。近代化に伴い自ら食

料を生産し日用品を製作する条件や技術も失われ，多くの生活用品が市場で調達されるようになった。貨幣への依存が高まり消費文化が広まっていく。消費文化は高所得者のみならず貧困層にも浸透する。食料，水など必需品を貨幣で買うだけでなく，テレビ，カラオケ機器，携帯電話など生存には不可欠とはいえないモノをも貧困者が購入するのは珍しくない。一方で子どもの栄養状態や生活条件が十分でないことも多い。こうしてグローバル・サウスでは以前よりも多く所得を得ても，生活環境が大きく改善されない状況が消費文化の浸透により惹き起こされている。これも開発主義が生んできた結果といえるだろう。

3　貧困者の主体性

（1）貧困者の捉え方

　貧困と開発の矛盾はどのように克服されうるだろうか。一つの重要な視点は貧困者とされる人々をどのように捉えるかにある。開発とは総じて西洋近代化の文脈にグローバル・サウスを巻き込む行為・過程であった。植民地期には宗主国が武力と威嚇を背景に政治的統治を進め資源収奪目的の開発を遂行した。独立後はグローバル・サウスの国家指導者が近代化を目指す開発を積極的に推進した。推進役が宗主国，グローバル・サウス指導者であろうがまた近年のように国際機関であろうが，開発の対象は常に「遅れた国」，「貧困地域」であった。人間であれば「貧困な人々」，「取り残された人々」であった。彼らは自力で状況を打開できない弱者であり，自立できない依存的存在だとされる。果たしてそうか。ここでは開発の当事者，貧困者の「主体性」についてみていこう。

（2）弱者の武器

　貧困者は無知で，強者に従属し状況に受動的だという見方に対して，彼らは苦境にあってもしたたかに戦略的に生きているとする研究が蓄積されている。マレーシア農村を調査したスコットは，貧農が地主や高利貸などに生活

全般を支配されているかに見えながら，日常生活の様々な場面でサボター
ジュ，面従腹背，盗み，うわさなどを通じて支配者の社会規範や管理行動に
対し挑戦をしていると論じた。貧困者は社会運動や暴動，革命といったリス
クの高い行動を避け，日常行為の中で小さな利益実現をはかり，支配者，有
力者に対して小規模かつ実質的な抵抗をしているとし，それを「弱者の武
器」と呼んだ（Scott, 1985）。チャタジーは，開発の進むインドのコルカタ
のスラム住民の行動から彼らの主体性を読み取った。都市開発の矛盾の吹き
溜まりとしてのスラム住民は彼ら独自の社会規範やルールを持つ。それは近
代市民社会の規範とは異なる前近代的で非合理なものかもしれない。しかし
民主主義制度の構成員として近代制度にも組み込まれたスラム住民は，自ら
の独自規範に常に固執するのではなく，時には市民社会規範に基づく権利を
主張し，近代国家の法律に訴えて利害の実現に努める。スラム住民は自らの
規範を保持しつつも生活維持のため市民社会の制度や価値観を利用しながら，
むしろ積極的戦略的に行動をしている（チャタジー，2015）。サバルタン研究
に影響を受けたスコットもチャタジーも，貧しい人々は決して弱く従順で無
知な集団ではなく，むしろ与えられた環境の中での合理性を追求する能動的
な存在として捉えている（スピヴァク，1998）。貧困者の，無知で弱く受動的
なイメージはある種の歴史的過程で作り上げられてきたものだといえる。

　宗主国は植民地社会に対して自らが体現してきた「進歩」の対としての
「停滞」や，「文明」に対する「野蛮」，「近代」に対する「伝統」「後進」な
ど否定的レッテルをはってきた。サイードは行政文書，小説，報道，芸術な
ど多岐にわたる資料分析を通じて宗主国ヨーロッパの「文明」「先進性」と
植民地オリエント（中東）の「野蛮」「後進」性が双方に受容されてきたと
論じる。「オリエンタリズム」である。オリエントの「野蛮」「後進」のイ
メージは武力や支配を通じて強制的に押しつけられただけでなく，むしろオ
リエントの人々が自ら受け入れ克服すべき課題として認識した（サイード，
1993）。植民支配という力関係の中での異なる社会の衝突と表象の共有の帰
結は，オリエントにおける「野蛮」「後進」の克服と，西洋的「文明」「先
進」の実現という実践だった。戦後はそれが「開発」として追求されてきた。

　戦後国際開発体制の文脈でそれを論じたのがエスコバルである。中南米における開発政策実践現場を実証的に分析する中から，グローバル・サウスが先進国の開発言説（ディスコース）に取り込まれる過程を論じた。戦後，世界は一貫して経済開発と近代社会制度構築を共通目標として追求してきた。それは先進社会がグローバル・サウスを巻き込みながら資本蓄積を追求し，同時にグローバル・サウスでの貧困と低開発，搾取と抑圧が制度化される過程だとする。開発言説は「問題克服」「状況改善」を掲げる国際機関，政府，教育機関，NGO による貧困，生計，教育，健康分野の具体的実践を通じて深く社会に浸透した。先進国の知識，技術，制度の「優位性」が，各々の地域が持つ独自の制度や価値体系を変容させ駆逐し，グローバル・サウスを「幼児化」（Infantization）つまり無力な存在として位置づけ，単に言説のレベルだけでなく具体的状況の中で劣位づける。エスコバルは西洋近代が形成してきた世界規模での開発言説からの解放を目指す（Escobar, 1995）。

（3）貧困者の尊厳と当事者性

　貧困者らの主体性を積極的に認めそれを実践に生かそうとする試みは，国際開発の様々なレベルにおいてみられた。識字教育に力を入れたフレイレは，抑圧された貧困者，弱者の能動性を引き出し，貧困状況またそれを生み出す社会構造の変革を目指した。貧困者は文字を学ぶことで人間としての尊厳を回復し，自身の置かれた社会状況への認識を深めるだけでなく，社会制度や構造に対して能動的に働きかける存在となる。それは貧困を生み出してきた国家制度や構造に対して挑戦し近代化で剥奪された自尊心と主体性を取り戻す過程である。その実現には社会変革が避けて通れないものとした。教育とは個人を社会や国家に有益な人材として育成することではなく，ひとりひとりが自信と尊厳を自覚・回復するプロセスである。そこでは社会生活の中で見出した問題を文字と言葉で表現し「意識化」することが重要な要素だとした。フレイレの議論は教育分野だけでなく，草の根開発実践にも大きな影響力を持った（フレイレ，1979）。

　住民の問題は他ならぬ住民が最も知っているという単純な命題を理論化し，

また実践プログラムに応用してきたのが「参加型開発」である。開発や援助の専門家が豊富なデータと精緻な理論に基づき考案したプログラムがしばしば失敗したり，現地住民に受け入れられず定着してこなかった。その原因は外部専門家の科学的知識と学問的分析に裏打ちされた現状認識と解決策に潜む思い込みや勘違いだとする。それに対して，住民自身が現状を語りつつ問題を発見・分析し解決方法を考案し，それを自ら実行するのが参加型開発である。住民自身の発想に基づく計画実践であるためその意図と内容はよく理解されており持続し定着もする。弱い立場にある者，教育のない者に当事者意識を持たせ，状況改善に取り組ませようとするアプローチである（チェンバース，2000；佐藤，2003）。参加型開発は小規模実践で時間がかかるものの，貧困対策，生活改善などで実績をあげる事例が多く報告される。草の根活動のみならず世界銀行などの国際機関もそれを取り入れ，また財政的支援をするようになってきた。サバルタン，オリエンタリズム，権力による言説といった思想的背景から発しながら開発政策の主流にも一定のインパクトを与えたという点で特異である。

（4）世界銀行の変化

　一方，マクロ経済政策を重視し貧困者の主導性には関心を示さなかった国際機関の姿勢も変化してきた。批判を後目に推し進めた構造調整政策，自由化，市場化による矛盾が顕著となり，2000年前後に世界銀行，IMFは大きく政策転換した。「包括的開発枠組み」（CDF：Comprehensive Development Framework）を提唱し，マクロ経済に加え社会開発にも目を向け，途上国の自主性（オーナーシップ）を重んじて開発政策を進める方針を打ち出した。貧困者は救済の対象ではなく生産活動に従事する労働主体と位置づけ対処することを提唱した。効率よく生産活動を行う労働者として貧困者を育成するためのエンパワーメントと就業機会の提供が強調された。エンパワーメントの具体的対応として教育と健康に重点が置かれるようになった（World Bank, 2000）。こうした動きは先述の人間開発とも共鳴し，開発の重点が教育と保健に置かれる今日の状況につながっている。ただし世界銀行や国際機関の主

張するエンパワーメントは市場で機能する労働力としてのそれであって，フレイレが主張してきた能動的生活者としてのそれとは大いに内容を異にしている点には留意する必要がある。

　以上のように貧困者，弱者の主体性は，立場やスタンスの違いを超えて重視すべき要素であるとの認識が共有されるようになってきた。ただ，それが主流の開発思想や政策に有効に反映されているかどうかは別の問題である。

4　現代における地域研究

（1）「普通」と「個別」

　これまで概観してきた開発と貧困をめぐる諸議論をふまえ，ここでは地域研究の意味について考えてみよう。開発は「普遍」（universality）と「個別」（particularity）の衝突と融合の問題とみなすことができる。つまり生存，人権，繁栄，進歩など人間であれば共通して共有しうる価値観＝普遍が，場所や民族，文化を越えて広がる過程，それを能動的に広げる過程が開発であった。しかし様々な地域や集団にはそれら独自の価値観，生活様式，社会規範，つまり「個別」が必ず存在する。そうした個別がいつも普遍を抵抗なく受容するとは限らない。そこには絶えず衝突と融合が生じる。

　グローバル化は普遍の広がりを加速化してきた。ヒト，モノ，カネ，情報の地球規模での共有は各地域，各民族，各集団の個別を急速に侵食する。特に1980年代以降世界銀行，IMFの進めた構造調整政策はどの国どの地域にも一律に適用された。冷戦終結後，貧困，開発は全人類的課題の一つとして認識され，のちに「ミレニアム開発目標」（MDGs），「持続可能な開発目標」（SDGs）の重要項目として定式化される。そこには開発主義，市場主義などの普遍が色濃く反映されている。貧困，環境破壊などの社会諸問題にも市場原理に基づく解決策が推奨された。一方ICT技術の発展と普及によってあらゆるレベルでの情報共有が進んだ。ケニアのマサイ人が欧州サッカーの試合をライブで楽しみ，マニラのスラム住民が米国ホームドラマを鑑賞する。こうして政策レベルとは別に人々の日常生活でも世界規模の情報共有と価値，

考え方の融合が生じている。それを結合性（connectivity）から循環性（circu-larity）への変化とダフィールドは呼ぶ。地域ごと集団ごとに異なる個別の価値観や制度が相互交流してつながる結合状態から，それぞれの価値や制度そのものが融合してひとつの循環を作ることを意味する（Duffield, 2018）。

　しかし開発は普遍が個別を一方的に消滅させる単純な過程だとはいえない。なぜなら地域や住民の固有性は外部から持ち込まれる普遍をそのまま受容するとは限らないからである。地域や住民は外部要素を自らの規範や習慣に照らし取捨選択し，改変を加えつつ受容する。住民の価値観に合わないプロジェクトは外部専門家が去れば，また財政的支援が途切れればすぐさま立ち消えになる。逆に住民の利害と適合すれば，それは変形されながらも取り入れられる。開発プロジェクトが地域有力者の私的利益のために利用されるのはその一例である。外来の普遍を拒絶し伝統的価値に強く固執するという例も滅多にない。マサイ人は伝統生活様式を外来観光客に見せてお金を稼ぎながら，実際には伝統牧畜生活を放棄している。貧しくとも世界一幸福な国とされるブータンの若者は今やディスコで踊りバイクを楽しむ生活に憧れる。異質な価値観や様式が出会えば常に衝突があり相互変容がおきる。その意味では規範や文化は常に普遍と個別の融合でしかない（Escobar, 1995）。出会う文化や価値観は対等ではなく必ずそこには力関係がある。近代化をめざす開発主義の普遍が地域の文化を巻き込む。しかし融合の様式も一様ではなく地域ごとに独自性が必ずある。

（2）普遍のゆらぎ

　近年，普遍が追求してきた価値観が大きく揺れ始めている。効率と合理性を求めた大規模開発は深刻な環境破壊を生んだ。経済的繁栄は同時に地域社会，共同体，家族の変容と崩壊を伴った。高所得の代償は孤独と心的ストレスであった。こうした状況を背景に，生活の質を経済面のみならず人間関係や生活環境など多角的に見直す動きがあることは先述した。主観的満足度を論じ幸福論が隆盛である背景には，主として先進国社会のこうした危機感がある。それは，従来追求してきた普遍の価値や制度そのものが問われている

ことを意味する。そもそも普遍とされる価値観も西洋社会の歴史的経験の中から生まれてきた個別に起因する。そうであれば現在普遍に取り込まれていない個別に，あるいは普遍を独自な形で受け入れてきた個別の中に，現状克服のために学ぶべき規範や価値体系，制度が潜んでいないとも限らない。そこに諸地域，多様な人間集団，また様々な社会を学ぶ意味がある。地域に密着して現実を拾い上げていく地域研究にはそうした重要な役割を果たせる可能性がある。

（3）地域研究の意義

　地域研究は学際的である。地域研究は研究対象が「地域」だと表明しているだけで，その分析手法は社会学，政治学，人類学，生態学等々多様である。地域研究者がひとつの学問領域に拘ることもあれば複数の視点から分析することもある。そもそも現在の学問領域区分は 18 世紀以降，西洋科学技術の発達と社会制度の進展とともに形成され，西洋近代を支える知識体系の中で類別されてきたものにすぎない（ウォーラーステイン，2009）。ひとつの学問領域に依拠して観察することは，それに限定された視角からのみ現実の一部を切り取って考察することを意味する。しかし現実はより複雑であり多面的である。むしろ学問領域や視点に拘泥することで問題の本質や豊かな現実を見失ってしまう可能性もある。

　貧困は多様な側面を持ち，その実態は経済要素だけでは説明できない。貧困は，国家，権力構造，市場，市民意識・活動などが複雑に絡み合う中で再生産されてきた（太田，2018）。単純な見方こそ問題を見誤り，またその解決を遠ざけてしまう可能性がある。グローバル化に従って価値観が収斂し，他方で従来の普遍が揺らぐ現代であるからこそ，新しい価値を拾い上げ，現実を多面的に把捉する地域研究に重要な意義があるといえるだろう。

（太田和宏）

●さらに学ぶための問い

振り返ってみよう　これまでどのような立場からどのような開発が進められてきたのか，その社会的背景を踏まえながら整理してみよう。

議論してみよう　あなた自身はどのような立場に立って何を実現する開発を望みますか。お互いに意見交換をしてみよう。

調べてみよう　いずれかの国際機関，国の開発政策・事例を選び，その内容，背景にある歴史的文脈や考え方を調べ，開発の理念，規範について考えてみよう。

●さらに学びたい人へ（参考文献ガイド）

①高柳彰夫・大橋正明（編），2018，『**SDGs を学ぶ──国際開発・国際協力入門**』法律文化社．／近年国際社会が共通に取り組む「持続的な開発目標」SDGs を網羅的批判的に紹介する。各目標の背景や課題についてもふれており開発のあり方を考えるのに適している。

②セン，A.，2000，『**自由と経済開発**』石塚雅彦訳，日本経済新聞社．／人間開発の支柱概念「潜在能力論」を提示したセンが，自由こそ開発の重要な要素だと論じたもので，開発概念をより広い視野から考える好素材を与えてくれる。

③ドイヨル，L.・ゴフ，I.，2014，『**必要の理論**』馬嶋裕・山森亮監訳，勁草書房．／人間のニーズを社会関係をも視野に入れて整理し，個人の生活と社会構造・動態を関連づけて論じたもので，開発論にとどまらず社会理論としてもすぐれた著作である。

引用参考文献

イースタリー，W. ／小浜裕久ほか訳，2009，『傲慢な援助』東洋経済新報社．

イリイチ，I. ／ザックス，W. ほか（編）／三浦清隆ほか訳，1996，『脱「開発」の時代』晶文社．

ウォーラーステイン，I. ／本多健吉ほか訳，2009，『脱＝社会科学』藤原書店．

太田和宏，2018，『貧困の社会構造分析──フィリピンはなぜ貧困を克服できないのか』法律文化社．

大林稔ほか，2014，『新生アフリカの内発的発展──住民自立と支援』昭和堂．

環境と開発に関する世界委員会（編），1987，『地球の未来を守るために』福武書店．

黒崎卓・山形辰史，2017，『増補改訂版　開発経済学──貧困削減へのアプローチ』日本評論社．

経済協力開発機構（OECD），『OECD 幸福度白書──より良い暮らし指標』明石書店，各年版．

国連開発計画（UNDP），2003，『人間開発報告書──ミレニアム開発目標（MDGs）達成に向けて』国際協力出版会．

───，2010，『人間開発報告書　国家の真の豊かさ──開発援助への道筋』国際協力出版会．

サイード，E. ／今沢紀子訳，1993，『オリエンタリズム』（上・下）平凡社．

佐藤寛ほか（編），2003，『参加型開発の再検討』アジア経済研究所．

───，2007，『テキスト社会開発──貧困削減への新たな道筋』日本評論社．

スピヴァク，G. ／上村忠男訳，1998，『サバルタンは語ることができるか』みすず書房．

世界銀行，2002，『世界開発報告──貧困との闘い』シュプリンガー・フェアラーク東京．

セン，A. ／石塚雅彦訳，2000，『自由と経済開発』日本経済新聞社．

───／池本幸生ほか訳, 2018, 『不平等の再検討──潜在能力と自由』岩波書店.

セン, J. ほか／武藤一羊ほか訳, 2005, 『世界社会フォーラム──帝国への挑戦』作品社.

高柳彰夫ほか（編）, 2018, 『SDGs を学ぶ──国際開発・国際協力入門』法律文化社.

チェンバース, R. ／野田直人ほか監訳, 2000, 『参加型開発と国際協力』明石書店.

チャタジー, P. ／田辺明生ほか訳, 2015, 『統治される人びとのデモクラシー』世界思想社.

チョスドフスキー, M. ／郭洋春訳, 1999, 『貧困の世界化』柘植書房新社.

鶴見和子・川田侃（編）, 1989, 『内発的発展論』東京大学出版会.

ドイヨル, L. ・ゴフ, I. ／馬嶋裕ほか監訳, 2014, 『必要の理論』勁草書房.

東京大学社会科学研究所（編）, 1998, 『開発主義　20 世紀システム 4』東京大学出版会.

トダロ, M. P. ・スミス, S. C. ／森杉壽芳監訳, 2004, 『トダロとスミスの開発経済学』国際協力出版社.

フランク, A.G. ／大崎正治訳, 1979, 『世界資本主義と低開発』大村書店.

フレイレ, P. ／小沢有作訳, 1979, 『被抑圧者の教育学』亜紀書房.

ポラニー, K. ／野口建彦ほか訳, 2009, 『大転換──市場社会の形成と崩壊』東洋経済新報社.

Duffield, M., 2018, *Post-Humanitarianism: Governing Precarity in the Digital World*, Polity.

Escobar, A., 1995, *Encountering Development: The Making and Unmaking of the Third World*, Princeton University Press.

Helliwell, J. F., et al., *World Happiness Report*, various issues.

ILO, 1976, *Employment, Growth and Basic Needs: A One-World Problem*, ILO Office.

Max-Neef, M. A., 1989, *Human Scale Development*, Apex Print.

Rojas, M. and Jimenez, E., 2008, "Subjective Poverty in Mexico: the Role of Income Evaluation Norms," *Perfiles Latinoamericanos* 16 (32): 11-33.

Scott, J., 1985, *Weapons of the Weak: Everyday Forms of Peasant Resistance*, Yale University Press.

Social Weather Station (SWS), 2019, *Third Quarter 2019 Social Weather Survey: Self-Rated Poverty Recovers to 42%*.

United Nations Development Program (UNDP), 1990, *Human Development Report: Concept and Measurement of Human Development*, Oxford University Press.

World Bank, 2000, *World Development Report 2000/2001 Attacking Poverty*, World Bank.

───, PovcalNet, http:iresearch.worldbank.org/PovcalNet, 閲覧日：2020 年 12 月 13 日.

注

（1）例えば包括的かつ持続可能な経済成長（目標 8），レジリエントなインフラ構築（目標 9），海洋資源保全と持続的利用（目標 14）など.

（2）世界銀行によると，今後，新型コロナ感染症，地域紛争，気候変動が原因で貧困者が増加する可能性があるという. 気候変動により 2030 年には貧困者が 7,000 万人から 1 億 4,000 万人増えると予測している. (World Bank, *Global Action Urgently Needed to Halt Historic Threats to Poverty Reduction*, October 7, 2020)

地域研究と私のキャリア④

ローカルとグローバルを結ぶための地域研究——NGO 職員の場合①——

　私は日本の大学院で修士課程を修了した後，日本の NGO がベトナムで実施している環境保全型の地域開発事業の担当者としてベトナムに赴任した。海外の NGO がベトナムで活動を行う際には必ず，対象地域の行政機関や共産党傘下の大衆組織と事業契約を結び，協働で実施しなければならない。こうした枠組みの中で，なるべく対象地域の人々と直接に活動を計画し実施できるよう，日々，心を砕いている。

　実際に小規模農家や行政機関の職員，中高生や教員と共に活動を行うにあたって様々な問題が生じる。例えば気候変動の影響で降雨パターンが変わり，作付体系を見直す必要が出てきたり，塩害によって学校菜園に必要な水源が使えなくなったり，市場価格の変動によって農家がこれまで育ててきた作物や家畜を育てなくなったり，村で農業を担う人材が激減し，農業を続けることができなくなるなど，枚挙にいとまがない。毎日，対象地域で生じている課題と格闘していると，視野が狭くなり，思考がワンパターンになってしまうことがある。こうした時に地域研究で学んだことが活きてくる。具体的には，対象地域で生じている様々な事象を捉えるための枠組み，視点，そして考え方を提供してくれる理論や事例研究である。

　2016 年にメコンデルタに位置するベンチェ省で生じた深刻な塩害について考えると，地球温暖化による海水面の上昇と 2015 年から長期に渡って継続したエルニーニョ現象による少雨（世界規模，グローバル），メコン川流域のダム開発（インドシナ地域と中国），メコンデルタにおける水源利用（ベトナム国内，ローカル）など複合的な要因を検討しなければ問題の根源を理解し，必要な対策を取ることは難しいだろう。

　このようにローカルで生じている様々な問題は，グローバルなレベルで生じている問題と関連しており，問題の解決をより複雑なものにしている。自分が暮らす地域，あるいは研究の対象地域で生じている問題を考える際，グローバルな事象を読み解くための枠組みや考え方を学び，フィールドワークなどでローカルな視点を身に付け，それらを関連づけていく思考力を養うことがますます重要になってきている。

ベトナム南部ベンチェ省の中学校で，生徒と生物多様性について話す筆者（2019 年 10 月撮影）

（伊能まゆ／特定非営利活動法人 Seed to Table 代表）

第 5 章
貧困削減の機会か？　土地収奪か？
──ラオス北部の中国企業のバナナ栽培が小規模農民の暮らしに与える影響──

　グローバル資本による農業投資の拡大は，「グローバル・サウス」に暮らす小規模農民の土地利用や暮らしに大きな影響を与えています。本章は，東南アジアのラオス北部で，外国企業の投資によって急速に拡大したバナナ栽培事業を取り上げ，そこに関わる様々なアクターの意図や行動を分析することによって，バナナ栽培事業拡大の要因を明らかにします。また，この分析を通じて地域研究を行う意義について考えます。

・・・・・・・・・

1　グローバリゼーションと土地収奪

（1）グローバル資本による海外農業投資と土地収奪

　現代のグローバリゼーションは，国家による福祉・公共サービスの縮小や大幅な規制緩和を伴いながら，市場原理に基づく自由競争を重んじる新自由主義的な世界秩序の拡大を推し進めてきた。資金の流れも国境を越え，「グローバル・サウス」諸国にも外国企業・多国籍企業による投資資金が流入している。農業分野においても海外農業投資が拡大し，中低所得国の土地がグローバル資本に囲い込まれている。2010 年に世界銀行が発表した報告書（World Bank, 2010）によると，外国資本による農地の拡大は，2007 年以前には 400 万ヘクタールだったが，2008 年頃から急激な拡大が見られ，2009 年末までに結ばれた農地契約は約 5,600 万ヘクタールに及ぶ[1]。

　近年の農業投資のもう一つの特徴は，「北」の先進国の企業だけではなく，大規模な人口を抱え，食料安全保障に懸念を持つ中国，インド，湾岸諸国などの「南」の国家や企業が，海外での食料生産に乗り出していることだ。

　農業投資の拡大は，自給自足的な農業から国内外の市場に売るための換金作物栽培のブームを産み出している。それは資本家，国家，一部の農民など

に富をもたらす一方で，多くの人々が土地へのアクセスを喪失することにつ
ながる。また大規模な移民や出稼ぎ労働者を生み，土地の利用権をめぐる争
いを激化させてきた。行政官は，外貨収入と環境保全との間でジレンマを抱
えることになり，農民は単一作物栽培によって生計手段や食料安全保障を失
うリスクを負う（Hall *et al.*, 2011, 87-113）。こうした分析は，ラオスの輸出
用バナナ栽培が抱える課題にも当てはまる。一方で，「政府」や「小規模農
民」といったアクターは決して一枚岩ではない。現場では何が起きているの
か。そして，目の前で起きている問題の背景には，各アクターのどのような
動機があり，それがどのように絡み合っているのだろうか。

（2）ラオスにおける外国投資と土地問題

　ラオスは半世紀にわたってフランスの植民地であったが，泥沼の内戦時代
を経て，1975 年 12 月に社会主義を目指す人民共和制の現体制が樹立された。
その後，農業集団化の失敗などを経て，市場経済原理の導入を認めながら，
戦後復興と近代国家建設を目指してきた（山田，2018, 108-114）。2024 年まで
の低開発国（LDC）からの脱却を国家目標に経済開発を進めており，主要産
業の一つである農業についても，自給自足的な生計手段から，競争力のある
産業への移行が目指され，農業分野への海外投資も奨励されてきた。

　2005 年からは 7〜8.5％の経済成長を遂げてきた[2]が，この経済成長を支
えてきたのは，外国投資である。そのセクター毎の内訳を見ると，主に水力
発電ダムの建設を伴う発電，鉱業，農業が多くを占めるが，いずれも土地を
必要とする産業である。ラオス政府は 2006 年 3 月の第 8 回党大会において，
「土地資本化」（Turning Land Into Capital）政策を打ち上げ，土地関連の投資
の規制と促進を同時に目指してきた（Kenney-Lazar *et al.*, 2018, iv）。

　一方，ラオスでは大規模な土地利用を伴う国内外の企業による投資は，
往々にして汚職を伴って行われ，また地域住民の合意や十分な補償が行われ
ないまま，住民が慣習的に利用してきた土地へのアクセスが制限されること
が多々起きている。

　例えば，ラオス南部におけるタイ企業のユーカリ植林とベトナム企業のゴ

ム植林のための土地コンセッション[3]によって，土地や自然資源に依存して暮してきた地域住民が，農地や森林を失い低賃金労働者として働かざるをえなくなった状況を報告したベアードは，「土地を資本に変える」ことは，「人々を（賃金）労働者に変える」ことでもあると指摘した（Baird, 2011）。

（3）小規模農業投資と土地収奪

　ラオスにおける「土地収奪」に関する研究は，主に外国企業による大規模な土地コンセッション事業を扱ってきた。北部の輸出用バナナの栽培は，土地収奪の典型例として議論されてきた南部のゴム植林等に比べると，小規模かつ短期の契約に基づくものである。一方，中国投資によるバナナ栽培事業は，外国企業が地元の仲介者を通じて地方行政と結びついて土地取得を進めることで，小規模農民から農地を奪う大きな力となっているとの指摘もある（Friis and Nielsen, 2016）。そうした土地収奪が進むメカニズムを解明し，持続可能な土地利用のあり方を模索するためには，このプロセスに関わる企業，行政官，農民，出稼ぎ労働者の思惑と土地利用／労働パターンの変化を明らかにする必要がある。

2　ラオスにおける中国企業によるバナナ栽培事業

（1）ラオスにおけるバナナ栽培の拡大

　バナナはラオス人にとって馴染み深い果物である。多くの種類の土着の品種のバナナがあるが，農薬はあまり使用されずに栽培され，自家用以外に販売されるバナナの多くは国内市場か隣国タイ市場向けであった。

　しかし，2005年に北部ルアンナムター県でキャベンディッシュという品種の商業生産が開始され，北部各県に広がった。ちなみに，私たちが日本のスーパーマーケットなどで見かけるバナナのほとんどはこの品種である。2013年にはラオスから中国へのバナナの輸出量が急増し，2017年には全ての農産物の中で最も大きい輸出額（1億6,790万ドル）を誇る農産物となった。このうち9割近くは中国へ，残りはタイに輸出されている。中国企業の投資

で栽培されたバナナのほぼ全てが中国国内向けか中国を経由して海外（ロシア，モンゴル，北朝鮮等）へ輸出されている[4]。

（2）バナナ栽培が引き起こす環境社会影響と政府の対応

　バナナの商業生産が拡大するにつれ，土壌汚染・水質汚染といった環境問題や労働者の健康への影響が指摘されるようになった。バナナ農園で大量に使用される化学肥料や農薬は，土壌劣化や，それらが流れ込む河川の水質汚染を引き起こした。また，農薬等が付着したビニール袋等の廃棄物の不法投棄も問題になっている。これに対して，当初，投資企業は緩和策を講じず，郡や県もこうした環境影響を規制できていなかった。2016年8月にラオス北部で大雨による洪水被害が起きた際，バナナ農園から大量の農薬が河川に流出し，現地のメディアも取り上げる大問題となった。

　また，農園で働く労働者へのマスク，ゴム手袋，長靴の着用といった安全装備について，説明が十分に行われておらず，労働者の側が健康被害への認識が薄いために利用されていない場合も多い。実際に現地では，乳児を背負って農薬を散布する母親や，安全装備なしに農薬散布を手伝う出稼ぎ労働者の児童の姿も見られた。さらに，水田を含む条件の良い農地がバナナ農園に転換される事例が多発し，米などの農産物の価格が高騰し，地域住民の食料安全保障に深刻な影響を与えている。

　こうした影響の深刻さを受けて，2014年6月に，ラオス政府は北部6県の県知事に対し，水田のバナナ農園への転換を禁じるよう通達を出し，2017年1月には，大規模バナナ栽培目的での新規の土地利用の許認可停止を命じる首相令が出された。

3　調査地の概要とフィールド調査の手法

（1）調査の背景

　筆者は，2005〜2013年まで日本の環境NGOのスタッフとして，ウドムサイ県で水源林保全事業に携わった（東，2016）。事業が終了する頃，県農林局

の職員から非公式に輸出用バナナ栽培の環境影響への懸念を伝えられたことから，県農林局と協力し，2014年2月と8月にラオス人コーディネーターとともに，4郡8村においてバナナ栽培の環境・社会影響についての調査と映像撮影を行った。この調査は，結果を政策提言につなげることを目的としたアクション・リサーチであり，調査報告書（Higashi, 2015）のラオス語版とドキュメンタリー[5]をウドムサイ県農林局とラオス国立大学に提出し，援助関係者や研究者に向けた報告会を開催した。また，当時，バナナ栽培の影響調査を実施していたラオス農林省国家農林業研究機関（NAFRI）を中心とする調査チームにも調査結果を共有し，同調査チームが発行した報告書（非公開）に参照されている。同報告書で深刻な環境影響が指摘されたことなどが，輸出用バナナ栽培拡大停止の首相令につながったという[6]。

　しかし，この首相令後に現地を訪問すると，投資企業の撤退による混乱や将来の土地利用の見通しが立たない状況が見えてきた。2018年3月に再び現地を訪問し，ドキュメンタリーの続編を制作した。さらに，ラオス国立大学林学部の協力を得て，2019年3月と4月にバナナ栽培が行われているウドムサイ県フン郡の村の18世帯と，バナナ農園に出稼ぎ労働者を送り出しているパクベン郡の村の8世帯を対象に，調査票を用いた半構造化インタビュー[7]を行った。調査は各郡の農林事務所の許可を得て，行政官が同行して実施された。また，時間的な制約からランダム調査は行えず，調査対象は紹介されたり偶然出会ったりした村人から広げていく方法で選ばれた[8]。

　本章で紹介するケース・スタディは，上記のように筆者がNGOスタッフとして，また研究者として現地で行った双方の調査結果に基づくものである。

（2）ウドムサイ県におけるバナナ栽培

　ラオス北西に位置するウドムサイ県は，中国との国境を接し，山がちな地域である。飼料用トウモロコシとゴム栽培が県の二大換金作物であったが，近年，中国企業の投資によるバナナ，スイカ，カボチャ，インゲン豆の栽培が拡大した。輸出用バナナの栽培は2010年から本格的に始まり，2019年4月現在，6社とその子会社が県内の全7郡中5郡で操業している[9]。2017年

1月のバナナ栽培の拡大禁止に関する首相令を受けて，2016年に6,223ヘクタールだった輸出用バナナの栽培面積は，2018年に4,365ヘクタールまで減少したが，2018年の県のバナナの輸出額は1,370万米ドルとなっている。

（3）調査村の概要

1　バナナ農園を抱えるウドムサイ県フン郡S村[10]　S村は郡の中心地から21kmキロに位置し，人口4,555人，745世帯987家族の村である（2019年3月現在）。主な生業は，水田耕作と飼料用トウモロコシ栽培を中心とする農業である。かつては焼畑での陸稲栽培を生業としていたが，1998年にトウモロコシの試験栽培が始まり，県が焼畑農業から常畑への転換を奨励したのを受けて，2000年代初めにトウモロコシ栽培が拡大した。バナナ農園は主にトウモロコシ畑から転換された土地を使用している。村の面積3,556ヘクタールのうち，トウモロコシ畑が532ヘクタール，水田面積は198ヘクタール，バナナ農園が763ヘクタール（さらに52ヘクタールが新規開墾予定）である。

2　出稼ぎ労働者を送り出すウドムサイ県パクベン郡G村[11]　G村は，人口が548人のクム民族の村で，87世帯91家族が暮らす（2019年3月）。山がちな地形のため水田を開くことはできず，商店経営などで生計を立てる4，5家族を除くほとんどの家族が焼畑農業に従事している。

　G村では，2013年頃からフン郡のバナナ農園へ出稼ぎ労働者として働きに出る家族が見られるようになった。最初は企業が村に来て，労働者をリクルートしていたが，最近では，農園で働く親戚や知人を頼って働きに行くようになったという。毎年5世帯ほどがバナナ農園に年契約の農園労働者として出稼ぎに行っている。その他にも，農閑期などに数日間から数週間の短期間，日雇い労働者として働きに行く村人もいる。

4　ケース・スタディ
──S村のバナナ栽培事業に見る輸出用バナナ栽培事業拡大の要因──

（1）S村のバナナ栽培

　S村では，2019年3月現在，中国企業3社によってバナナ栽培が実施さ

れている。同村のバナナ栽培事業は全て土地利用権を持つ地権者[12]が企業に土地（＝１）を貸し，企業が労働力・資本・技術・市場（＝４）に責任を持つ「１＋４方式」と呼ばれる形態で行われている。「契約栽培」といいつつも，実質的には単に土地貸しであり，それが大規模に長期契約で行われているため，実質的にはコンセッションに近い形態といえる。

（２）バナナ栽培事業に投資する中国企業──S 村 J 社の事例[13]

　中国企業にとっては，本国に比べ地代と労賃が安いラオスは魅力的な投資先であり，また農薬の使用に対する基準が低いことも，事業の参入をしやすくしてきた。さらに，ラオスでのバナナ栽培が急速に拡大した背景には，中国が南シナ海の環礁島の領有権をめぐり対立したフィリピンからのバナナの輸入を停止したことが，国境を接する同じ社会主義国で，政治的に親密な関係にあるラオスからのバナナの輸入拡大につながった。

　S 村でバナナ農園を運営する J 社は，20 年程前に中国の広西省で設立された企業で，2014 年にラオスに子会社を設立した。ウドムサイ県の 7 カ村で 1,054 ヘクタールのバナナ栽培事業の許認可を得ており，このうち 100 ヘクタールはコンセッション契約であるが，残りは全て地権者との契約を結んで行われている。2019 年 4 月現在，実際に運営されているバナナ農園は，S 村を含む 4 カ村における 821 ヘクタールで，他 2 カ村に 280 ヘクタールの農園を拡張する計画がある[14]。S 村では 2015 年に事業を開始し，2025 年までの事業許可を得て，360 ヘクタールのバナナ農園を経営している。同社は，ラオスでの事業開始に先立って，2008 年頃からラオス政府高官に相談をし，郡農林事務所の行政官を伴って実施可能性調査を行った。その後，県との間で事業実施のための MoU（覚書）締結に至った。

　同社によれば，土地取得に際し，高値で借りるため住民の多くは事業に賛同したという。一区画ごとに契約を結んでいるため，土地を貸している世帯数は把握されていないが，S 村では 200 以上の借地契約を結んでいる。

（3）バナナ農園に土地を貸す地域住民

　S村では，参入した時期の違いから，企業によって基準が異なるが，バナナ農園に土地を貸す住民は，1ヘクタール当たり毎年800万〜1000万キープ（約9.8万〜12万円）の地代収入を得ている。同じ土地でトウモロコシを栽培した場合，長年の連作で収量が落ちているこの地域では，化学肥料やトラクターの借上料，除草に人を雇う場合の労賃などのコストを差し引くと，収入は年間1ヘクタール当たり300万キープ（約3.7万円）程度であり，バナナ農園の地代は一般的には大きな収入であるといえる。

　ラオスでは，企業が中央・地方政府とパイプを作りながら推進する事業に対して，小規模農民が反対の声を上げることは容易ではない。また，企業は村長などの村の有力者を取り込んで土地取得を進めるため，村社会の同調圧力によって，自身は事業に反対しつつも参加せざるをえないという住民がいる。一方で，事業がもたらす地代収入を歓迎する住民もいる。以下，インタビュー（2019年4月）から，住民の声を紹介する。

　　「最初はバナナ栽培には反対だったが，郡と県の役人が来て説得された。
　　周りの人が皆バナナ農園に土地を貸してしまったら，自分の畑にトラク
　　ターが入れなくなってしまうし，ネズミなどの害獣被害に遭いやすくな
　　る。1カ月反対したが諦めた。2025年に契約が終了したら，もう更新
　　して欲しくない。果樹栽培や畜産に使いたい」（63歳男性）
　　「村長が会合を開き，郡の行政官や企業から説明を受けた。収入が得ら
　　れると思ったので賛成した。契約を延長するのであればしても構わない。
　　農薬を使いすぎないなど，契約に従ってやってほしい」（38歳男性）
　　「企業が借りてくれるならもっと貸したい。あと20年は借りて欲しい。
　　トウモロコシ栽培は草刈りなどのために人を雇ったりしなければならな
　　いが，バナナ農園に貸していれば地代収入が入る」（41歳男性）

　多くの住民が事業に賛成した背景には，近年の土地利用と村の経済状況をめぐる変化があると見られる。S村では飼料用トウモロコシ栽培が現金収入

源となってきたが，20年に及ぶ連作により，かつては1ヘクタール当たり5〜6トンあった収量が2.5トン程度まで収量が低下している。加えて，土壌劣化によって，以前は必要がなかった耕耘用の大型トラクターの借り上げ費用や除草のための人件費の負担が大きくなり，利益が減少している。そうした中，バナナ栽培への土地貸しに切り替えるのは，一部の農民にとって，短期的には合理的な選択であるともいえる。

さらに，S村でのインタビューでは，多くの住民が子供の学費や，家族の病気の治療などの支払いに充てるため，インフォーマルな高利貸しからの借金を抱えていることが明らかになった。銀行から融資を受けた場合の利子は年利5〜7％だが，高利貸しからの借金の利子は年利50％に及ぶ。

同村では，2018年6月に，地代の支払いが2カ月遅れたことに対し，住民が道路を封鎖し抗議するという事件が起きた。言論の自由が限られているラオスにおいて，こうした抗議運動は珍しいが，それでも住民が実力行使に踏み切ったのは，切迫した借金の支払いを抱えた住民が多くいたことが一因であったとみられる。

（4）バナナ農園で働く出稼ぎ労働者

バナナ農園で働く労働者には，日雇い労働者と年契約の労働者がおり，後者は主に周辺の郡・県からの出稼ぎ労働者である。J社の農園では，約550家族の1年契約労働者が働いている。通常は，夫妻などの家族単位で雇用している。1組当たり4,000〜5,000本のバナナを9〜10カ月間にわたって管理し，除草，農薬・肥料の散布，花の摘み取り，ビニールの覆いかけなどの作業を行う。農作業に管理者以外の労働力が必要な場合は，企業が日雇い労働者を調達し，その日当は管理者の報酬から差し引かれる。報酬の取り決めは企業ごとに異なるが，J社の農園では，収穫後に1kgあたり420キープ（約5円）の報酬を支払う契約で，そこから生活費として，毎月1人当たり70万キープを前貸ししていた分を差し引くと，1組あたりの年収は2000万〜5000万キープ（約24万円〜60万円）になる。

年契約の労働者のほとんどは，他の県や郡など村外からの出稼ぎ労働者で

ある。S村のバナナ農園[15]の中国人マネージャーによれば，地元住民を雇用すると，自分の農地での作業や家畜の世話，家の事情などで，バナナ農園での仕事に来ない日が多いため，農園内のキャンプに生活し毎日作業できる出稼ぎ労働者が使いやすいのだという。では，出稼ぎ労働者はどのような動機を持って，バナナ農園に出稼ぎに行き，その結果，何を得ているのだろうか。G村での聞き取りから，二つの事例を紹介する。

N氏（44歳，男性，クム民族）の一家のケース

　妻と高校生の息子と娘の4人で暮らしている。焼畑農業で生計を立ててきたが，2013年に中国企業のリクルーターがバナナ農園で働く労働者を探して村にやってきたのをきっかけに，県内のフン郡やベン郡のバナナ農園に出稼ぎに行くようになった。

　2016〜2018年には，夫婦でフン郡S村のJ社の農園のキャンプで生活しながら，年契約の労働者として働いた。毎月，生活費として前払いを受けた分を差し引き，2016年には2,500万キープ（約31万円），2017年には3,000万キープ（約37万円），2018年には3,500万キープ（約43万円）の収入を得られた。バナナ農園に出稼ぎに行った動機は，借金の返済と子どもたちの学費を捻出するために現金収入が必要だったからだ。

S氏（38歳，男性，クム民族）の一家のケース

　妻，妻の母，4人の子どもの7人家族で焼畑農業で暮らしてきた。知人からバナナ農園で働けば稼げると聞いて，2016年にS村のJ社の農園に年契約の労働者として出稼ぎに行った。まだ幼い末っ子とその面倒をみる義母も一緒にキャンプで暮らした。前払い金を差し引いて，2600万キープ（約32万円）の収入を得ることができたが，村に戻った直後，義母が体調を崩した。バナナ農園で農薬散布を手伝っていたことが原因なのではないかと考えている。これまでに治療費として2000万キープ（約25万円）以上を支出している。

　2017，2018年は，焼畑農業をしながら，自分だけが日雇い労働者と

して農閑期に 10〜15 日単位で年数回の出稼ぎに行っている。村で焼畑
をやって家族で一緒に暮らす方が良いが，現金収入を得るために，今後
も農閑期にバナナ農園での出稼ぎには行くつもりだ。

　両者はバナナ農園での出稼ぎで明暗が分かれた事例であるが，他にも，出
稼ぎで得られた現金収入で家を建てたという人，収入を元手に貸金業を始め
羽振りが良くなったという人もいれば，農園のキャンプで夫が麻薬中毒に
なって借金を重ねることになったというケースや，報酬を未払いのまま投資
企業が失踪し労働に見合う収入を得られなかったというケースもある。バナ
ナ農園での農薬散布による健康被害はラオス各地で報告されているが，健康
への影響には個人差があり，また農薬散布との関連を証明することは容易で
はない。また，労働中の病気や事故に対して適切な治療を受けられたかどう
かについて，同じ企業で働いた経験がある労働者でも状況が異なり，現場監
督の人柄など運も左右する。
　G村に見られるように，バナナ農園での出稼ぎは，ハイリスク・ハイリ
ターンの選択肢であることが伺える。それでも，政府の村落移転・村落合併
事業や焼畑廃絶政策などによって，持続的な焼畑に十分な農地を確保できず，
さらに現金収入の機会が限られる山岳部は，バナナ農園で働く移民労働者の
供給源となっている。

（5）地方行政官

　本調査が県農林局職員からバナナ栽培の環境影響の深刻さを聞いたことか
ら始まったことに見られるように，事業への懸念を抱く地方行政官も多かっ
た。地方行政官は赴任地に家庭を築いている者も多く，環境の悪化は自らの
生活に直結する問題でもある。
　一方でラオス政府にとっては，農産物の輸出拡大は重要な経済開発政策の
一つであり，海外投資の呼び込みを進めてきた。県や郡の開発目標を達成す
るためには，外国投資の誘致が重要であり，「環境のことだけを考えていれ
ばいいわけではない」（県農林局職員）というジレンマを抱えている。県や郡

レベルでも，住民のレベルでも，バナナに代わる現金収入源が限られる中で，「バナナはゴムなどの他の換金作物に比べて，国際価格の変動が少ない」「換金作物栽培に農薬の使用は避けられないが，きちんと基準を設け，それを遵守させれば問題はない」（県計画投資局）とバナナ栽培事業の継続に前向きな意見もある。また，一部の行政官が，企業からの便宜供与など汚職に結びついた私的な利益のために，事業を仲介するケースもあった。

5　持続的な土地利用に向けて

（1）バナナ栽培拡大禁止に関する首相令後の状況

　2017 年のバナナ栽培事業の拡大禁止令を受けて，フン郡の農林事務所は，バナナに変わる生業として，家畜の飼育やマンゴーなどの果樹栽培を推進する計画を打ち出したが，その実施可能性は不確かだ。また，バナナ栽培に投資していた中国企業が，マンゴー栽培に転換し，バナナ栽培と同様に大量の農薬が使われているというケースもある。

　S村では，中国企業の一つ Y 社が，首相令公布後，地代や労賃を支払わないまま失踪するという事件が起きた。地方行政の働きかけの結果，地代の一部は返済されたが，多くの出稼ぎ労働者は泣き寝入りすることとなった。また，バナナの木が残る農地は，持ち主である地域住民が自ら整地し直さなくてはならなかった。さらに，返還された農地は，元の境界が分からなくなっており，住民間での深刻な土地争いを引き起こすこととなった。

（2）将来の持続的な土地利用に向けて

　バナナ栽培を始めとする換金作物栽培における農薬の多用が，環境や地域住民の食料安全保障において，長期的な悪影響を及ぼすことは明らかである。一方で，急速に貨幣経済が浸透しているラオス農村部では，現金収入の必要が増しており，企業に土地を貸したり，出稼ぎ労働者として農園で働いたりする住民が換金作物栽培事業に参加する動機になっている。長期的な土地利用計画なしに特定の作物の栽培を禁止しても，ウドムサイ県で起きているよ

うに，別の作物による環境汚染が起こる可能性がある。

　猶予が許されない違法な農薬や廃棄物による環境汚染への緊急の対策と同時に，海外投資事業に対するより一層の環境社会配慮と長期的な土地利用計画が必要だ。土地利用計画の策定においては，適切な情報に基づいて住民自身が地域に適した土地利用を選択できなければならない。また，地域住民の食料安全保障を維持するためには，換金作物を導入するとしても，一定の食料生産を確保しつつ，市場の動向や社会環境への影響を見ながら変更が可能なかたちでの土地利用を模索することが重要であろう。

　他方で，中国国内での農産物安全基準の強化によって農薬の使用規制が強化されるようになってきている。将来的には，中国のような新興国において，投資事業の環境社会配慮の基準の強化が進み，「グローバル・サウス」諸国での投資事業における環境社会への影響の緩和につながることが期待される。

（3）地域研究の役割

　ラオスへの中国企業の投資によるバナナ栽培をめぐる海外の報道を見ると，農薬による環境汚染や健康被害といった目に見える問題がクローズアップされがちである。それらは深刻な問題であり，投資企業の社会的責任が問われるべきであることは間違いない。一方，フィールドワークを通じて，バナナ栽培事業に関わる中国企業，地方行政官，地権者，出稼ぎ労働者といったアクターの事業への関わり方と動機を見ていくと，メディアが報じるような「力のある国が，弱く貧しい国を搾取」という単純な構図には収まらない状況が浮かび上がってきた。政府による輸出用バナナ栽培の拡大禁止の発表後，バナナ農園の農薬による環境影響や健康被害を懸念していた NGO やメディアの関心は弱まったように見える。しかし，現地では禁止令後の住民と企業，住民同士の争いが起きたり，バナナに代わる生計手段が見出せない苦悩に直面し，バナナに替わる作物による農薬汚染も指摘されている。

　フィールドワークからすぐに現場の問題を解決できる特効薬が見つかるわけではない。しかし，地域を歩いて明らかにした現場の状況とその分析結果を政策研究や政策支援につなげられる可能性はある。それは，地域住民の暮

らしを反映した持続的な土地利用の実現へ向けて，地域研究者が果たしうる一つの貢献のあり方であろう。

（東　智美）

●さらに学ぶための問い

振り返ってみよう　なぜラオス北部で急速に外国企業の投資によるバナナ栽培が拡大したのだろうか。各アクターの関わりに注目しながら，説明してみよう。

議論してみよう　本章で述べられている外国企業の投資によるバナナ栽培事業が引き起こす問題に対し，あなたがラオス政府の農業政策の担当者／現地で活動するNGO のスタッフであったら，どのような解決策を提案するだろうか。

調べてみよう　あなたが関心のある国における海外直接投資について，投資総額，国別投資額，セクター毎の投資額などのデータから，どのような傾向が見られるか調べてみよう。

●さらに学びたい人へ（参考文献ガイド）

①横山智・落合雪野（編），2008，『**ラオス農山村地域研究**』めこん．／様々な専門分野を持つ複数の研究者が，フィールドワークを通じて明らかになったラオス農山村の実態を伝えている。ラオス農山村研究に関わる人はもちろん，農村でのフィールドワークの様々なアプローチを学ぶこともできる書籍。

②佐藤仁，2002，『**稀少資源のポリティクス――タイ農村にみる開発と環境のはざま**』東京大学出版会．／熱帯林の保全と利用に関連する社会学的研究アプローチを整理しつつ，「開発」と「環境保全」の間で揺れ動くタイ農村をフィールドに，森林資源をめぐる政治経済的力学と現場に生きる人々の暮らしの関わりを描いている。

③荒木徹也・井上真（編），2009，『**フィールドワークからの国際協力**』昭和堂．／大学を拠点として国際強力の実践や異文化交流の促進に関わる複数の研究者によるフィールドワークの経験から，国際協力の実践と研究をつなぐ様々なアプローチを学ぶことができる。

引用参考文献

東智美，2016，『ラオス焼畑民の暮らしと土地政策――「森」と「農地」は分けられるのか』風響社．

山田紀彦，2018，『ラオスの基礎知識』めこん．

Baird, I. G., 2011, "Turning land into capital, turning people into labour: Primitive accumulation and the arrival of large-scale economic land concessions in Laos", *New Proposals: Journal of Marxism and Interdisciplinary Inquiry*. 5(1)：10-26．

Friis, C. and Nielsen, J., 2016, "Small-scale land acquisitions, large-scale implications:

Exploring the case of Chinese banana investments in Northern Laos", *Land Use Policy*. 57: 117-129.

Hall, D., Hirsch, P. and Li, T. M., 2011, *Powers of Exclusion: Land Dilemmas in Southeast Asia*. Singapore, National University of Singapore Press.

Higashi, S., 2015, *Impacts on Regional Land Use from Investment in Banana Contract Farming by Chinese Companies Case Studies in Oudomxay Province, Northern Laos*. Mekong Watch.

Kenney-Lazar, M., Dwyer, M., and Hett, C., 2018, *Turning Land into Capital: Assessing a Decade of Policy in Practice*. Vientiane, the Land Information Working Group.

World Bank, 2010, *Rising Global Interest in Farmland: Can It Yield Sustainable and Equitable Benefits?*. Washington, DC, World Bank.

注

（1）そうした農地需要の7割以上はアフリカ諸国におけるものである（World Bank 2011: XIV）。

（2）世界銀行（https://data.worldbank.org/indicator/NY.GDP.MKTP.KD.ZG?loca-tions = LA）2020年3月2日閲覧。2017年の経済成長率は6.9％となり、2005年以降はじめて7％を下回った。

（3）土地の所有者である政府の裁量で発行される法的文書により、開発事業（ダム開発、鉱山開発、産業植林等）を行う企業等に付与される土地占有の権利。

（4）2014年8月にフン郡S村で行った中国企業への聞き取りによる。

（5）『ラオス北部のバナナ栽培〜外国投資による換金作物栽培がもたらす影響』（日本語字幕版、メコン・ウォッチ制作、2016年）。YouTube にて鑑賞可。

（6）ウドムサイ県計画投資局職員へのインタビュー（2019年4月26日）より。

（7）事前に大まかな質問項目を決めておき、回答者と対話しながらさらに詳細に尋ねていく質的調査の方法の一つ。

（8）ある調査対象者の保有する社会ネットワークを介して、雪だるま式にサンプル数を増やしていく方法は「スノーボール・サンプリング」と呼ばれる。

（9）ウドムサイ県農林局の内部資料（2019年3月に入手）より。

（10）S村の村長へのインタビュー（2019年3月14日）より。

（11）G村の村長へのインタビュー（2019年3月17日）より。

（12）社会主義共和制を敷くラオスにおいて、土地は国家に帰属するものであり、個々人や個々の家族には、「利用」の権利が与えられている。

（13）J社の副マネージャーへのインタビュー（2019年3月16日）より。

（14）ウドムサイ県天然資源環境局・天然資源環境モニタリング課『ウドムサイ県フン郡S村で実施されたS社とX社のバナナ栽培事業における環境社会問題管理状況に関するモニタリング報告書2019年4月12日』（2019年4月30日、同局より入手）。

（15）J社とは別の中国企業。2014年8月22日の聞き取りによる。

開発援助に関わる実施者の視点──国連職員の場合──

　修士課程の後，筆者は日本人として他国の役に少しでも立ちたいと考え，日本の開発援助団体に就職した。8年に満たない期間で，東南アジア，南部アフリカ，大洋州の国々で技術協力事業及び調達代理業務に従事した。大学院では小規模金融を対象に，顧客を拡大しながら持続的に運営する上での課題について，フィリピンでの事例研究を行った。院生時代に実施機関側の観点を研究したことは，筆者が開発援助の実施者となる上で学ぶことが多かったように思う。

　まず研究ではフィリピンにおける小規模金融を理解するため，他国の事例と比較したが，実務でも他国との比較はとても重要な作業だった。筆者が南アフリカに駐在し，周辺6カ国を兼轄していた際，小規模園芸農家向けの支援として，「作って売る」から「売るために作る」への意識変革を起こすプロジェクトに関わっていた。担当していた南アフリカやレソトで効果的に実施するため，市場や農業環境を比較し，実践しながら手法の順序や内容変更を国別に行っていた。

　また，調達代理業務では現地の特徴を把握し，調達品目の仕様を確定していく作業があり，地域研究で学んだ現地調査の手法が活きたと考えている。例えばミャンマー向けに米の収穫作業で使用するコンバインハーベスターを調達する際，日本では一般的に自脱型と呼ばれるバリカンのような形の刈り取り部だが，ミャンマーでは二毛作で米と豆類を栽培し収穫するため，リールヘッダと呼ばれる筒状のものが適していた。これは行政官や農家へのインタビュー，そして現地の田畑を視察した際に把握できたことであり，地域研究のように現地調査は必要不可欠であった。

　筆者の場合，これまでの業務経験から地域研究における複眼的な視点や考え方は開発援助においては大変重要だと感じている。日本国内で得られる情報だけでは現地の背景や状況を把握することは大変難しく，現地で常に疑問をもって，様々な角度から検討する必要性があると痛感している。筆者は国連職員を目指し転職したが，日本人として僅かながらでも他国に貢献できるよう，経験を積み上げていければ本望である。

南アフリカの小規模園芸農家（2016年6月，筆者撮影）

（村上敏生／WFP ジュニア・プロフェッショナル・オフィサー）

第 III 部

移民・難民
——グローバル・サウスの越境する人々——

　人類史の始まりから，人間は盛んに移動を繰り返してきました。新天地を求めての移住や植民，経済活動である狩猟・採集や交易，軍事的な遠征，未知の土地への探検，信徒を増やすための布教，戦乱や災害を避けるための避難，出稼ぎや就職機会を求めての移動など，理由や動機は実に多様です。このような人間の移動は，人々の交流を深めると同時に，対立なども引き起こしてきました。世界のあらゆる社会はすべてこのような移動の産物です。一見，固有の文化を備えた民族が確固たるものとして存在しているようにみえても，それはすべて移動と接触の歴史の中で作り上げられてきたものなのです。歴史的産物としての社会，文化，民族は，絶え間なく展開される新しい人間の移動のなかで，常に再編成されているものでもあります。人間の移動は，歴史に常に再編を迫る重要な現象なのです。

　このことを認識することにより，「グローバル・サウス」の理解のうえでも，人間の移動が重要なことは理解されるでしょう。この第 III 部を構成する三つの章では，人間の移動が地域や社会にもたらす変化や課題について具体的に学びます。第 6 章では，多くの移民や難民が向かうヨーロッパの国の一つであるドイツを事例にして，その歴史と社会統合の課題について考えます。第 7 章では，現在は移民受け入れ国になっているドイツにかつて移民の送り出し国だった歴史があることに注目し，数百年にわたる長い歴史の中では実に様々なタイプの人間の移動が展開されることを学びます。第 8 章では，日本もまた現代世界におけるグローバルな人の移動と無関係ではないことを，北海道に向かうベトナム人技能実習生の事例を通して考察します。読者である皆さんも将来，留学や就職などをはじめ様々な形の移動を行う可能性があります。それは皆さんが「移動する民」の 1 人として現代世界の変化に関与するということを意味します。そのような当事者性を認識しながら読むことにより，この部の学びはより深いものになるでしょう。

難民と受け入れ社会との出会いから私たちは何が学べるのでしょうか。本章では，ドイツを事例として，難民と受け入れ社会の間に存在するジェンダー関係への認識の違いに着目し，両者の認識の乖離が最終的に難民の受け入れ／社会統合／排除に関わっていることについて考察します。これを通して，異文化圏からの難民の移動と受け入れ社会との関係性について社会学的な視点から考えることを目指します。

・・・・・・・・

1　人の移動をドイツの難民問題から考える

　国連難民高等弁務官事務所（UNHCR）が 2017 年に発行したグローバル・レポートによると，2017 年の時点での全世界における難民の数は 2540 万人である。ここでいう難民とは基本的に政治的な迫害のほか，武力紛争や人権侵害などから逃れるために国境を越えて他国に庇護を求める人々を指す。1951 年 7 月 28 日に採択された「難民の地位に関する条約」（いわゆる「難民条約」）によると，難民は，「人種，宗教，国籍もしくは特定の社会的集団の構成員であることまたは政治的な意見を理由に迫害をうける恐れがあるという充分に理由のある恐怖を有するため，国籍法の外にいる者であって，その国籍法の保護を受けられないもしくはそのような恐怖を有するためにその国籍法の保護を受けることを望まない者」であると定義されている。しかしながら，国境を越えた難民のみならず，上記環境のもとで国境を越えず避難生活を送っている「国内避難民」は国境を越えた難民の数をはるかに上回る4000 万人であり，難民の議論においてさらに重要性を増している。そこで，難民，国内避難民，庇護手続きの結果待ちである庇護申請者までを含むと2017 年の時点での紛争や暴力，迫害によって移動を強いられる人の総計は

全世界で 6,850 万人にのぼる。

　ヨーロッパ諸国は歴史的に難民の受け入れに大きな役割を果たしてきた。そもそも EU が国民国家の既存の国境にとらわれず人の移動の自由化を主要なモットーとしてきたことがその背景の一つとして指摘できよう。しかしながら，近年「難民危機」と呼ばれるほど数多くの難民の受け入れに直面したヨーロッパ各国は，歴史，文化，言語のほか，経済状況，政治制度の異なる国々からの難民が受入国に与える影響について議論を重ねている。なかでもドイツは近年の「難民危機」において世界全体での受け入れ国の上位 10 カ国に入るほど難民受け入れに積極的に取り組んできた[1]。ドイツの難民受け入れの事例は，単なる受入数という観点だけではなく，異文化からの人々の受け入れにおいて生じる乖離，またその乖離がどのように難民の社会統合へ影響を与えるのかを考える際に，有意義な示唆を与えるものである。

　難民に関する議論は大きく二つに分けることができる。一つは，難民を対象とする政策レベルでの議論である。EU や各国の難民政策あるいは労働，健康管理，社会保障，住居環境，言語教育や職業訓練の社会統合政策など，政治レベルで行われる議論である。もう一つは，アクターに焦点を当てた議論である。難民の移動経路，移住の動機や政治経済的な背景，難民としての認定／拒否，定着過程，コミュニティや労働市場への参入過程などに注目する研究である。本研究は，後者の視点に立ち，ドイツの難民受け入れの現状を概観すると同時に，難民と受け入れ社会との出会いに焦点を当て，難民の受け入れ過程をダイナミックに理解することを試みるものである。

　以下，本章ではドイツが移民受け入れ国として変貌していく過程，ドイツの難民受け入れの歴史と現状，近年の「難民危機」における難民と受け入れ社会との出会いで浮上したジェンダー認識の乖離と難民の社会統合との関係性という順序で記述していく。研究手法はドイツ連邦共和国や EU の難民の統計など量的データおよびメディアや関係者へのインタビューなどを用いた質的データを用いる[2]。

2　「移民受け入れ国」ドイツ

　第二次世界大戦後の経済復興期を迎え労働力不足に悩んでいた西ドイツ政府は 1955 年にイタリアから出稼ぎ労働者を受け入れて以来，1960 年にギリシアとスペイン，1961 年にトルコ，1963 年にモロッコ，1964 年にポルトガル，1965 年にチュニジア，1968 年にユーゴスラビアなどと次々に低賃金労働者を受け入れ，移民の割合が急増した。そもそも労働力不足問題の解消を目的とする「ガストアルバイター制度」（「ガストアルバイター」は直訳すると「ゲスト労働者」）に則って受け入れられたこれらの外国人労働者は，1973 年にその制度が廃止された以後も大半がドイツに残った。そのうえに，家族の合流により，1961 年に西ドイツ人口の 1.2％だった移住者の割合が 1981 年には 7.7％まで急増した（資料 6 - 1 参照）。

　しかしながら，「ガストアルバイター制度」でドイツに流入した外国人労働者は 1973 年のオイルショックに始まる不景気で大量解雇の対象となり，失業率を押し上げてしまった。そのため，1980 年に入り，高い国内失業率や格差の拡大などの社会問題に直面したドイツ政府は 1983 年以降「外国人帰還促進法」を通して外国人労働者の帰国を促したが，この政策で実際に帰国した割合は全体の 5％に過ぎなかった。以上のように，西ドイツの移民政策は，移住者の積極的な受け入れや統合政策よりも短期的な外国人労働力の活用に焦点が当てられていた。

　1989 年の東西冷戦の終結および 1990 年の東・西ドイツの統一により，ドイツ第二帝政期以前にドイツから東欧へ入植者として移り住んだ者の子孫も多数ドイツに移住してきたことから，統一後ドイツにおける移住者の割合はさらに増加しつつあった。他方，そもそも移民政策に保守的な立場を保ってきたコール政権（1982〜1998 年）は 1998 年まで移住者の受け入れに消極的な姿勢を守り続けてきた。1998 年にコール政権のもとでの保守系政党の連合時代が終わり，中道左派であるドイツ社会民主党（SPD）および緑の党の連合でシュレーダー政権が誕生してから，移住者の受け入れ政策に現実的に向

資料6-1　ドイツにおける外国人人口の推移（1961〜2018年）（単位：%）

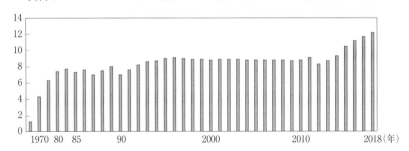

（注）1990年のドイツ統一より前の年の数値は，西ドイツの分のみである。
（出典）2019年度ドイツ連邦共和国統計庁データより筆者作成。

き合うこととなった。

　その転換点となったのが，1999年に行われた国籍法の改正である。この改正によって，属人主義的な制度が一部変わり，属地主義に基づいた外国人受け入れ政策が導入された。すなわち，ドイツで生まれた外国籍の児童で両親のどちらかが最低8年間ドイツに滞在している，あるいは永住権を取得してから3年以上居住している場合，その児童にはドイツの国籍が与えられるようになった。

　さらに，2005年に新しい「移民法」が導入され移民政策の転換に大きな役割を果たした。このような国内での移民政策の転換に連動する形で誕生したのが「EUブルー・カード制度」である。EU諸国のなかでドイツがこの制度を一番積極的に取り入れているが，この制度は，これまでの「短期滞在」「低熟練労働者中心」「ドイツ社会への統合への躊躇」という消極的な姿勢から「中・長期的滞在」「熟練労働者中心」「ドイツ社会への統合への支援」にパラダイムがシフトしたという側面で重要な意味合いを持つ。

3　「難民受け入れ国」ドイツ

　ドイツに滞在する移住者は，第2節でみた人々だけではない。冒頭で述べたとおり，難民というステータスで在住する人々も多数に上る。次にドイツ

資料6-2　ドイツにおける難民申請者の数（1953～2018年）（単位：万人）

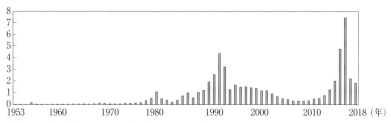

（注）1990年以前は西ドイツの統計で，その以後はドイツ全体の統計である。
（出典）2019年度移民難民局統計より筆者作成。

の難民について見ていくことにしたい。1953年から2018年現在までの難民
申請者は合計507万人に上る。そのなかの408万人が1990年以後の難民申
請者であり，ドイツ統一以降急増したことがわかる。上記の資料6-2から
もみられるように，ドイツの難民の流入には大きく三つの波があることが指
摘されている（久保山，2017）。「第一の波」は1970年代末から1980年代初
頭であり，トルコのクルド系住民，スリランカでのタミール紛争で発生した
難民，レバノン紛争からのパレスチナ難民などである。「第二の波」は1990
年代初頭で，東西冷戦の終結にともなって東欧で発生した内戦や政治的な不
安定を背景とした難民である。第二の波でドイツにやってきた難民申請者の
ほとんどは旧ユーゴスラビア出身である。この時期難民はヨーロッパ全域に
わたって流入したが，なかでもドイツに流入した難民の数が圧倒的であった
（資料6-3参照）。

　難民がドイツへ集中した理由は，ナチズムの過去に対する反省から難民を
受け入れざるをえなかったという現実がある。しかし，ドイツの統一以来，
急増する移民や難民への反感も日々高まっていった。そこで，1993年に難
民受け入れに消極的なキリスト教民主同盟（CDU）／キリスト教社会同盟
（CSU），自由民主党（FDP）とやや積極的なSPDの間に庇護政策に関して妥
協が成立した。この合意により，受け入れの条件が強化された。具体的には，
難民の対象を「政治難民」に限定し，これにあたる場合審査の手続きを簡素
化した。また政治的な混乱に当てはまらない「安全な出身国」から入国した

場合は難民審査の対象から排除した。なお，EU での人の移動や難民の扱い
を定めたシェンゲン協定およびダブリン規則の発効以後，「安全な第三国」
を経由しドイツに入国した難民も審査から排除されるようになった。事実上
ドイツに接近する近隣国のすべてがこの「安全な第三国」に当てはまるため，
1993 年以後ドイツへの難民申請者が劇的に減少した。

　最後に，「第三の波」は近年「難民危機」と名付けられた 2014 年から
2017 年の間であり，多くはシリア内戦で国を離れた人々である。「アラブの
春」の失敗，シリアおよびイラクにおけるイスラム国（IS）の台頭などによ
り，難民が急に増した時期である。資料 6 - 4 からもみられるように，ドイ
ツは「第三の波」において難民を積極的に受け入れた。これは，第 2 節で記
述したドイツにおける移民政策の転換と深くかかわるものでもある。すわな
ち，難民の一時的な庇護と管理から，長期的にドイツ社会の一員として統合
していこうとする移民政策へのパラダイムの転換と関係しているのである。

4　ドイツにおける難民問題──ジェンダーの視点からの分析

　以上にみたとおり，ドイツは，移民国家へと変貌していく中で難民受け入
れに関しても積極的姿勢をとるようになった。この結果，現在のドイツには
多くの難民が居住することとなった。では，これらの難民たちは，受け入れ
社会であるドイツ社会とどのような出会いを果たしているのだろうか。この
問いに対し，本節では，難民と受け入れ社会の間に存在する異なるジェン
ダー関係の認識を手掛かりとし，これらの認識の乖離が最終的に難民の受容
／社会統合／排除に深くかかわっていることについて論じる。これらの議論
を踏まえ，人種，宗教，教育，階層，文化，生活習慣など難民が持つ様々な
要素とそれに対する受け入れ社会の認識の差が難民の受け入れを左右する重
要な要因であることを提示する。

　資料 6 - 5 からも明らかであるようにドイツにおける難民申請者の多数が
男性であった。例えば，2016 年における難民申請者の 65.7％が男性である。
なかでも 30 歳以下の若い男性の割合が全体の 75％を占めている。これは，

資料6-3　EU 諸国における難民申請者の数および割合（1990～1996 年）（単位：人）

	1990	1991	1992	1993	1994	1995	1996
ドイツ	193,063	256,112	438,191	320,742	127,210	127,937	116,367
イギリス	38,195	73,400	32,300	28,000	42,201	54,988	29,642
フランス	54,813	47,380	28,872	27,564	25,791	20,329	17,283
オランダ	21,208	21,615	20,346	35,399	52,576	29,258	22,857
スイス	35,836	41,929	17,960	24,739	16,134	17,021	18,001
総計 *	432,483	554,180	688,845	547,670	327,063	291,420	244,297
割合 **	44.6%	46.2%	63.6%	58.5%	38.8%	43.9%	47.6%

（注）* 総計は，資料6-3に表記された国々以外にもオーストリア，ベルギー，デンマーク，
　　　フィンランド，アイルランド，イタリア，ノルウェー，スペイン，スウェーデンなど総
　　　計14カ国のヨーロッパ諸国における難民申請者を含んだ数字を意味する。
　　　** ここでいう割合は，14カ国ヨーロッパ諸国における難民申請者総計においてドイツで
　　　の難民申請者を意味する。
（出典）欧州議会統計をもとに筆者作成。

資料6-4　EU 諸国における難民申請者の数および割合（2011～2017 年）（単位：人）

	2011	2012	2013	2014	2015	2016	2017
ドイツ	53,235	77,485	126,705	202,645	476,510	745,155	222,560
イタリア	40,315	17,335	26,620	64,525	84,085	122,960	128,850
フランス	57,330	61,440	66,265	64,310	75,750	84,270	99,330
スウェーデン	29,650	43,855	54,270	81,180	162,450	28,790	26,325
イギリス	26,915	28,800	30,585	32,785	38,800	38,785	33,780
総計 *	309,040	335,290	431,090	626,960	1,321,600	1,259,955	705,705
割合 **	17.2%	23.1%	29.3%	32.3%	36%	59.1%	31.5%

（注）*，** とも資料6-3と同じ。
（出典）欧州議会統計をもとに筆者作成。

ドイツに限らず，ヨーロッパ全体での難民申請者にも共通してみられる現象
である。

　このような難民のジェンダー構成に対し，ドイツ社会では異なる視線が存
在した。若い男性難民はドイツの将来を担う経済的な主体とみなされ，経済
的な観点から肯定的に評価された。一部のメディアにおいてもそのことが報
じられた（2018 年 6 月 20 日，Salzburger Nachrichten オンライン）。次のドイツ
人の市民とのインタビューにも難民がドイツ経済に及ぼす肯定的な影響に対

資料6-5　2016年度ドイツにおける難民申請者（単位：万人）

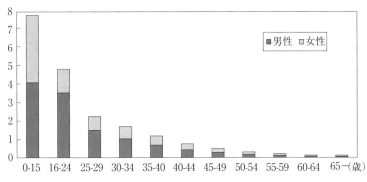

（出典）2017年度移民難民局統計をもとに筆者作成。

する期待の視線が含まれている。

　　「ドイツでは若い生産労働人口が減少し続けている。ドイツの将来の経
　　済を考えると難民の積極的な受け入れはとても歓迎されるべきである」
　　　　　　　　（2019年5月26日ハイデルベルグ市にてドイツ人の市民より筆者聞き取り）

　しかしながら，他方では，若い男性難民に対する懸念の声も高かった。難
民の多数が若い男性であることに関してはメディアでも繰り返し取り上げら
れたが，これはムスリム社会における不平等なジェンダー関係が難民の国際
移動にも反映されているのではないのかというドイツ社会内での疑惑を間接
的に反映していると解釈できるだろう。それ以外にも若い男性難民に対する
否定的な視線は次のドイツ人の若者とのインタビューにも端的に表れている。

　　「私も戦争で難民になったら，必死に逃げようとしたと思うから，母国
　　と家族を離れ難民になるしかなかった人々の気持ちも十分理解できるし，
　　EUのリーダーとしてドイツが彼らに人道的な支援を行うことはとても
　　必要なことだと思う。しかし現在ドイツにいる若い男性難民は戦争から
　　逃げ出した人にはとうてい見えない。新品のナイキの靴を履き，私にも

買えないような高い最新のアップル社のスマートフォンを手に持ち，何もせず1日中町中をぶらぶら歩きまわっている健康な若い男性難民をみると，彼らが本当に難民なのか疑問に思ってしまう」

（2019年4月29日ハイデルベルク市にてドイツ人の若者より筆者聞き取り）

実際のところ，多数の難民申請者が若い男性である大きな理由はシリアの政府軍が若い男性を強制的に徴兵する制度が導入されたことと関係している。若い男性中心の移動をもたらす背景のうち，徴兵制度以外のものについて，シリアからの移住民は以下のように説明する。

「徴兵への恐怖ももちろんあるが，シリアの若者にとってシリアはまったく希望のない国である。しかし，難民の移動は個人的なレベルの決定では説明し切れないところがある。移動にかかる費用のみならず，将来家族全員の生計に責任がとれるのか，危険の伴う国際移動に最後まで生き残れるのかなど様々な要因を家族全員が話し合って決める。その結果，若い男が家族の代表として来る場合が多い。また，男の子が多い理由は危険の伴う避難を最後まで耐えられるのかという理由もあるが，もう一つの理由は未成年者の場合自分の家族を後から連れてくることが可能であるからだ。そのため，家族構成員のなかで体力的に一番強いとされる若い男性1人と男の子1人が最終的に選ばれ2人が同行して先に難民としてドイツにやってくるのだ」

（2019年5月10日ヴァインハイム市にてシリア移民より筆者聞き取り）

これらのインタビューから読み取るべき重要な点は，受け入れ社会であるドイツ社会でのジェンダー認識が難民の姿に如実に投影されていることである。ここでは3点にまとめてみよう。第一に，「男性とはかくあるべし」というドイツ社会における男性性の観念が難民に投影されていることである。上記のインタビューにみられた「ドイツ経済に利益をもたらす現実的な実利」という肯定的な視線であれ「保護されるべきであるのか疑問である存

在」という否定的な視線であれ，両者とも「健康で若い男性」であるかぎり
経済的な活動をしなければならないという受け入れ社会のジェンダー意識が
男性難民に強く投影されていることを如実に物語っている。

　第二に指摘できるのは，受け入れ社会の「女性化された難民像」が投影さ
れていることである。2番目のインタビューからわかるように，難民はそも
そも「可哀そうで保護されるべきである存在」として認識されている。この
ような視点は，受け入れ社会において移民者を含む難民が主に「被害者」と
して描かれがちであることを物語る。なお，このようなイメージは特に「第
三世界」からの女性の場合にさらに当てはまる（Mohanty, 2003）。このため，
女性難民が保護されるべきである弱い存在として認識されがちであることと
表裏一体をなして，若い男性難民に対しては，「保護されるべき弱い社会的
存在」というイメージに当てはまらないという違和感が表明されるのである。
ここに男性難民に対する受け入れ社会の抵抗感が表明されていると理解する
ことも可能である。

　第三に投影されているのは，「救わなければならない女性難民」という像
である。保護されるべき存在としての女性難民に対するドイツ社会のジェン
ダー意識の裏には，これらの女性難民を経済的に支えるだけではなく，ムス
リム社会における不平等なジェンダー関係から女性を解放しなければいけな
いという視線も作用している。

　　「『難民危機』の最初の段階でドイツにやってきた難民の場合は高い社会
　　階層の人びとである。その人たちの場合教育水準が高く，ドイツ語の習
　　得能力も高く早くドイツ社会に統合していく。しかし，あとから来た人
　　たちのなかでは階層の低い人々が多い。階層の低い人々の場合特に男女
　　間の教育の経験にも多くの差があって，女性の場合鉛筆の握り方さえも
　　分からない人が多い。しかも，教室という公的な場に集まることにさえ
　　も慣れていないし，担当講師である私とも男性という理由で会話をしよ
　　うとしない場合もある。このような場合，ドイツ語の習得能力の向上ど
　　ころか社会統合はとても無理な話になる」

（2019年5月19日ヴァインハイム市にてドイツ語教師より筆者聞き取り）

　難民にドイツ語を教えている講師によるこの発言は，難民の出身国での男女間に存在する不平等な教育の差が社会統合過程において実際に障害要因として作用していることを明らかにしている。ただ，難民の出身地におけるジェンダー関係を問題にするこのような主張は，受け入れ社会でのジェンダー観念を一方的に難民へ押しつける結果をもたらす可能性を持つものでもある。難民の職業訓練にかかわっているNGO職員からの話を聞いてみよう。

　　「ドイツでは女性の労働市場への参入が男女平等の指標の一つとして理解されている。そのため，現場において職業訓練に参加する難民が主に男性であることが『社会統合の失敗』として受け取られ，女性難民にも職業訓練を強いることをよくみかける。しかし，私が数多くの難民家族と接しながら気づいたのは，アラブ圏では男女の役割や男女平等に対する認識がドイツ社会のそれとまったく同じではなく，経済活動をしないこと自体が家庭内での女性の発言力の無さを意味するのではないことである。ある意味でドイツのジェンダー観念を難民に強いることが社会統合への近道であるように現場で受け取られているのだとしたら，私はそれに個人的に懸念を示したい。しかも，ドイツでは労働市場への参入など公的な活動に参加することのみが社会統合として受け取られ，ドイツ語の授業などが実際に職業訓練に参加する男性に集中されてしまうケースを多くみかける。女性の場合ドイツ語授業への参加など公的な場に出ること自体に慣れていない場合が多いため，私的な空間でドイツ語教育の機会をもうけることが女性難民の社会統合へつながると考える」
　　（2019年12月6日ハイデルベルク市にて難民NGO職員より筆者聞き取り）

　また，オーストリアでは，ある18歳のアフガニスタン人の男性がホモセクシュアリティーを難民申請の理由として掲げたが，「歩き方や，振舞いや衣服の着方がホモセクシュアルには見えない」ことを理由に難民としての認

定を断られるという事例があった。表面的にはセクシュアリティーの多様性を認めつつ，受け入れ社会に刻まれているある特定のセクシュアリティーのあり方を難民に強いた決定として批判をうけた　（2018 年 8 月 15 日，Sueddeutsche Zeitung オンライン）。

5　ドイツの難民問題が私たちに教えてくれること

　本章では，主にドイツを事例として，ドイツの移民・難民政策を概観すると同時に，難民と受け入れ社会の間の異なるジェンダー認識が難民の受容／社会統合／排除過程にいかに影響するかについて論じた。これらの議論を踏まえ，難民問題を論じる際に，条約や政策以外に，人種，宗教，教育水準，社会階層，文化，生活習慣などが受け入れを左右する重要な要素であることを提示した。受入数や政策のみからではみえてこない，難民と受け入れ社会の出会いで実際に浮上する問題に焦点を当てることで，アクター間の相互関係に注目してみようというのが本章の狙いであった。

　最近 EU レベルでの「難民危機」は収まっている様子だが，世界的なレベルからみて難民の数は急激に増加しつつある。2017 年の UNHCR の報告によると，毎日 4 万 4,000 人の人々が自分の意思とは関係なく故郷を離れ移動を強いられている。また，これからは紛争などの政治的な混乱ではなく──例えば気候変動，自然／人的災害，大気汚染，食糧不足など─難民と移民との境界をさらに曖昧にする人々の移動が急増すると予想されている。本章で述べてきたドイツでの難民をめぐる議論を踏まえ，アジアにおいては難民問題に関してどのような歴史があるのか，異文化からの難民の受け入れにアジア各国はどのような議論がなされているのか，ヨーロッパにおける「難民危機」についてどのような立場をとっているのか，将来アジア地域においてはどのような形で難民が発生する可能性があるのかなど様々な方向で自ら問いを投げかけてみる機会になることを望む。

（権　慈玉）

●さらに学ぶための問い

振り返ってみよう　難民と受け入れ社会との出会いは何を意味するのだろうか。難民の持つ様々な要素と受け入れ社会の持つその要素に対する認識のズレがどのように難民の受け入れに影響するのか，説明してみよう。

議論してみよう　本章で議論されているドイツの難民受け入れの現状をうけ，自分がドイツ人の市民である場合あるいは難民申請者本人である場合を想定し，それぞれの立場や思惑について議論してみよう。

調べてみよう　日本は難民の認定率が低い国の一つとして知られている。日本での難民受け入れ政策の流れおよび認定率の低い社会政治的な要因について調べてみよう。

●さらに学びたい人へ（参考文献ガイド）

①内藤正典，2019，『**外国人労働者・移民・難民ってだれのこと？**』集英社．／移民や難民に関わる基本的でありながら重要な問いをわかりやすく説明した本であり，難民問題の入門書として適している。

②宮島喬・藤巻秀樹・石原進・鈴木江理子ほか（編），2014，『**なぜ今，移民問題か**』藤原書店．／なぜ移民問題および難民問題が他人や他国の問題ではなく，どのように私たちの日常生活と密接に関係しており，将来その重要性をさらに増していくことになるのかを明らかにしている本である。

③宮島喬・佐藤成基（編），2019，『**包摂・共生の政治か，排除の政治か――移民・難民と向き合うヨーロッパ**』明石書店．／近年ヨーロッパで「難民危機」と呼ばれる現状を迎えヨーロッパ各国でどのような社会政治的な変化が起こり，どのような議論が交わされているのかについて理解が得られる本である。

引用参考文献

久保山亮，2017，「ドイツにおける難民の受け入れと保護，社会統合」『ドイツの移民・難民政策の新たな挑戦』　公益財団法人日本国際交流センター，21-30頁．

Mohanty, C., 2003, *Feminist without Borders*, Duke University Press.

注

（1）　一般的な理解とは異なり，UNHCR に登録された難民の 85% が先進国以外に居住し，そこで保護されている。例えば，今日のいわゆる「難民危機」と呼ばれる 2014 年から 2017 年の間に難民を多く受け入れた国々を見てみると，トルコ（3500 万人），パキスタン（1400 万人），ウガンダ（1400 万人），レバノン（98 万人），イラン（97 万人）などが占めている。

（2）　インタビューは 2019 年 4 月から 12 月までの間に，シリア移民 2 人，難民を対象としてドイツ語教育を行っているドイツ語教師 2 人，難民 NGO の職員 2 人，シリアからの専門通訳士 1 人，そしてドイツ人 5 人を対象として実施した。

「美術」をアジアから問い直す——学芸員の場合——

　美術館学芸員の仕事は，展覧会企画や作品収集をとおして美術の価値づけや評価を提示することである。ある種の権力をもつ仕事であるからこそ，その評価の根拠となる研究が重要であり，特にアジア美術を対象とする場合は現地へ出向いての調査が鍵を握る。グローバルな美術界のシステムに乗る欧米の美術の場合は，美術史研究の蓄積や関わる学芸員や美術市場関係者が多く情報収集もしやすいが，アジア美術の場合はそう簡単にはいかない。特に 2000 年代までは，アジア各地の美術学校やギャラリー，作家のスタジオを訪ねて回ることなしに最新動向を知ることはできなかった。こうした現地調査を要するアジアの近代・現代美術を専門に収集・展示する福岡アジア美術館で働く私にとって，地域研究から得た知見は現在の仕事の基盤となっている。

　大学院在学中は，バングラデシュの農村女性が作り継いできた刺繍布が，1971 年の独立戦争後，開発援助 NGO によって商品化されていく過程を研究した。ベンガル語を習得し，農村に暮らしながら，作り手女性の視点から社会変化を読み解こうとしたのである。この経験から，地域研究において大切なのは，その地域に精通すること以上に，ある事象を現地の草の根の視点から理解しようとする態度であることを学んだ。

　学芸員となり，それを実感したのが，私にとって馴染みの薄い地域の美術展を企画したときである。その美術表現を理解するのに肝心なのは，作品が発するメッセージを現地の文化社会的な背景を踏まえてくみ取り，その地で培われた美術の歴史に位置づけて評価することであった。また作家のなかには，作品を政治社会に対する主張と位置づけ，人々を動かす変革者として活動する人も多い。こうしたアジア美術の独自性は，日本や欧米の美術と比較して評価されるものではない。現地の文脈から見ることによってはじめて，作品の価値判断の指標が形成されるのである。すなわち私にとって，西欧近代で生まれた「美術」をアジアから問い直すことは，ひとつの地域研究なのである。

ミャンマー現代美術の作品調査（2015 年 8 月，ヤンゴン，サンミン撮影）

（五十嵐 理奈／福岡アジア美術館 学芸員）

第 **7** 章
「移民問題」「難民問題」の起源
——ドイツ領南西アフリカ／ナミビアを中心に考える——

　グローバリゼーションが進行する現代社会においてヒト，モノ，カネの移動はつきものですが，近年ヨーロッパでは，移民や難民を受け入れてきたことによって生じる様々な問題が起きています。本章では，移民や難民の受入れに関する問題を大局的に考えるため，今日の移民や難民がどのようにして発生したのかについて，旧ドイツ植民地の南西アフリカを中心にその歴史を振り返ります。

・・・・・・・・

1　「移民問題」「難民問題」とは何か

　欧米諸国はこれまでも移民や難民を受け入れてきた。たとえば中華街や中華料理店，インド料理店，中東料理店は欧米各地に存在する。また，サッカーやラグビーなどのワールドカップやオリンピックでは，近年，国家を単位とした代表チームの中に外国にルーツをもつ選手が登録されることも珍しくなくなった。

　移民や難民をいかにして社会に受け入れるかは各国の重要な政策課題である。例えばヨーロッパを見てみよう。シリア難民や地中海を渡るアフリカ大陸からの移民は日本でも報道されており，知っている読者もいるだろう。このように近年急増する移民や難民に直面し，2015 年にドイツのメルケル首相は EU 諸国が一丸となって問題解決に取り組むべきだと訴えた。移民や難民の受入れは「普遍的市民権」——国籍を問わず市民として保障されるべき権利——という EU の理念と深くかかわっており，失敗すれば EU の存在意義を傷つけることになるとメルケル首相は演説で述べている（2015 年夏のプレスカンファレンスでの発言）。この提案について国外からは一部称賛の声があがる一方で，国内では激しい批判が起きた。その主旨は，これ以上ドイツで移民や難民が増えれば国家は破綻するというものである。メルケル首相の所

属するキリスト教民主同盟（CDU）は以後の選挙で大敗し，メルケルは現在の任期を最後に 2005 年以来在任してきた首相の座を降りることになった。

　本章で取りあげる「移民問題」「難民問題」とは，欧米諸国がこのようなかたちで経験している移民や難民の社会統合における行き詰まりのことを指している。もう少し詳しく説明しよう。たとえばドイツは第二次世界大戦後過去への反省から反ファシズムの政策をとってきた[1]にもかかわらず，外国人排斥を唱えるいわゆる「ネオナチ」が活動し，2013 年には反移民・反難民を掲げる「ドイツのための選択肢」という名の政党が結成され，2017 年に同党はドイツ連邦議会で 3 番目に大きな政党となった。このように，ドイツ国内では移民や難民の受入れをめぐって国内が二分されるような状況が生まれ，政治にも影響を与えるようになっている。では，なぜ人は欧米へやってくるようになったのだろうか。本章ではこの問いを出発点にして，「移民問題」「難民問題」の起源について考えていきたい。

　移民や難民が欧米へ向かう傾向は，第二次世界大戦後にアジアやアフリカ地域に新たな国家が誕生して以降，顕著になった。政治的な独立を手に入れたものの，アジア，アフリカ，ラテンアメリカ地域の多くは貧困から抜け出すことが困難であった。第二次世界大戦まで支配される側にあったこれらの地域は，欧米によって政治的・経済的・文化的な発展を阻まれていると考えられており，独立すれば欧米と同じ経済的繁栄を手に入れることができると当初は想定されていた。しかし，独立から数十年たっても世界で経済的に優位なのはかつてこうした地域を支配していた欧米諸国であり，アジア，アフリカ，ラテンアメリカの多くの地域は欧米に匹敵するような経済力をつけるには至っていない[2]。また，経済が停滞する地域では，一部の人や企業などに富が集中し，汚職や迫害などが起き，ますます国内が不安定になる。したがって，恩恵を受けられない人は生活できる場所を求めてやむなく移動する。現在，多くの移民が欧米に向かう理由は，このように歴史的に固定化した経済格差によるところが大きい。

　では，欧米が経済的繁栄を手に入れることができたのはなぜだろうか。じつはそこにヨーロッパ人が経験してきた国際的な移動が深く関係している。

つまり，今日の「移民問題」「難民問題」は，ヨーロッパに端を発する人の移動に歴史的起源を求めることができるといえよう。以下で歴史をさかのぼって考えてみたい。

2 ヨーロッパの拡張

　現在では移民や難民を受け入れる側にある欧米諸国だが，15世紀から19世紀までの間ヨーロッパは人を海外へと送り出す側であった。いわゆる「大航海時代」にポルトガルを皮切りにヨーロッパ各国は航路を開拓し，アフリカ，アジア，さらにアメリカへと進出した。進出先でヨーロッパ人と現地住民との交易が盛んになるにつれ，ヨーロッパ各国はその富を独占しようとした。現地住民との交易や交渉──多くはフェアとはいえない取引であった──を通じて，また時には戦争など軍事力によって，ヨーロッパ各国はアフリカ，アジア，アメリカ各地を自らの領土に組み入れた。こうして，世界各地にヨーロッパ諸国の植民地が生まれた。

　ヨーロッパが経済的に優位な地位を確立するにあたって，ポルトガル，スペイン，オランダ，イギリスは重要な役割を担ってきた。ポルトガルは喜望峰周りの航路を最初に開拓したことで，インド洋を支配しアジアへ勢力圏を広げた。ポルトガルを中心にヨーロッパ，アフリカ，アジア，アメリカが航路で結びつけられ，そのような貿易の世界的ネットワークによりポルトガルは交易の富を独占した。スペインは南米の植民地から銀を大量にヨーロッパにもたらした。これによりヨーロッパ各地で貨幣の価値が下がり，物価が高騰した。このような状況で当時の王や諸侯は領地や家臣を維持できなくなり，あぶれた者は新たな働き口を求めてヨーロッパ内を移動するようになった。オランダはポルトガルに代わって世界をつなぐ貿易ネットワークを作ったが，その中心は国ではなく「東インド会社」や「西インド会社」という会社であった。貿易の富は首都アムステルダムを金融の世界的中心地に変え，各地から人を集めた。オランダにとって代わったイギリスは，同じく「東インド会社」を作り，世界全体を巻き込んだ国際分業体制を確立した。金融の中心

地はロンドンへ移行し，ヒト，モノ，カネがそこへ集まるようになった。

　世界各地に築かれた植民地は，ヨーロッパ域内で苦しい生活をしていた人からは生活再建の地とみなされ，ヨーロッパから海外へ向かう人の流れが生じた。このような事情でヨーロッパからもっとも多く人が移動した先はアメリカである。

　また，ヨーロッパ各国が世界に築いた植民地は，さらに利益を上げるため，交易の相手としてだけでなく開発の対象にもなった。プランテーションや鉱山の開発では大量の労働者が必要になる。当初は現地住民を使って開発が進められたが，人手が足りずにアメリカにはアフリカから奴隷が連れてこられた。いわゆる「大西洋奴隷貿易」とはアフリカ人に強制された大量移民なのである。また，アメリカやアフリカでの開発には中国人労働者も多数投入された。

　このようにヨーロッパの人びとは自ら海外へ移動すると同時に，それ以外の地域の人びとの移動を促し，それによって経済的な富を蓄積し今日ある先進国としての地位を確立したのである。では，今日その先進国の代表的な存在として多数の移民や難民を受け入れているドイツにとって，このヨーロッパ拡張の過程は具体的にどのようなものであったのだろうか。先んじて言うと，その過程は人の移動をめぐる歴史の複雑さをまざまざと照らし出すものである。次節で具体的にみていくことにしよう。

3　人の移動からみる本国と植民地の関係

（1）ドイツ領南西アフリカと移民[3]

　ヨーロッパの拡張期におけるドイツの動向をみるうえで，ドイツ領南西アフリカすなわち現在のナミビア共和国は格好の事例である。この地域はドイツにとって最初の植民地であり，唯一の入植地であった[4]。ドイツは1871年に統一した新興国家であり，他のヨーロッパ諸国に遅れて植民地獲得競争に参入した。南西アフリカは，南アフリカ（17世紀半ばにオランダの植民地となり，その後イギリスが軍事力で奪った），イギリス領のベチュアナランド（後

資料7-1 1895年頃の南西アフリカとその周辺

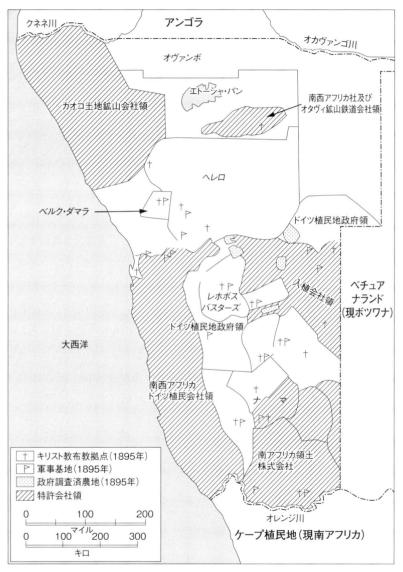

凡例

記号	説明
†	キリスト教布教拠点（1895年）
P	軍事基地（1895年）
▦	政府調査済農地（1895年）
▨	特許会社領

（出典）Bley, 1996, xxiii をもとに筆者作成。

のボツワナ），イギリス領の北ローデシア（後のザンビア）と南ローデシア（後のジンバブウェ），ポルトガル領アンゴラなどに囲まれている（資料7‐1）。大西洋に面し広大な砂漠が広がるこの土地は，大航海時代の覇者イギリス，オランダ，ポルトガルから手つかずに残されていた地域だった。

　1884年にドイツ領南西アフリカは創設されたが，当初ヨーロッパ人入植者の多くは植民地軍と宣教師が占めていた。その理由は，一つには，アフリカ人のナマ（もとは南アフリカに居住していたアフリカ人で，ヨーロッパ人との交流を通じてキリスト教徒となり，しだいに南西アフリカへ移り住んだ人々）とヘレロ（ナマよりも前に南西アフリカに移住した牧畜民。牛が生活の中心にある。ヨーロッパ人との交流を通じてキリスト教徒となり，女性は牛の角をもじったヘッドアクセサリーにヴィクトリア調ドレスを着用する）の勢力抗争など不安定な情勢にあったことがあげられる。このほか，ドイツ政府からの入植者支援が手厚くなかったこともある。ドイツ政府は，本国に経済的な負担をかけず，「南西アフリカドイツ植民会社」など，特許会社[5]による植民地の鉱山開発から得られる利潤で自立的に経営される植民地を期待していた。このため，入植者に対しても政府の経済的な支援なしに自立できる経済力を持つことが求められたのである。また，創設されたばかりの頃は，砂漠が広大に広がるこの地域で水を確保することは困難であり農業はおろか，生活も厳しかった。このような条件の下では，いわゆる一般の入植者が自然に増加することは期待できなかった。これに対し，植民地軍の軍人は退役の恩給で土地や家畜を入手し，自立した農場経営者となる傾向にあった。

　宣教師は，ドイツが植民地化する前から当地一帯でも活動していた。なかでも，ドイツで設立され，1842年にドイツ領南西アフリカで活動を開始したプロテスタント系のライン・ミッション団は，ドイツ植民地時代を通じて支配的な地位を占めた。ライン・ミッション団はアフリカ人向けの学校を設立し，ドイツ語で教育を始めた。

　入植者はドイツ人が最も多かった（1907年時点で4,929人。以下年度は同じ[6]）が，他に多いのはイギリス人（973人。イギリス領植民地出身者を含む），オーストリア＝ハンガリー国籍すなわちハプスブルク帝国出身者（247人），

ロシア人（177人），イタリア人（144人）であった。南西アフリカはドイツ人のための入植地として建設されたが，文字通りヨーロッパ各地から移民がやってきているのである。その他，この時代を象徴する移民としてあげられるのがアフリカーナー[7]である。1899年から1902年に起きた南アフリカ戦争でオレンジ自由国とトランスバール共和国がイギリス軍に滅ぼされ，ケープ植民地はイギリス領に併合された。この南アフリカ戦争の混乱で，ドイツ領南西アフリカに移住するアフリカーナーも現れた。

　アフリカーナーは大家族で家畜を連れて転々とするさまから，長いアフリカ内地での生活でヨーロッパ的な価値観を失っているとみなされ，ヨーロッパ人からは差別的なまなざしを向けられる対象であった。本国に経済的負担をかけない自立した植民地を理想とするドイツ政府にとって，近代的なヨーロッパの生活スタイルを拒絶し，経済活動への関心が薄いアフリカーナーは望ましくない移民に思われた。これに対し，ドイツ領南西アフリカの植民地総督ロイトヴァイン（在職1894〜1905年）は，1906年に出版した回顧録の中で，ドイツ語やドイツ文化を失わないための移住地となる植民地を築くにあたり，アフリカーナーがイギリスに抵抗してきたことや古い慣習を大事にする文化を持っていることを評価し，少ない資源で自立した生活をするアフリカーナーは入植したばかりのヨーロッパ人の手本になると綴っている。ドイツからの入植者が思ったよりも増えないことが問題視されていたが，アフリカーナーはドイツ語に近いオランダ語から発展したアフリカーンス語を話すことからも，ドイツ人からの入植が安定するまでは南西アフリカで必要な存在となっていった。ただし，ロイトヴァインはアフリカーナーが多数になると経済的にも文化的にも悪い影響を与えるとし，あくまで限定的な受入れを表明していた。

（2）移民の増加と社会変化

　ドイツ領南西アフリカにヨーロッパ人が増えるにつれ，しだいにアフリカ人との衝突も増えるようになった。土地や家畜の売買交渉におけるトラブルで財産を減らすアフリカ人が現れるようになり，さらに牛疫の流行により，

特に牛を生活の中心とするヘレロは打撃を受けた（ドイツ人の牛はワクチン接種により多くが難を逃れている）。こうしてアフリカ人は次第にヨーロッパ人の下で農場の手伝い，加えて女性は家事手伝いに従事するようになった。また鉄道敷設工事の作業員や鉱山労働者となる者もあった。

　このように，アフリカ人の生活が大きく変わったことは1904年1月に始まるヘレロによる対ドイツ戦争の要因とされている。ヘレロの生活する地域は，農地に適すると植民地政府がみなした地域と重なっていた。ヘレロは奇襲攻撃でドイツ人農場を襲った。

　ゲリラ戦による苦戦でドイツ植民地軍には本国から多数の援軍が送り込まれた。戦局が変わったのは，義和団戦争[8]の鎮圧にも関与したフォン・トロータ将軍が南西アフリカで指揮を執ることになってからである。彼は「ヘレロ絶滅宣言」を発したことで知られている。ヘレロには砂漠を超えてベチュアナランドへ逃げるか，植民地軍の捕虜となるかの二択が残されたのみで，どちらにせよ命の保証はなかった。

　当初静観していたナマは，「ヘレロ絶滅宣言」後の1904年10月から参戦したが，ドイツ植民地軍に勝てなかった。

　ヘレロおよびナマの捕虜は強制収容所へ送られ，強制労働が課された。強制収容所では性暴力の報告も残されている。大西洋沿岸のシャーク・アイランドに築かれた強制収容所は非常に寒く，内陸の暑い地域に住むナマやヘレロにとって過酷であり，多くの死者が出た。

　この戦争でヘレロは80％，ナマは50％の人口減となったと言われている。戦争終結後，アフリカ人は土地や家畜を所有することが禁じられ，植民地政府が定めた居留地にのみ在住が許され，8歳以上の者は移動の際に身分証明書の携帯が義務づけられた。この制度は，白人居留地とエスニック・グループごとに定められたアフリカ人居留地を区別するものであったうえ，アフリカ人を所定の地域から労働力を必要とするところへと定期的に移動させるものであった。

　戦後はこれまでにドイツ植民地政府と接触のなかった地域にも影響が及ぶようになった。それが南西アフリカの最北部に住むオヴァンボの人々である。

オヴァンボは，対ドイツ戦争でヘレロとナマの人口が激減したことにより労働力不足が言われ始めると，農場や鉱山での労働力として南西アフリカの植民地経済に組み込まれていくようになった。

戦後の白人社会における変化は，人口が増えたことと「白人化」が進んだことの2点である。これまでは入植者の多くが男性だったため，ドイツ人男性とアフリカ人女性との間に生まれた子どもの増加が南西アフリカでは問題視されるようになっていた。その対応として，1905年に白人とアフリカ人の結婚を禁じる法律が出され，1906年には白人の子どもに対する義務教育法が制定された。さらに本国からドイツ人女性を入植させる政策がとられた。こうして南西アフリカにはドイツからの移民が定着していった。

入植政策とは別に，南西アフリカへの移民の流入を助長した出来事がこの時期にはあった。1908年，鉄道敷設の労働者が沿岸の町リューデリッツ近郊で作業中にダイヤモンドを発見したことにより，一獲千金を狙う者がヨーロッパからも南アフリカからも押し寄せた。第一次世界大戦後，より質の良いダイヤモンドが南アフリカで発見されてヨーロッパ系の人口は減ったが，以降オヴァンボの人びとが労働者として南西アフリカのダイヤモンド産業を支えていった。

4　ドイツ植民地の消滅と人の移動

（1）国際情勢の変化と南西アフリカへの影響

第一次世界大戦では人数が圧倒的に勝る南アフリカ軍を前にドイツ領南西アフリカ軍は太刀打ちできず，1915年7月に降伏し，当地は南アフリカ軍の支配下に入った。

第一次世界大戦は世界中を巻き込んだ戦争であると同時に，その後の世界地図を大きく変化させることとなった。アメリカ大統領ウィルソンが掲げた「14か条の平和原則」には，敗戦国の領有地における民族の自治に関する項目がある。これにより，オーストリア＝ハンガリー帝国とオスマン帝国は縮小し，ドイツは全植民地を失った。

　「14 か条の平和原則」にはもう一つ重要な項目がある。すなわち国際連盟の設立である。第一次世界大戦後の東欧，中東，ドイツ領植民地をどう扱うかについて，戦勝国の他，日本などの新興国の利害が複雑に絡む中，中立的な立場でこれを処理する機関として国際連盟は発足した。上記の地域は国際連盟の委任統治領となった。委任統治とは当該地域が安定するまでの間，国際連盟の加盟国が統治するシステムである。南西アフリカは南アフリカが受任国となったが，委任統治には制度上の限界があり，受任国は事実上新たな支配者であったとみてよい。

（2）白人社会の変化

　旧ドイツ植民地在住のドイツ人は国外へ追放されることになったが，南西アフリカは南アフリカ政府の意向により，軍人，官僚，警察以外のドイツ人は残留できることになったため，大戦前の人口の約半数が引き続き南西アフリカで生活することになった。南アフリカ政府は残留ドイツ人を南アフリカの白人社会に組み込もうとし，南西アフリカ国内に在住する白人全員に南アフリカ連邦市民権を与える法律を定めた。残留ドイツ人はこれに強く反発した。南アフリカ連邦市民権を得ると，ドイツ国籍が消滅してしまうからである。残留ドイツ人の強い抵抗にあい，南アフリカ政府は最終的に残留ドイツ人に二重国籍を認めた。ドイツ人の中にはドイツに引き揚げてから数年後に再入国する者もいたが，その場合は南アフリカ連邦市民権かドイツ国籍かを選択しなければならなかった。このときの処遇の違いが南西アフリカにおけるドイツ人のアイデンティティ形成に影響を与え，後者は南アフリカ政府への反発からナチ党の活動に関わるようになっていった。このようにして，この時代は南西アフリカにおけるドイツ人社会の分断が進んでいった。

　南アフリカ政府による対南西アフリカ政策のもう一つの柱は，アフリカーナーを南西アフリカへ入植させることだった。その政策の意図は三つあった。一つはドイツ人の半減した南西アフリカにアフリカーナーの人口を増やし，委任統治領を事実上自国の領土にすることである。二つ目は，南アフリカの白人社会で下層階級を形成していたアフリカーナーを移住させ，社会不安を

南アフリカの中心から遠ざけることである。南アフリカでは歴史的な経緯からイギリス系住民とアフリカーナー系住民との確執があるのに対し，南西アフリカは第三節で述べたようにアフリカーナーを受け入れやすい背景があり好都合だった。ここまではイギリス寄りの政権がアフリカーナーの南西アフリカ入植を進めようとした意図である。三つ目は，困窮するアフリカーナーの救済措置であった。これは，実際に入植政策を実施したのがアフリカーナーの利害を優先する国民党政権時（1924 年）だったことが関係している。アフリカーナーの中でも最貧といわれていたアンゴラ在住のアフリカーナー（先の南アフリカ戦争でアンゴラに避難して定住した）の入植は，この三つの意図をすべて満たすものであった。南アフリカ政府は多額の支援金を用意してアンゴラのアフリカーナーを入植させ，また南アフリカ市民権も他のヨーロッパ人入植者よりも大幅に緩和された条件で取得させた。

（3）アフリカ人社会の変化

　さて，委任統治期のアフリカ人の動きに目を転じてみよう。第一次世界大戦中にいくつかアフリカ人側で自治・独立を目指す動きがあったものの，いずれも実を結ばなかった。委任統治政府すなわち南アフリカ政府は，ドイツ植民地時代後期にできたアフリカ人の統治制度を基本的には引き継いだ。定められた居留地での居住，政府の許可なく土地や家畜を所有することの禁止，移動時の身分証明書携帯（ただし 14 歳以上に変更）をアフリカ人は課せられた。

　とはいえ，この時代のアフリカ人はある程度自立した生活を手に入れる者もいた。たとえばヘレロの中からは，白人雇用主から逃げ政府所有地を不法占拠して自立農となる者や，白人農場から家畜を盗み，居留地内を移動しながら生活する本来の生活様式に戻る者もいた。白人農場主の中には，アフリカ人に家畜の飼育を任せきりになるところもあり，アフリカ人に土地を持たせる許可を白人側から政府に請求することもあった。

　小さな抵抗の積み重ねや，ある程度自立した生活を手に入れたアフリカ人にとって，第一次世界大戦後はアイデンティティ再興にとって重要な時期と

なった。特にヘレロにとっては，ベチュアナランドに亡命した最高首長サ
ミュエル・マハレロの呼びかけで国外に離散したヘレロが南西アフリカに帰
還し，1923年の彼の死とオカハンジャへの亡骸の帰郷を境に，ヘレロ・コ
ミュニティおよびアイデンティティの再興が起きた。毎年8月に開催される
ヘレロの祭りは，対ドイツ戦争による犠牲者追悼，サミュエル・マハレロ帰
還の祝いを通じて，歴代のヘレロの首長を祀り，ヘレロ・コミュニティのつ
ながりを確認するものだが，女性は「ヴィクトリア様式」のドレス，男性は
ドイツ植民地軍兵士の軍服というスタイルは，サミュエル・マハレロが
1923年8月故郷のオカハンジャに埋葬されたときに始まったとされる。

　1929年の世界恐慌と同時期に起きた干ばつは，アフリカ人がますます市
場経済へ組み込まれる状況をもたらした。干ばつの影響範囲はオヴァンボの
居留地を超え，アンゴラにも及んだ。日用品や食料不足によりアフリカ人の
多くは賃労働を求めた。不況により，鉱山や農場も安い働き手を必要として
いた。第二次世界大戦が始まる頃にはダイヤモンドの需要が伸び，南部
リューデリッツ近郊のダイヤモンド鉱山が再び盛況となり，労働力の投入が
進められた。鉱山での就労には1943年に設立された「南西アフリカ原住民
労働協会」(South West Africa Native Labour Association) が仲介し，北部のオ
ヴァンボを労働者として送り込んだ。後になると，オヴァンボの間からナミ
ビアの独立へとつながる運動が起きていくのである。

5　ナミビアの独立と人の移動

　第二次世界大戦後アジアやアフリカの植民地が次々と独立したのとは対照
的に，南アフリカは信託統治への移行を拒否したため，南西アフリカは引き
続き南アフリカの支配下に置かれた[9]。ドイツ植民地時代後期に緩やかに導
入された居留地の制度は，1964年に正式に南西アフリカにアパルトヘイト
が導入される際の柱となった。南アフリカの言語の一つであるアフリカーン
ス語で「分離発展」を表すアパルトヘイトは，民族固有の文化の保存を掲げ，
アフリカ人の生活や伝統を守るものとして南アフリカ政府は説明していた。

これは一種の多文化・多元主義に見えるが，支配する側が居住地，文化の定義，発展の度合いを定め，支配される側に一方的に押し付けていることになる。すなわち経済的な開発を進める地域を支配者が独占的に決め，支配者の都合を優先して発展させるシステムといえよう。

そのような「歪み」が地位向上を希求する原動力となり，独立運動につながった。1960 年，オヴァンボは南西アフリカ人民機構（SWAPO）を組織した。独立運動の高揚に対処するため，南アフリカ政府は居留地に基づく「原住民議会」を組織させ，各エスニック・グループを代表すると称する政治組織を上から作り，国際連合との独立交渉で主導権を握ろうとしたが，その思惑は失敗に終わった。国際連合が独立の交渉相手として承認したのは SWAPO だったのである。南西アフリカがナミビア共和国として独立したのは 1990 年 3 月 21 日で，政権は SWAPO が握った。

SWAPO による独立運動の過程においても，人の移動に関しては興味深い現象がみられた。SWAPO はオヴァンボを基盤としていたため，南西アフリカ北部の居留地が拠点となっていた。この地域はアンゴラ，ボツワナ，ザンビア，ジンバブウェの国境と接しており，国外のアフリカ人解放組織との連携や亡命者の受入れが進められた。また，当初は社会主義を志向していたため，社会主義国との連携も見られた（独立時に社会主義は放棄した）。特に東ドイツは特別な関係があった。ナミビアの独立を支援するプロジェクトとして 1979 年よりオヴァンボの子どもたちが亡命者として受け入れられ，1990 年までの間に約 400 人が東ドイツに滞在した。独立が決まり，また東ドイツの消滅により子どもたちはナミビアに帰国したが，数年間東ドイツでの生活を経験した彼ら・彼女らはオヴァンボ社会になじめなかったとも報告されている。

その一方で，東ドイツは直接の植民地ではない地域から社会主義の国際連携を大義名分として，労働者を受け入れていた。たとえば，東ドイツはかつてポルトガル領植民地であったモザンビークから 1979 年より契約労働者を呼び寄せ，劣悪な条件で働かせていたのである。その数は 2 万人ともいわれる。東ドイツ消滅でそのままドイツに残る者，モザンビークに戻る者，第三

国へ行く者など境遇は様々だった。モザンビークからの労働者は適切な補償
を受けられないままになっている。

　白人としてアパルトヘイトの恩恵を受けていた南西アフリカ在住のドイツ
人は，独立運動を目の当たりにして，アフリカ人政権の下では白人が支配さ
れる側になる，共産主義国家すなわち独裁になる，経済が破綻するなどの懸
念から，南アフリカなどへ移住する者もいた。独立後もそのまま残ったドイ
ツ人は，南アフリカ支配時代と同様にドイツ語を各学校で教えることの保障
など，ドイツ人の権利を要求する運動を行っている。

6　移民や難民が生まれる仕組み

　本章では，ドイツ領南西アフリカ／ナミビアを中心に人の移動の歴史的変
遷を振り返ってきた。移民や難民が発生する原因は，独裁や内戦など国内の
政治的混乱とされてきたが，近年では経済格差を主たる原因とみなす傾向が
強くなっている。しかし本章で説明したように，歴史を振り返るとそれほど
単純ではないことがわかる。確かに，大航海時代のヨーロッパも経済的に恵
まれない層が新天地での成功を夢見て海外へ移住しており，現在ヨーロッパ
に向かう移民と動機を同じくしている。しかし，大航海時代以降，世界が貿
易のネットワークで結ばれ，世界各地にヨーロッパの植民地が形成されたこ
とは，今日移民や難民を生み出す背景として，より重要な要素だと言えるだ
ろう。世界各地を結ぶ航路・航空路の開発は，あらゆる地域のヒト，モノ，
カネを早く移動できるようにしただけでなく，本国と植民地間とを結ぶ経済
圏を形成し，その間の不均衡な貿易を維持するのに一役を担った。今日のア
ジア，アフリカ，ラテンアメリカ諸国がかつてヨーロッパのどこかの植民地
であったことを考えれば，このような不均衡の蓄積が経済成長を阻んだと
言っても言い過ぎではないだろう。

　このほか，植民地には政策として移民を発生させる仕組みがあることも，
本章では紹介してきた。植民地を獲得した後も自由意志に基づく移民があま
り増えないため，ドイツ政府は政策としてドイツ人を入植させた。その際に

現地住民のヘレロやナマの居住する地域が奪われ，彼ら・彼女らはその周辺にある条件の良くない居留地に追いやられたのである。また，労働力不足を補うため，北部のオヴァンボを南部のダイヤモンド鉱山に労働者として送り込んだ。これらは政策によって生じた移民である。

　また，国際条約や国際情勢の変化によっても移民が発生する。ドイツ植民地の消滅で，それまで在住していたドイツ人が国外追放となったことはそれを表している。一方で，国際条約より地域情勢が人の移動を決定することもある。委任統治初期に軍人，官僚，警察が南西アフリカから追放され，それ以外のドイツ人が残留したことはその例である。

　第一次世界大戦後，南アフリカ政府は自国内で白人社会の下層を占めるアフリカーナーの救済のため，多数のアフリカーナーを委任統治領に送る入植政策をとっている。これも支配者によって発生させられた移民である。

　独立運動中は，オヴァンボの子どもたちが東ドイツへ一時避難のため移住した。また，モザンビークから東ドイツへの労働移動もあった。このケースは受入れ国である東ドイツが消滅するという歴史のいたずらで，当事者の意思にかかわらず別の国への移住が進められた。これは難民の発生にも結びつくようなケースである。

　以上のように，移民や難民が発生する背景は多岐にわたっている。今日ヨーロッパ諸国が「移民問題」「難民問題」に直面しているのは，長年蓄積された経済の不均衡な発展のほかに，一部の地域が富を独占しようとする中で進めてきた人の移動の統制も関係していると言えよう。

（柴田暖子）

●さらに学ぶための問い ───────────────────────

　振り返ってみよう　移民や難民が生まれた歴史的背景を説明してみよう。

　議論してみよう　EU加盟国における移民や難民の受入れ割当について，ドイツのメルケル首相が述べた「普遍的市民権」とはどのようなものが想定されるか説明してみよう。

　調べてみよう　国際連盟と国際連合，委任統治と信託統治の違いは何か調べてみよう。

●さらに学びたい人へ（参考文献ガイド）

①マゾワー，M., 2015, 『国際協調の先駆者たち──理想と現実の200年』依田卓巳訳，NTT出版. ／世界の平和的安定のため国際協調体制の設立に携わった人物を紹介し，現代にいたる思想的変遷を解説する書。

②歴史学研究会（編），2017,『第4次　現代歴史学の成果と課題』績文堂出版. ／日本の歴史学界の研究史を全3巻でまとめてある。第1巻にグローバリゼーションと移民に関する論考あり。

③水野一晴・永原陽子（編著），2016, 『ナミビアを知るための53章』明石書店. ／様々なバックグラウンドを持つ者が執筆する，これ一冊でナミビアを知ることができる書。

引用参考文献

石田勇治，2014,『過去の克服──ヒトラー後のドイツ〔新装復刊〕』白水社.

ウォーラーステイン，I. ／川北稔訳, 2013, 『近代世界システム（新版）』I〜IV, 名古屋大学出版会.

ヴァイエ，B. ／山口侑紀訳，2017, 『マッドジャーマンズ──ドイツ移民物語』花伝社.

柴田暖子，2000,「ナミビアのドイツ系住民と『言語問題』」『現代史研究』第46号，20-34頁.

───. 2003.「ドイツ領南西アフリカと教育」『ことばと社会』第7号，168-179頁.

メルバー，ヘニング（編）／ナミビア独立支援キャンペーン京都訳，1990,『わたしたちのナミビア──ナミビア・プロジェクトによる社会科テキスト』現代企画室.

永原陽子，2001,「報告：南アフリカのアフリカーナー（ブール人）」『史学雑誌』第110巻8号，1572-1579頁.

Bley, H., 1996, *Namibia under German Rule*. Hamburg/Windhoek.

Hayes, P./ Silvester, J./ Wallace, M./ Hartmann, W. (eds.), 1998, *Namibia under South African Rule. Mobility & Containment 1915-46*. James Currey Ltd./Out of Africa Publishers (Pty) Ltd./Ohio University Press.

Walther, D. J., 2002, *Creating Germans Abroad: Cultural Policies and National Identity in Namibia*. Ohio University Press.

Werner, W., 1998, *"No One Will Become Rich" Economy and Society in the Herero Reserves in Namibia, 1915-1946*. Basel.

注

（1）第二次世界大戦後東西に分割されたドイツは，両国ともファシズムに否定的な政策をとった。ドイツ民主共和国（いわゆる東ドイツ）は社会主義国としてファシズムが支配した過去と異なる政治イデオロギーを採用することでナチ党の犯罪を清算し，ドイツ連邦共和国（いわゆる西ドイツ）は過去への反省をもとに策定された公的な規範によって国家を運営し，かつ被害者補償と過去の犯罪者の司法訴追を行っている。詳細は石田（2014）を参照。なお，1990年のドイツ再統一（ドイツ史において「統一」は2回あり，最初のものは本章で後述する1871年である）以降は旧東ドイツ側でネオナチの活動が目立っていた。

（２）現在は中国やインドの台頭があり，東南アジアも一定の経済力をつけてきている。その一方で欧米諸国の経済力が落ちていることも看過できず，今後は欧米へ向かう傾向が変化することとも考えられる。

（３）一般に「移民」は本人の自由意志や法的地位にかかわらず，それまで生活していた地域から何らかの理由で別の地域に生活拠点を移す人びとを指す。「入植者」は国策によって植民地ないしはそれに準ずる地域へと移住した，あるいは移住させられた人びとを指しており，本章では広義の「移民」として扱う。また本章において「移住（者）」は，政治的・経済的・社会的要因によらず，単にある地域から別の地域に生活拠点を移すこと（または人）とする。

（４）多くのドイツ人がアメリカに移住する時代，ドイツ語やドイツ文化を維持するための土地が必要だとする議論があり，南西アフリカは入植のための植民地となった。ドイツはその他，ドイツ領東アフリカ（ルワンダ，ブルンジ，ザンジバル島を除くタンザニア），カメルーン，トーゴ，南洋諸島（パラオなど），中国の膠州湾（青島）に植民地を持った。東アフリカはプランテーション植民地，中国は商業植民地と位置づけていたが，植民地全体は赤字で国庫の負担となっていた。

（５）特許会社は，いわゆる「大航海時代」に主に植民地の貿易や開発を行うために設立された会社の形態である。君主あるいは帝国政府が与えた許可証と民間からの出資によって会社が設立される。本章第２節で触れたオランダやイギリスの「東インド会社」はその代表である。

　本章の資料 7 - 1 に記載した「南西アフリカドイツ植民会社」「カオコ土地鉱山会社」「南西アフリカ社」「オタヴィ鉱山鉄道会社」「入植会社」「南アフリカ領土株式会社」はいずれも特許会社である。その多くはイギリスが所有していた。

（６）入植者数は以下より抜粋。„Denkschrift über die Entwicklung der Schutzgebiet in Afrika und Übersee im Jahre 1906/07".

（７）アフリカーナーはオランダの海外進出でヨーロッパから南アフリカへ移住した人とその子孫を指す。ドイツ植民地時代はブール人（英語読みはボーア人）と言われた。中には宗教的迫害を逃れるため多数のユグノーが含まれていた。詳細は永原（2001）を参照。

（８）義和団戦争は 1899 年に中国山東省で起きた反キリスト教を掲げた反帝国主義運動である。山東省から華北一帯に暴動が広がり，イギリス，アメリカ，ドイツ，フランス，オーストリア＝ハンガリー，イタリア，ロシア，日本の８カ国の連合軍が共同で出兵して鎮圧した。

（９）第二次世界大戦後に設立された国際連合の下では信託統治となるが，この制度は受任国よりも国際機関本部の権限が強くなるため，南アフリカは信託統治への移行を拒否し，委任統治を続けた。

アフリカの手に掴まれて
──開発コンサルタントの場合──

『アフリカの王』という伊集院静さんの小説に、「一度アフリカに行った者は、アフリカの手に摑まれる」という一節がある。

アフリカ地域研究ゼミでの議論を通じて学んだアフリカ、サークルでのフェアトレード普及活動で感じたアフリカを自分の目で見てみたく、就職留年を決めた後の大学4年生の秋にケニアを訪れた。ケニアの雄大な大地とたくましく生きる人々を見ていたら、就職が上手くいかずに落ち込んでいた気持ちなどすっかり忘れてしまい「アフリカの手」に掴まれてしまったのだった。

2回目の就職活動では、仕事でアフリカに関わることを目論み、商社へ入社することになったが、図らずもアフリカと無関係の部署に配属され月日は過ぎるばかり。会社が送ってくれないなら自分で近づこうと退職、青年海外協力隊としてマダガスカルに向かった。

この時、「先進国」である日本人である私と「途上国」であるアフリカと対等な関係性を築くには、援助ではなくビジネスを通じて関わるのが一番と信じていた。そのため、フェアトレードに興味を持ち、商社に就職した。しかし、マダガスカルでの生活を通じて、自分の考えの浅はかさに気づかされた。村人とスモールビジネスを作り出せないかと隊員活動に取り組んだが、その時にこどもの栄養改善のために母親たちが集う拠点に出会った。この拠点は、世界銀行の資金が基になっているが、拠点を運営し、こどもたちの身体測定のレポートをあげ、母親への啓発を行っているのは、村の女性たちであり、世界銀行と村の女性は同じ目的に向かって進むチームメイトであった。また、「先進国」から来た私が現地で貢献できたことは少なく、活動や生活を支えてくれたのは「途上国」のマダガスカルの人々だった。対等な関係とは、援助やビジネスといった手段ではなく、人と人が向き合った時に生まれ、そこには上も下もないという事実を私は学んだのだった。

マダガスカルから帰国後は、現地での活動で目の当たりにした栄養不良問題に取り組むべく、開発コンサルタントとして、アフリカ各国の政府職員を対象にしたJICAの栄養改善研修の運営に関わっている。迷ってばかりのキャリアであるが、あっちに行ったり、こっちに行ったり、アフリカへの興味と感謝の気持ちは尽きることはない。

（積　奈津子／NPO法人 国際農民参加型技術ネットワーク）

第 **8** 章
北の大地のベトナム人
──技能実習生と北海道の地域社会について考える──

　本章では，外国人技能実習生と地域社会との関係について，北海道を事例に考えてみます。技能実習制度とは何か，どのような人が何を目的に技能実習生として来日しているのか，なぜ日本社会は技能実習生を必要とするのか。北海道の過疎地域に多くのベトナム人の若者が住み，地域の基幹産業を担っている事実を知るとともに，身近にいる外国人を地域でどう受け入れるか考えてみましょう。

・・・・・・・・

1　なぜ今，ベトナム人技能実習生なのか？

　この問いに答えるために個人的な話から始めるのをお許しいただきたい。数年間のベトナム留学以外は，東京や東京近隣で生活し働いていた私は，2008 年よりこれまで縁のなかった北海道で暮らすことになった。北海道に移り住みしばらく経ったときに，この北の大地に南の国であるベトナムから来た人々が働いているということを聞いた。彼らがどこにいて何をしているのか，気になりながらも日常生活では全く接点はなかった。そのうちに，技能実習生の過酷な労働や失踪といったニュースが流れるようになった。

　ベトナム人技能実習生の調査を始めるようになって，ごく近所に彼らが暮らしていることに気づき，日常的に食べている食品の製造に，ベトナム人技能実習生がかかわっていることを知った。ベトナム人技能実習生の存在が可視化されていく調査の過程は，故郷から遠く離れた場所で同胞に出会えたような喜びの連続であったが，私たちの生活を取り巻く労働現場で人手不足が予想以上に広がっていることを知る驚きの過程でもあった。今，私がかつてベトナムに留学していた時と同じくらいの年齢のベトナム人の若者が，額に汗を流して，寒い中の立ち仕事に従事しながら，日本各地の労働現場で働いている。

　本章は，北海道に住む筆者によるベトナム人技能実習生を対象とした調査を通して，北海道におけるベトナム人技能実習生の現状をまとめ，地域社会における外国人との共生のあり方について問題提起するものである。

2　日本における外国人労働者受け入れの歴史

　北の大地のベトナム人の話題に入る前に，日本における外国人労働者の受け入れの歴史的な流れを大まかに確認しておこう。日本に一定期間以上滞在する外国人の数は第二次世界大戦後から今日まで，継続的に増加してきた。戦前から戦後にかけて日本で働く外国人は，オールドカマーと呼ばれる日本の旧植民地出身の在日コリアンの人々が主であった（駒井，2016）。1980年代後半のバブル景気による人手不足を背景に，特に1990年前後における入管法改正以降，日系ブラジル人などのニューカマーと呼ばれる外国人が増加した。2020年の時点で日本にいる外国人の数は288万人で日本の総人口の２％を超えている。

　日本で働く外国人の数は一貫して増加し続けてきたにもかかわらず，政府は「移民政策を採らない」と移民受け入れの必要性を否定してきた。「移民政策をとらない」という政策が意味するところは，「外国人材」は受け入れるが，「家族の帯同」や「期限を設けることのない受け入れ」などの定住化は可能な限り阻止しようとする方針である（高谷，2019，8）。その建前と，外国人労働者を必要とする日本社会との間の乖離を埋めてきた制度が外国人技能実習制度である（上林，2018，71）。

　外国人技能実習制度は，技能習得を目的とした「技能実習生」を受け入れ，人材育成を通して途上国へ技術や技能の移転を図るという国際貢献を目的として1993年に創設された。国際貢献が建前である以上，技能実習生は制度的には「労働者」ではないが，2010年からは労働関連法令の適用を受け，実際には人手不足に悩む産業や地域にとって，欠くことのできない人材確保の手段として活用されている。2015年以降は，2020年に開催予定だったオリンピック・パラリンピック施設の整備のための労働者不足を背景に再び受

け入れ議論が活発化し，2019年4月の改正入管法により新たな在留資格「特定技能」が創出された。

　「特定技能」については，単純労働に従事する外国人労働者を日本社会に正面から受け入れようとするものと肯定的に評価する意見が一部にはあるが，実質的には技能実習を終了した人が，さらに延長して働くためのものという側面が大きい[1]。制度の理念と実態との乖離やそれに由来する問題[2]を抱えながらも，技能実習生の受け入れは拡大し，対象職種に介護職等が追加されるなど，さらなる受け入れ拡大の方向に向かってきた。

　資料8-1に示す通り，外国人労働者全体に占める技能実習生および留学生の資格外活動の割合は年々増加して45％（2019年）となっている。つまり，日本で働く外国人労働者の半数近くは，「実習」や「留学」を本来の目的としながら，実際には人手不足が深刻な分野における欠かせない労働力となっているのである。近年，在留外国人の中で増加が特に目立ってきているのがベトナム人である。2020年現在，日本に住むベトナム国籍者は約42万人であり，国籍別では中国，韓国に次いで第3番目に多い。国籍別在留外国人の推移を資料8-2に示す通り，2016年以降，ブラジル，フィリピンを追い越し急増していることがわかる。ベトナム出身者の特徴は，技能実習生と留学生の占める割合が高いという点で，この二つの在留資格だけで7割近くを占め，実に40万人いる外国人技能実習生（2020年6月末）の半数以上がベトナム人である。従来，技能実習生の送り出し国は中国の比率が高かったが，中国本国の経済発展によりその割合は徐々に減り，代わってベトナム人技能実習生が多く来日するようになった。

　外国人技能実習生に関するメディアの報道は，「過酷な労働」「賃金・残業代未払い」「失踪」など，実習生が置かれた厳しい労働環境を告発するものが多い。こうした報道は，技能実習制度や実習生の労働環境に対する世間の関心を喚起するという点で大いに意義がある。一方で，実際に多くの実習生が働き生活している中で，地域でどのように受け入れ共生していくのかという課題を考えていくうえでは，告発だけでは不十分であろう。

資料8-1　在留資格別外国人労働者数（単位：万人）

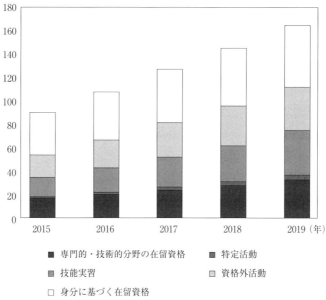

- ■ 専門的・技術的分野の在留資格
- ■ 技能実習
- □ 身分に基づく在留資格
- ■ 特定活動
- ▨ 資格外活動

（出典）厚生労働省，2020，『外国人雇用状況の届出状況（令和元年10月末）』をもとに筆者作成。

資料8-2　国籍別在留外国人数の推移（単位：万人）

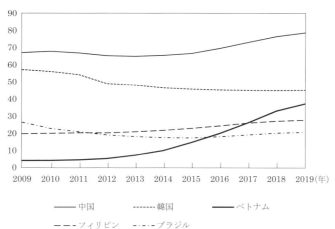

- —— 中国
- ┈┈ 韓国
- ━━ ベトナム
- ── フィリピン
- ─・─ ブラジル

（出典）法務省，2019，『在留外国人統計』をもとに筆者作成。

3　北海道に向かうベトナム人の「プル要因」と「プッシュ要因」

　労働移動に関しては，移動者を引きつける移動先の誘因を「プル（＝引っ張る）要因」，移動者が出ていくことを迫られる移動元での事情を「プッシュ（＝押し出す）要因」として検討することが考察の出発点として役に立つ。北海道に向かうベトナム人について，この概念を使って状況を整理してみよう。まず技能実習生を受け入れる北海道のプル要因を述べる。日本社会全体が人口減少に向かうなか，北海道は，全国を上回るスピードで人口が減少している「先進地」である。働き手がドラスティックに減少している中で，それを埋めるために技能実習生が求められている（中囿，2019，9-10）。

　2019 年 10 月時点で，北海道内で働く外国人労働者数は約 2 万 4000 人で，うち技能実習生が 53% を占める（厚生労働省北海道労働局，2020）。道内における外国人労働者総数が初めて 1 万人を突破したのが 2014 年（1 万 1199 人）であるので，急激な人口減少に対応するように，外国人労働者数が急増していることがわかる。日本の外国人労働者全体における技能実習生の占める割合は約 2 割であるが，北海道は 5 割以上と技能実習生の割合が高い。これは，北海道の基幹産業が，人手不足が顕著な農業や水産加工業などであることによる。

　北海道の外国人労働者数の中では，長年最も多いのは中国人であったが，2019 年にベトナム人が中国人を追い越した。在留ベトナム人に占める技能実習生の割合は日本全国では約 50% であるが，北海道では約 85% と極めて高く，なかでも 20 代の女性が多くなっている（法務省在留外国人統計，2019）。技能実習生の受け入れ人数の多い業種は，日本全国では食品製造，機械・金属，建設などであるが，北海道は農業と食品製造業が全体の 81% を占めるのが特徴で，食品製造業のうち水産加工業が 75% を占めている。

　ほたて，いくら，うに，数の子などを扱う水産加工業は，道内でもっとも古くから技能実習生を受け入れてきた業種で，従来は「女工さん」と呼ばれる女性労働者が中心的な労働力であったが，従業員の高齢化，厳しい人手不

足により，技能実習生が求められている。多くの水産加工場は，交通不便な過疎地域の沿岸部にある。一方，パン，惣菜，カット野菜，機内食，食肉加工などを含む非水産加工の食品製造業は，都市や都市に隣接する地域，空港，観光地の近くなどが多い。

　次にベトナムにおける「プッシュ要因」を見てみよう。ベトナムでは海外に労働力を送り出すことは「労働輸出」（xuất khẩu lao động）と呼ばれる。ドイモイ前の「労働輸出」先は旧ソ連，東欧諸国などの社会主義国であったが，ドイモイ以降は，台湾やマレーシア，韓国が主要な「輸出」先となり，2010年代に入り日本に行く若者が飛躍的に増加した。

　ベトナムの失業率は全体として2％前後であるものの，15〜24歳の若年層の失業率が7％と高く，社会問題化している。その層が，海外への就労志向に繋がっているとの指摘がなされている（酒向，2018）。また，ベトナムで高等教育を受けている若年層は必ずしも多くはないものの，労働市場は大学・短大卒者の供給過多・労働機会の需要不足の状態にあり，大卒・短大卒者にも単純作業に従事するものが少なくなく，単純労働が中心の海外出稼ぎを希望するものも多い（軍司，2017，207）。

　労働市場の問題以外にも，農業国から工業国へというベトナムの産業構造の変化，経済発展にともなう生活レベルや物価の上昇，消費文化の浸透などに賃金レベルが追い付いていないという実状とともに，子どもが親の面倒を見るという儒教文化の影響もある。

4　ベトナム人技能実習生の生活実態

　筆者らの研究グループは，2018年から2020年にかけて北海道内22の事業所で働く112人の技能実習生に対してアンケート，個別インタビュー，グループインタビューを行った。技能実習生を受け入れている企業の雇用主や自治体担当者にも聞き取りを行った。ここで扱う「技能実習生」「実習生」は，断りのない限り，ベトナム人技能実習生を指す。

（1）調査対象者の属性と来日するまでの経緯

　実習生の年齢は20代が9割以上を占め，もっとも多いのが，20代前半の若者たちである。独身者が大半を占めるが，既婚者も17％（有効回答数82）見られ，既婚者のほぼ全ての人に子どもがおり，本国に子ども（その多くが未就学児）を置いてきている。性別は女性が86％を占める。これは，女性の技能実習生が多い食品製造業を調査対象として選ぶことが多かったことによる。

　実習生の学歴で一番多かったのは高卒だが，短大卒と大卒も全体の3割近くを占めた（有効回答数67）。なかには大学や短大の入学試験には受かったが，入学せずに日本に来ることを選んだ人もいた。来日前に就いていた仕事については，工場の工員がもっとも多く，次に会社員，アルバイトと続く。大卒者の中には教員や薬剤師といった専門職，日本や韓国などの外資系企業勤務で比較的高い賃金を得ている人がいた一方で，大学卒業後，工場の工員として働いていた人もいた。

　実習生が日本へ送り出される仕組みは次の通りである。実習生は最初にベトナムの仲介会社（送り出し機関）にアクセスし，面接や数カ月間の日本語研修等を経て来日する。実習生に関する契約はベトナムの仲介会社と日本の監理団体との間で結ばれ，来日後1カ月は監理団体で研修を受け，その後，受入先に送り込まれる。日本の監理団体は，組合員である事業者に実習生を派遣し，事業者は毎月監理団体に監理費[3]を支払う。

　このように，実習生が日本の実習先に送り込まれるまでには複数の業者が入っており，それが，手続き費用が高額化する要因となっている。調査対象の実習生が仲介会社に支払った額は1人平均91万円であり，8人を除いて全額または一部を銀行や親戚などからの借金で賄っていた（有効回答数99）。借金返済にかかる期間は，来日後1〜2年である。

　実習生の来日の目的は「出稼ぎ」が大半である。お金を稼ぐ目的は「自分の将来や家族のため」「両親のため」「将来ベトナムでビジネスをしたい」，子どもがいる場合は「子どもの教育費」などである。また，日本で稼いだお金の使い道について尋ねると，「両親のために家を建てる」や「弟の学費」

など家族のために使うという回答が少なからず得られた。

　「日本語を習得し，より安定した仕事に就きたい」「日本人の仕事の仕方，日本の文化を学びたい」という答えもあった。なかには留学生として来日したかったが，諸事情により実習生になったという答えもあった。日本語の習得も含めて，日本での就労，生活経験がよりよいキャリア形成をもたらすという期待が見て取れた。帰国後の職業として思い描いているものは「日系企業の社員」「日本語教師」などである。現在実習生として従事している職種をさらに学びたいという答えは皆無であった。

（2）来日後の技能実習生の労働と生活

　次に，実習生が来日してからの労働と生活についてみてみよう。まず，賃金は先行研究（上林，2015）で指摘されているのと同様，ほとんどが最低賃金（北海道の最低賃金は 2019 年 10 月以降 861 円）または最低賃金をわずかに上回る程度であった。税金，社会保険料，寮費等を差し引き，残業がある場合は残業代を含めた手取り額は，筆者が尋ねたところ 7 万円〜15 万円で，もっとも多かった回答は 10 万円〜12 万円であった。

　日本人従業員の平均年齢が 60 歳を超えるなど高齢化する中で，「重い物を持つなど身体に負担がかかる作業は私たちが引き受けている」「機械で作業するラインは日本人が多く，身体を使って作業するラインはベトナム人が多い」など，20 代 30 代の若い実習生が身体作業強度の高い作業を担っている様子も浮かび上がってきた。人手不足，高齢化に加えて，日本人の働き方が余暇を重視したものへと変化する中で，単身で来日し家族の世話の必要のない実習生がその穴を埋めている。

　雇用主は，実習生をどのように評価しているのだろうか。ある漁業者の雇用主は「実習生を一度雇うとやめられない」と語った。日本人従業員は規定の出勤時間にならないと来ないが，実習生は天候に恵まれて早出仕事が求められるというようなときには朝 4 時からでも「「家族のように」働いてくれる」という。また，ある機械工場では，雇用主が「素直で向上心があり，作業スピードや品質でも問題ない。日本人が敬遠する仕事もやってくれる」と

筆者に語っていた。彼らの技能も評価するが，一番のポイントは仕事のスケジュールに応じて融通や無理が利き，素直でこちらの言うことをよく聞くという点にある。酪農法人では，「仕事熱心で全体のことを考えて仕事をしてくれる。責任者にもなれる。年取った日本人よりも若い実習生の方が覚えるのも早い」と若さと積極性を評価していた。

　労働力確保に苦労している雇用主は，実習生がいないと事業が立ち行かなくなることを十分に認識している。ほたて漁の盛んなオホーツクの町でよく聞いたのは「ホタテを採っても加工する人がいなければどうしようもない」という言葉である。ほたての水揚げ量が増えても，技能実習生なしには北海道の主力生産物であるほたて産業は成立しない。

（3）技能実習生の生活環境

　次に実習生の生活環境を見てみよう。日本に住居を持たない実習生は，事業者が用意した寮に居住する。寮の種類は2階建ての宿舎タイプから，一戸建てを改築した例，アパートやマンション，団地を必要戸数借りている例など多様であり，その水準も新築から古い空き家を活用したものなどまで様々である。寮費は光熱水費込みで月額1万円台から3万円くらいまでの間がほとんどである。

　寮は，住居を持たない実習生にとっては必要なものであるが，居住場所，寮費，同居人，部屋の備品や契約アンペア数に至るまで事業者が決定，用意するため，生活の基盤を自分自身で決定できない不自由さがある。筆者が調査したなかで建築面積が100平方メートルの2階建て1戸建てに30人，1部屋あたり10人が住むという明らかに基準以下[4]と言える寮の事例があり，実習生は密度の高さを筆者に訴えていたが，会社に対しては一度寮費の値下げを要求した以上のことは言えず，我慢の日々を送っていた。

　次に日本語学習についてだが，熱心に日本語を学習し，ある程度日常会話ができる実習生がいる企業と，ほとんど話せず日本語を話しても通じない実習生が多数を占める企業と二極化している。これは，日本語教師による日本語レッスンを受けさせるなど日本語教育に熱心な企業がある一方で，実習生

の日本語学習に無関心で日本人従業員との交流もほとんどない企業があるな
ど，支援体制に違いがあるからである。実習生の生活環境が受け入れ先に
よって決まってしまうことを考えると，日本語能力は個人の努力というより
は，受け入れ企業の姿勢や考え方に大きく左右されるといえるだろう。来日
する目的として日本語学習を挙げる人も多いが，来日後，学習のモチベー
ションを維持するのは容易ではない。1日中立ちっぱなしで働いて帰ってく
るので疲れて勉強するのがおっくう，日本語を教えてくれる人がいないため
に，なかなかやる気がおきないという声があった。

　余暇はどのように過ごしているのだろう。調査では，休日は休養，スー
パーでの買い物，部屋の掃除等をしてあまり外出せず節約を心掛ける実習生
が多くを占めた。単調な毎日の中で，地域のお祭りを楽しみにしているとい
う声も多く挙がった。一方でゴールデンウィークなどの休暇中は日本国内の
旅行を楽しんだり，地域のタクシーの「お得意様」になったりしている実習
生の姿が確認できた。家族の送金のために閉じた社会で働き生活する従来の
技能実習生像（中囿，2019）とは異なり，日本での生活や旅行を積極的に楽
しむ若い層が以前より増えている印象である。

　受け入れ企業の日本人従業員は，実習生にとってもっとも身近な日本人だ
が，日本人従業員との交流は企業によって異なる傾向が見られた。日本人従
業員が車で買い物や観光地に連れていく，会社の敷地内にある畑で野菜栽培
の指導をするなど密な付き合いをしている企業もあった。従業員が個人的に
実習生に対して日本語指導をする例もあった。実習生の人数が10人以下と
比較的少数で，定期的に食事会を開くなどコミュニケーションを図っている
企業では，実習生と日本人従業員との日常的な交流が生まれていた。一方，
規模が大きく実習生の数が多いところはコミュニケーション不足に陥りがち
な傾向が見られた。

　日常生活や仕事でどのような困難があるかという問いでもっとも多かった
のは「特に問題ない」という答えであった。「最初は生活に慣れるのが大変
だったが慣れた」「解決できる」などである。次が「日本語」で「会社の人
が何を言っているのかわからない」「日本語があまりわからないので，意味

を取り違えてしまう」など言葉の問題で，少なくない数の実習生が職場で日本語がわからず混乱している様子が見て取れた。第三が「残業がない」「残業がないので給料が低い」である。実習生の多くは最低賃金で働くが，時給や月給は契約書で定められており，それ以上収入を増やすためには残業するしかないと考えているためである。その他，「寒すぎる」や「冬場の行き来が大変」などの生活適応の問題や「仕事がきつい」という意見もあった。

　こうした問題があるものの，再来日の希望について聞くと，多くが「また来日したい」「できるだけ長く滞在したい」と答えている。一方，再来日を希望しない実習生は，「子どもが小さいので子どもの面倒を見たい」などの事情の他，寮の環境の悪さ，仕事のきつさ，雇用主の実習生に対する無関心などを理由にしている。

5　技能実習生と地域社会

　技能実習生が入国する際の在留許可は「国」が出すが，実際の受け入れは企業などの事業者に任されており，労働や生活の場である地域での取り組みが重要な役割を占める。

　一定年数で帰国する単身者である技能実習生は，職場と寮との往復で，その存在が地域の人たちに可視化されない「見えない隣人」となっていることが少なくないと言われる。とりわけ水産加工の実習生の住む寮は町の中心部から離れていて，周りに住宅がないため近所づきあいもなく，地域から隔離された存在である。また，実習生を受け入れる事業主は，従来は，外国人を雇っているという負のイメージや，失踪の危険などを恐れて実習生の存在をできるだけ地域社会から隠す（上林，2015）と言われてきた。確かに，筆者が調査で各地を回ってインタビューを申し込むと警戒され断られることがあり，閉鎖的な企業があることは肌で感じていた。

　しかし，近年は，実習生を採用していることを積極的にアピールする会社も出てきている。例えば，オホーツク地方のある水産加工会社では，社長の提案で，実習生がベトナムの寺の氷像を作り地域の氷像まつりに参加し，地

元テレビ局の取材を受けた。地元の住民は地域のまつりやスーパーで見かけるなどして実習生の存在をある程度知っており，実習生を受け入れ大事にしていることをアピールする方が，企業イメージがよくなるという側面もある。「よいところだと SNS で発信して戻ってきてくれればよい」「今は私たちが実習生を選んでいるが，そのうち私たちが実習生に選ばれるようになる」という雇用主の言葉が示す通り，人口減少や人手不足に対する強い危機感が，こうした流れを生み出しているのだろう。

　一方，自治体はどのように技能実習生を受け入れているだろうか。技能実習「依存」度が高い自治体ほど，外国人住民施策が進んでいないというという指摘がある（鈴木，2019，74）が，調査では，外国人住民への対応に少なからず力を入れている自治体があることがわかった。例えば，技能実習生の存在を広報誌で住民に周知し，「地域経済を支える大切な市民の一員」と紹介する赤平市の例，役場にベトナム人職員を採用し実習生の生活支援を担当させている自治体もある。オホーツク地方のある自治体では，国際交流サロンを立ち上げ，日本語習得クラスの他，日本文化体験，社会科見学会と多彩なメニューを実習生に提供し，生活者としての実習生をサポートしている。

　ただし，自治体は，日本語習得クラスなどの多文化共生施策を展開しても，実習生が直面する労働問題への対処ができていないという指摘がある[5]。近年，労働問題は，市民の支援によって解決されている。例えば，技能実習生の突然の解雇問題が発生した際に，札幌市の労働組合や弁護士などによる市民の支援組織が対応し，団体交渉を行い企業との和解を勝ち取った事例や，企業の経営上の都合により実習を継続できなくなった実習生が，SNS で研究者を介して支援組織にアクセスできた事例もあった。

6　地域社会でのさらなる受け入れに向けて

　これまでベトナム人技能実習生の生活環境，そして実習生と地域社会との関係を見てきた。日本に憧れを持ってやってくる彼らは，若さと素直さを期待され，高齢の日本人従業員の分まで頑張って働きながら，入国前に背負っ

た借金を返済している。日本での生活にはそれなりに満足しているが，働く会社，賃金，住む場所などを，自身で選ぶことはできない。北海道の過疎地域では，実習生の存在は徐々に住民に可視化されつつあり，生活者としての実習生に注目が集まってきている。人口減少の深刻さを切実に感じている地域では，実習期間終了後，実習生に再度地域に戻ってくることを期待する声もある。

　調査では，再来日を望む実習生に多く会った。3年（または5年）の技能実習終了後，特定技能で来日すれば滞在が長期化することが予想される。労働力不足のために受け入れた外国人は，意図せざる結果として定住し移民化するという欧州の経験が示すように，当初は数年で帰国するつもりでも，結果的に滞在が長期化する人が増えてくるのは必須であろう。彼らが20代から30代の大切な時期を日本で過ごしてよかったと思えるように，日本での経験が彼らの人生にとって有意義なものであるために，地域は何ができるだろうか。

　課題の一つ目は日本語教育である。多くの実習生が職場で意思疎通がうまくできていないことを挙げている。日本語は，仕事や生活をする上で重要なだけでなく，会社に対し権利を主張するためにも必要である。3年暮らしてもほとんど日本語を理解できずに帰国していく実習生は少なくない。北海道の自治体では地域に外国人向け日本語習得クラスのあるところは限られており，また日本語習得クラスがあっても，たいていはボランティア頼みであり，さらに指導をできる人も少ないという課題を抱えている。

　課題の二つ目は，職場や地域でのつながりである。一部の社員間の交流が盛んな企業を除き，多くの実習生は日本人と一緒に遊びに行ったり訪問し合ったりという関係までは至っていない。より多様な出会いや交流が地域で生まれるような場が必要であろう。

　そこで求められているのが，受け入れ自治体の積極的関与と市民とのかかわりである。今や実習生は，多くの地域において地元産業の主要な担い手になりつつある。彼らを地域に不可欠の住民としてサポートすることが，地域活性化につながることを自治体が自覚し，日本語教育や地域住民との交流の

場を提供するなどすべきであろう。また，労働問題への対処では，市民の支援が重要な役割を果たしている。技能実習制度が様々な問題を抱えながらも，外国人労働者受け入れのための有効な手段となっているなかで，地域で実習生の生活と労働を支えるために何が実現できるのか，受け入れ最前線の事業者や自治体，市民の対応と発信が求められている。

追記：本章は，（一財）北海道開発協会の研究助成による成果の一部である。平成30年度「北海道における在留ベトナム時の現状と課題——技能実習生の実態調査から」，平成31年度「北海道における在留外国人の現状と課題——技能実習生の産業別調査から」。

（設楽澄子）

◉さらに学ぶための問い

振り返ってみよう　ベトナム人技能実習生はなぜ日本に働きに来るのだろうか。また，北海道の企業は，なぜベトナム人技能実習生を雇うのだろうか。それぞれの立場にたって説明してみよう。

議論してみよう　あなたが，多くの技能実習生が住む自治体の多文化共生担当の職員だとしよう。外国人技能実習生を地域で受け入れるために，具体的にどのようなことを提案するだろうか。

調べてみよう　あなたの住む自治体において，外国籍の住民がどのくらい居住しているのか，調べてみよう。在留外国人の統計は自治体に問い合わせてもよいし，法務省のホームページでも公表されている。国籍別，在留資格別に10年間の統計を調べてみて傾向を掴んでみよう。

◉さらに学びたい人へ（参考文献ガイド）

①ナディ，2019，『**ふるさとって呼んでもいいですか——6歳で「移民」になった私の物語**』大月書店．／6歳で日本に来たイラン人の少女が，来日後に直面した苦労や経験を語ったもの．身近にいる外国人の実状を知るうえで必読の一冊。

②梶田孝道・丹野清人・樋口直人，2005，『**顔の見えない定住化——日系ブラジル人と国家・市場・移民ネットワーク**』名古屋大学出版会．／移民の理論的研究であるとともに，地方都市における日系ブラジル人の移住過程を「グローバルな人の移動の一事例」として実証的に分析した労作。

③巣内尚子，2019，『**奴隷労働——ベトナム人技能実習生の実態**』花伝社．／ベトナム人技能実習生の送り出し国の事情がよくわかる一冊。一人ひとりの事例を丁寧に解説し，技能実習制度の構造的問題を浮き彫りにしている。

引用参考文献

上林千恵子，2015，『外国人労働者受け入れと日本社会——技能実習制度の展開とジレンマ』東京大学出版会.

————，2018，「外国人技能実習制度の歴史と今後の課題」移民政策学会設立 10 周年記念論集刊行員会（編）『移民政策のフロンティア——日本の歩みと課題を問い直す』明石書店，71-76 頁.

軍司聖詞，2017，「派遣労働者を急増させるベトナム——中国に代わるベトナム・急増の背景と受入れの実際」堀口健治編『日本の労働市場開放の現況と課題——農業における外国人技能実習生の重み』筑波書房，204-223 頁.

駒井洋，2016，『移民社会学研究——実態分析と政策提言　1987-2016』明石書店.

酒向浩二，2018，「ベトナムの若年層失業問題：給与水準の高い海外での就労を目指す」『国際金融』第 1315 号，56-60 頁.

鈴木江里子，2019，「移民／外国人受入れをめぐる自治体のジレンマ【移民／外国人は人口危機の救世主となりうるか?】」宮島喬ほか（編）『別冊環　開かれた移民社会へ』藤原書店，65-82 頁.

高谷幸（編），2019，『移民政策とは何か——日本の現実から考える』人文書院.

中囿桐代，2019，「人口減少地域における外国人技能実習生の受け入れの課題——北海道オホーツク地区を事例として」『開発論集』第 103 号，1-23 頁.

湯山英子・設楽澄子，2019，「北海道における在留ベトナム人の現状と課題——技能実習生の実態調査から」『平成 30 年度助成研究論文集』（一財）北海道開発協会開発調査総合研究所，115-139 頁.

注

（1）技能実習は 3 年の実習終了後，さらに 2 年延長して合計 5 年の滞在が可能であるが，その後，特定技能 1 号の資格を取得すれば 5 年，さらに特定技能 2 号として 5 年（しかし 2 号は現在のところ二分野のみに限定），計 10 年の滞在が可能となる．特定技能 2 号は家族帯同も可能である．

（2）技能実習生は基本的に，就労業種・職種や職場の変更が許されない．多くの技能実習生が借金を背負って来日するため，実習先で残業代不払いや暴力などのトラブルがあっても訴えることができず，少なからぬ「失踪者」を出す要因ともなっている．

（3）実習生 1 人 1 カ月あたりの監理費は 1 万 2000 円〜3，4 万円台まで監理団体によって開きがある．

（4）技能実習制度の総合支援機関である国際人材協力機構（JITCO）は，技能実習生の宿泊施設において寝室は 1 人 4.5 平方メートル以上を確保しなければならないと定めている（国際人材協力機構，2018，『技能実習生の労務管理に係る各種法令の正しい理解のために』）．

（5）森谷康文「技能実習生をとりまく道南（函館）の状況と課題」（2019 年 10 月 26 日：北海学園大学）「外国人技能実習生への地域的支援に向けて——北海道から考える」研究会発表から．

今起きている問題をあなたとともに考えたい
——NHK報道番組ディレクターの場合——

　大学院では，ウガンダの「子どもがいる元少女兵（チャイルド・マザー）」の社会復帰について着目し，PTSDのレベルや帰還後の生活に関するデータを収集して，そのありようを研究していた。ある日突然に誘拐されて戦闘行為を強要され，性的な暴力を受け，そして望まない妊娠によって生まれた子どもを抱えている。運良くふるさとへ帰れたとしてもひどい差別を受けることになる。元少女兵の存在を知ったとき，もし私だったら，その先の人生をどう生きていけばいいのかまったくわからず，実態を深く知りたいと思って研究に向かった。

　日々の研究に没頭する一方，子ども兵が増え続けている"現状"にアプローチできないもどかしさもあった。また，日本でも排他的な空気を強く感じるようになるなか，言いようのない怖さを放っておけなくなっていった。そうして，今起きている問題を人々と共有したい，何らかの気づきを届ける役割を担いたいと考え，報道の職を志すようになったのである。

　NHK入局から3年目の冬。入局当初から取材し，提案し続けていたドキュメンタリーを撮ることになった。現場は，ウガンダで元子ども兵の社会復帰を支えている場だ。心身に力が込み上げた一方，初めての長尺ドキュメンタリーで，初の海外ロケ。ようやく伝えられるという思いと不安が交錯して落ち着かない毎日だったのを覚えている。どこにカメラを入れたら"実情が伝わる映像"が撮れるのか。考えれば考えるほどそれは残酷に思え，幾度となく足がすくんだ。同時に，取材にのめり込む中で上司から言われた「取材対象に近寄りすぎていて伝わらない」という言葉も突き刺さった。"伝え手"として生きていくことの役割と覚悟を問われた現場だったように思う。現地を去るとき，ある元子ども兵から言われた「必ずまた会いにきて」という一言が，頭から離れないでいる。"人"を見つめ続ける責任を感じた瞬間だった。道半ばの今，まだわからないことだらけだが，取材し続け，伝え続けることから離れずにいたいと思う。

ウガンダ北部グル県にて。職業訓練施設の元子ども兵たち，支援している小川真吾さん（NPOテラ・ルネッサンス），番組クルーとともに。（2018年3月撮影）

（吉岡礼美／NHK報道局社会番組部ディレクター）

第 IV 部

紛　争
──グローバル・サウスにおける政治変動──

　紛争は，発展途上国や新興国が直面する深刻な現実のひとつです。「グローバル・サウス」の現実を学ぶ上で紛争に関する理解は欠かせません。それと並んで重要なポイントは，紛争が遠い世界の話ではないことです。紛争は，私たちの日常生活や社会と実は不可分に結びついています。例えば，私たちは，住む国や文化の違いといったかたちで，自分たちとは異なる「他者」を認識します。これは分類の思考というものですが，この思考法こそ，紛争が発生するメカニズムを根底で規定しているものなのです。また，現在の日本は戦闘の起こらない「平和」な状態にありますが，このような状態は，アジア地域で展開されてきた紛争の歴史と現在の軍事的秩序によって支えられているものでもあります。紛争について学ぶ上では，まず以上の認識が重要な出発点となります。

　ここを出発点として，この第 IV 部を構成する三つの章では紛争の具体像を掘り下げながら学びます。第9章では，近年の世界でもっとも深刻な紛争を経験した地域の一つであるアフリカに焦点を当て，紛争で具体的にどのようなことが起こるのかを学びます。第10章では，アフリカの紛争事例の一つとして南スーダンに焦点を当て，紛争下で人びとがどのような他者認識をもって日々の暮らしを営んでいるのかを考察します。第11章では，沖縄の歴史と現在を通して，私たちの日常がアジア地域の紛争や国際的な軍事秩序と結びついていることへの洞察を深めます。これら3章を通じて，紛争という切り口から見える「グローバル・サウス」の姿へと想像力をめぐらせてみてください。「グローバル・サウス」が，国家や社会がかかわる様々な暴力と結びつきながら歴史的に作り上げられていることを感じ取ることができると思います。

第 **9** 章
紛争とはどんなものだろうか
──アフリカの紛争から学ぶ──

　紛争は，日本で暮らす者にとって身近な出来事ではないかもしれませんが，多くの発展途上国・新興国ではいまだに深刻な脅威となっています。紛争とはどのようなものでしょうか。また，なぜ解決が難しいのでしょうか。紛争の背景にはどんな要因があるのでしょうか。この章ではこれらの問いを，多くの紛争が発生してきたアフリカでの経験を通して，学んでいきたいと思います。

・・・・・・・・・

1　紛争を学ぶことの意義

　紛争（conflict）とは，個人や集団の間で利害などをめぐって生じる対立や緊張状態，さらには争う行動を指し示すことばである。もめごと全般を指して一般的に使われることばといってよい。ただ，世界の情勢について語る文脈では，集団同士で武器や暴力を用いて行われる大規模な争いのこと，すなわち，武力紛争（armed conflict）という意味合いで使われることが多い。これらとよく似たことばに戦争（war）もある。戦争ということばの基本的な意味は武力を用いた争いのことなので，紛争，武力紛争とほぼ同じ出来事が指し示されることとなる。

　要するに，武力を用いた集団間の争いという現象を指して，紛争，武力紛争，戦争などの様々なことばが当てられうるわけである。これら三つのことばが厳密に区別して使い分けられる場合がある。例えば，国際関係や国際法での議論では，ある国による武力行使を戦争と認定するかどうかは重要な論点である。偶発的な衝突ではなく，意図的に戦争を仕掛けたとなれば，深刻な外交問題となるからである。

　とはいえ，常にこれらのことばが厳密に区別されて使われるというわけでもない。戦争は，辞書での記載によれば，争いの中でもとりわけ国同士のも

のという意味合いをもつとされるのだが，国内の勢力同士の争いについて使われる例も実際にはある（例：アメリカ南北戦争，戊辰戦争など）。このように，これら三つのことばは，文脈，議論の目的，慣用などに応じて様々な異なるニュアンスのもとに使われるのである。

そのうえで言うと，発展途上国や新興国が直面する問題を指し示すことばとしては紛争が使われることが多い。これは語の慣用によるものであり，明確な理由があってそうなっているというわけではない。おそらくは，類語の中で紛争の意味内容がもっとも広いためと考えられる。国境をめぐる国同士の軍事衝突，民族・地域・宗教などの社会的属性が絡んだ暴力的な対立，政府による反政府勢力の弾圧といった，現実に起こる多様な出来事を包括的に指し示すうえで，紛争ということばは使いやすいのだといえる。以下，本書でも以上のような理解のもとに紛争ということばを用いることとする。

さて，紛争は，上の例でも触れたように，日本や欧米諸国などの今日の先進国でもかつて発生したものであった。先進国での紛争は時代を下るほどに減る傾向にあるが，北アイルランド紛争のように近年まで続いていたものもある。アジア，アフリカで20世紀に入って新たに独立した国々は今日，発展途上国ないし新興国と呼ばれているが，これらの国々にとって紛争は大きな問題である。国づくりのうえでの困難な状況を背景として，紛争につながりかねない緊張を国内に抱える国は多い。実際に紛争を経験した国も数多くある。紛争がいまは止まっているが，再燃が懸念されるケースもある。

そこで，最初に押さえておくべき点は二つある。ひとつは，紛争が過去から現在に至るまで世界のあらゆる地域で発生してきたことだ。つまり，紛争は，世界のあらゆる人びとにとって，過去か現在，もしくはその両方に関わるものだ。あなたの祖先をたどれば，ほんの数代前の人びととは，世界大戦や植民地征服などのかたちで紛争を経験していたのである。

もうひとつは，近年の紛争の発生場所には発展途上国・新興国が多いことだ。このため「グローバル・サウス」の現実を学ぶこの本の読者にとって紛争の問題はとりわけ重要になる。深刻な紛争を経験してきていた国を深く知る上では紛争の理解が不可欠となる。発展途上国・新興国から日本を訪れた

人びとやその家族が紛争を経験している可能性は高い。

　紛争は本章の読者と無関係どころか，歴史的にも同時代的にも何らかのかたちで結びついている——これが紛争について学ぶ際に求められる基本認識である。そのことを念頭においたうえで，本章では，近年もっとも紛争が多発した地域であるアフリカに焦点を当て，紛争の歴史，現実，背景について総合的に学んでいくことにしたい。

2　どんな紛争が起こってきたか——アフリカにおける紛争の歴史

（1）植民地化，脱植民地化，独立後

　世界の一部の国々が政治経済的な優位を占め，それ以外の国や地域に対し強い支配力を行使する構造が，15世紀から19世紀ごろにかけて徐々に構築された。この過程でアフリカの在来の文明とヨーロッパ列強の接触が始まった。やがてアフリカは資本主義的な世界経済に組み込まれ，さらには植民地侵略を通してヨーロッパ列強を中心とする国際的な政治秩序に組み込まれていった（アフリカ史の全般的動向を知るには宮本・松田編，2018を参照）。

　19世紀後半以降に激化した列強による植民地侵略は，アフリカで多くの紛争を引き起こした。当時のアフリカにも一定の軍備（例えば輸入したライフル銃など）を備えた国家が存在し，ヨーロッパ人の軍隊に抵抗する例があった。ただ，機関銃などの当時の先進的な武器を携えたヨーロッパ人の軍事力は圧倒的であり，アフリカの国家は次々に屈服させられた。アフリカ大陸は20世紀の初め頃までに，土地のほとんどをヨーロッパ列強によって支配されていった。いわゆる「アフリカ分割」と呼ばれる出来事である。

　第二次世界大戦後になると，植民地支配は一転して国際的な非難の的となり，列強が植民地の統治権を手放し，植民地が新たな国家として独立する，いわゆる脱植民地化の流れが始まった。脱植民地化はアジアでは1940年代後半から始まり，インド，インドネシア，中国をはじめとする国々が独立を達成した。アフリカでの脱植民地化は1950年代後半から始まり，その後1960年代までに数多くの国々が独立を遂げた。アフリカでの脱植民地化は，

交渉によって平和的に実現された例が多いが，アルジェリア（ペルヴィエ，2012）やケニアなど，激しい武装闘争が展開された例もある。植民地支配は，その開始時点と終了時点の両方でアフリカに紛争をもたらしたのである。

　アフリカの国々は植民地期の境界線を基本的にそのまま引き継いで独立国となった（資料9‐1参照）。そもそも植民地期の境界線はヨーロッパ列強が一方的に引いたもので，居住者であるアフリカ人の立場からすれば民族分断や往来の不便さなどの問題を伴うものだった。とはいえ，国境線を書き換えるには隣国との難しい交渉が必要になる。場合によっては紛争に発展するおそれも高い。そこで独立後のアフリカ諸国は，大陸レベルの地域機構であるアフリカ統一機構（OAU）において，独立時の国境線を変更しないことを相互に申し合わせた。このことが奏功してか，アフリカ諸国同士の戦争は，ソマリアとエチオピアが争ったオガデン戦争（1970年代），エリトリアとエチオピアの戦争（2000年代以降）など数例にとどまる。世界各地で紛争の原因となっている領土問題に関して，アフリカはうまく自主管理したのである。

　しかしながら，独立後のアフリカ諸国では，一国内で国民同士が争うタイプの紛争──すなわち内戦（civil war）──が多く発生した。独自の国家の樹立を目指す分離主義はその要因のひとつで，独立間もない1960年代に，コンゴ民主共和国とナイジェリアにおいて大規模な紛争へと発展した（それぞれコンゴ動乱，ビアフラ戦争と呼ばれる）（室井，2003；三須，2017）。1980年代にはスーダン南部でも武装闘争が開始された（この闘争は長らく継続したのち実を結び，2011年に南スーダンという新国家の誕生に至った）。

　国民同士での争いにアフリカ域外の勢力が関与する事例も見られた。第二次世界大戦後の世界は，アメリカとソビエト連邦（現在のロシアの前身）をそれぞれの盟主として東西両陣営が対立する冷戦に支配された。両陣営は冷戦時代に世界各地の紛争に関与した。アフリカでも例外ではなく，1970年代にポルトガルの支配を脱して独立を達成したアンゴラとモザンビークにおいて，政府の主導権を争う内戦が東西両陣営の代理戦争の様相を呈した。東西両陣営はエチオピアやソマリアでの紛争にも関与した。

　植民地支配体制が残存した国における解放闘争も行われた。白人支配国家

資料9-1　アフリカ諸国の配置

（出典）白地図専門店の国境線データをもとに筆者作成。

として独立宣言をした南ローデシアと，人種隔離政策（アパルトヘイト）をとる南アフリカによる統治が続いていた南西アフリカである。ここでともにアフリカ人による解放闘争が展開された。前者は1980年にジンバブウェとして，後者は1990年にナミビアとして独立を果たした。

（2）1990年代──紛争の多発時代

このようにアフリカは，19世紀後半以降，背景の異なる様々な紛争を経験してきた。ただ，その時代の世界でアフリカだけが紛争を経験していたわけではない。アメリカでは南北戦争が発生し，ヨーロッパでも普仏戦争など

国々が正面から激突する激しい紛争が起こった。日本やヨーロッパ列強の帝国主義的な拡大は軍事的な征服を伴った。2度の世界大戦も起こった。第二次世界大戦後も，朝鮮戦争やベトナム戦争など，アジアを舞台とする大規模な紛争が続発した。イスラエルと中東のアラブ諸国との間の戦争も繰り返された。つまり19世紀後半以降の世界は大紛争時代ともいえる状況にあり，その中でアフリカでも紛争が起こっていたということである。

　ただ，1989年に世界は大きな転換点を迎えた。冷戦の終結である。これにより超大国同士が戦争しかねない対立がさしあたり終わった。しかし，まさに世界が緊張緩和に向かったこの時代にアフリカでは紛争が激化した。

　資料9-2に1980年代後半以降にアフリカで起こった紛争のうち，国のまとまりが危機に晒されるような主な紛争を取りあげ，大まかな継続期間を時間軸に沿って図示した。前節で言及したアンゴラ，モザンビーク，スーダン南部（南スーダン）での紛争がそれ以前から続いていたところに，1980年代末から相次いで紛争が発生し，1990年代のアフリカでは常に7～8カ国で深刻な紛争が展開している状態だったことがこの図からわかる。

　どの紛争も，背景，発端，展開過程などにおいて独自の様相をみせるものであり，理解するのに必要な情報量も多い。このため一概に語ることは難しいが，ここではいくつかの特徴的な面を紹介していきたい。なお，国の場所は資料9-1で確認されたい。

　ソマリアでは内戦の過程で政権が打倒されたのち，後継の政権が樹立されない，いわゆる「無政府状態」に陥り，国内に複数の武装勢力が割拠する状態が長く続くこととなった。国連の平和維持部隊（PKO）や米軍などの軍事介入にもかかわらず収まらなかった。

　リベリアはもともとアメリカからの入植者によって19世紀に建国された国であるが[1]，入植者が元からこの地域に住んできた者たちを差別・抑圧する構造を背景に，複数の武装勢力が割拠するかたちで内戦が展開された（いったん終結したのち2000年に再燃した）。武装勢力が密輸する「紛争ダイヤ」のエピソードでも知られた。リベリアの隣に位置するシエラレオネの内戦は，リベリア内戦の展開とも連動しながら，反政府勢力のほか，白人傭兵部隊や

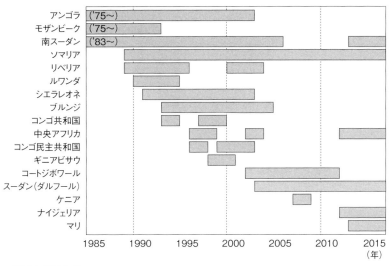

資料9-2 アフリカの主な紛争の発生時期

（出典）筆者作成。

地域機構も参戦した複雑な構図で展開された（落合編，2011）。

　ルワンダでは，独立後に国内で繰り返し起こった特定民族への抑圧を逃れて，周辺諸国に難民コミュニティが形成されていた。この難民コミュニティの中からルワンダ本国への帰還を求めて反乱軍が挙兵した。ルワンダ政府側はこの願いに応じず，むしろかねてからの民族差別政策を強化し，1994年の大虐殺を引き起こすこととなった（武内，2009）。

　ブルンジでは1993年に民主化が実現し文民大統領が誕生したが，旧来の支配層である軍部が権力奪取をもくろんで大統領を暗殺したことから内戦に陥った。コンゴ共和国の紛争は，民主化後に大統領の座を争った二つの勢力の対立がエスカレートし，武力衝突に至った事例である。中央アフリカでは，民主化後の政情不安から兵士の反乱が起こり，内戦状態に陥った。

　コンゴ民主共和国は，複数の反政府勢力を糾合した勢力が長期独裁政権の打倒に成功した事例である[2]。この内戦は1998年から再燃し，各勢力が近隣諸国の支援を受けたことから，「アフリカ大戦」とも呼ばれる国際的な側面を有したことが特徴である。ギニアビサウでは，利権の分配をめぐる政治

家同士の争いから，国内が極度に不安定化したのが特徴である。

3　どんなことが紛争では起こるのか——複合的な災厄としての紛争

（1）破壊されるもの

　1990年代に発生したこれらの紛争は，破壊のスケールが際だって大きい点に特徴がある。ルワンダ内戦時の大虐殺では，わずか2カ月ほどのあいだに100万人近い人びとが殺害された。コンゴ民主共和国の内戦は，再発後の期間も合わせて9年近く紛争が継続したが，この間に死亡した人びとの数は540万人にも上る。スーダン南部の紛争では2005年の包括和平協定までの22年あまりの間に200万人以上もの人びとが死亡した。総力戦と言われた第二次世界大戦に参戦した国々の中には数百万人に達する死者を出した国が複数存在する（日本やドイツ）が，それに匹敵，さらには上回る規模の死者を出す内戦が1990年代のアフリカでは複数発生したのである。

　多数の人びとが命を失うような状況は，様々な暴力が行使される状況である。負傷の後遺症に苦しむ人びとも多い。性暴力の被害も深刻である[3]。戦火が及べば避難しなければならないが，家，農地，家畜などの財産を置き去りにしなければならない。難民や国内避難民を保護するキャンプに逃れることができれば，国際的な支援のもとで命をつなぐことはできるが，故郷に戻れないままキャンプでの生活が数年以上にも及ぶ例は多い。

　故郷にとどまった人びとも苦難に直面する。紛争下では教育や保健衛生など様々な行政サービスが滞る。保健衛生サービスへのニーズが高い子どもや周産期の女性などの生活の質は顕著に低下することとなる。また，教育を受ける機会を奪われた子どもは将来への不安に直面することになり，それは国や地域社会にも将来にわたる問題をもたらす。戦闘が続く地域では治安の維持というごく基本的な行政サービスさえ欠き，略奪や強盗などの犯罪が取り締まられないまま横行するような状態となる。

　経済活動も大きな打撃を受ける。道路，港湾，空港などの基本インフラや工場や農地などが破壊されれば，生産能力は大きく低下する。戦闘が続いて

いる中では，人びとは安心して働きにでかけることもできない。それは多く
の労働者にとって収入の途絶を意味する。経済が低迷し，流通が滞れば，物
資不足が起こり，インフレにもつながる。アフリカでは特に重要な豊かな自
然などを目玉とした観光業も打撃をうける。

　さらにその国の将来にも悪影響は及ぶ。経済の低迷は国家の財政難を引き
起こし，戦後復興の障害となる。多くの人びとの人生設計が成り立たなくな
る。国民同士の戦闘や暴力が，紛争後の時代にも強く人びとに記憶され，人
びとは和解という困難な課題に直面しながら生きることとなる。

　紛争が将来にわたる災厄をもたらすことを，もっとも象徴的に示している
のが「子ども兵」（child soldier）の問題である。1990 年代以降にアフリカで
発生した紛争において，子どもは，兵士として動員される存在でもあった。
リベリアやシエラレオネなどでは，紛争で親を失った子どもたちが反乱軍に
連れて行かれ，身の回りの雑用などの人手として使われる例が見られた。そ
の中には兵士として訓練され，戦闘に参加させられる者もいた[4]。一般に
「子ども兵」として知られる彼ら，彼女ら（女子の子ども兵も存在した）は，保
護者の下で暮らしたり，教育を受けたりといった機会を完全に剥奪され，戦
場で武器を取って暮らしてきた。このため紛争終結後も，社会復帰に大きな
問題を抱えながら暮らすことを余儀なくされている。

（2）筆者が体験した紛争

　大半の読者は紛争を経験したことがないだろう。それはとても幸福なこと
である。だが，実感を持てないことを学ぶのは難しい。紛争についてのイ
メージを膨らませてみる手助けとして筆者の紛争体験を記してみたい。

　筆者は，西アフリカにあるコートジボワールで長期在外研究を行っていた
ときに紛争に遭遇した。2002 年 9 月のことである。兆候はいっさいなく，
ある日の未明に突然銃撃戦が始まった。筆者の住まいから 1 km ほどの軍事
施設が反乱軍の襲撃対象のひとつとなった。自動小銃の連射音や迫撃弾とお
ぼしき轟音が鳴り響き，筆者は何もなすすべなく，住まいで一番壁が厚い一
角に閉じこもってただじっとしていた。砲弾が飛び込んできたら死ぬのだろ

うなとほんやり考えていた。

　筆者が住んでいた南部の最大都市アビジャンでは複数の拠点が反乱軍の襲撃対象となり，大統領の私邸が攻撃されたり，重要な閣僚が殺害されたりしたが，政府軍が防衛に成功し，幸いにも勃発した最初の1日だけで戦闘は終結した。ただ，その1日で百数十人が亡くなった。死者の中には多くの市民が含まれていた。

　反乱軍はコートジボワールの国土の北半分を占領することに成功し，コートジボワールは南北に分断されてしまった。筆者が滞在していた都市は政府側の支配地域にあったが，そのことは必ずしも安全であることを意味しなかった。夜間外出禁止令が出される中，政府側の軍人や警官が深夜に住まいに押しかけてきて，反乱軍の支援者だと一方的に決めつけて家宅捜索を行ったり，逮捕したりする事例が頻発したのである。治安部隊は治安を維持するどころか，むしろ，市民にとって最も身近な脅威だったのである。

　やがて，自分たちの国で内戦が発生したことに心を痛めたコートジボワールの市民たちが連帯のための集会を開催するようになった。当初は，反乱軍との対話を実現し，早期に紛争を終わらせようという融和や和解のメッセージが表明されていたのだが，回を重ねるごとに攻撃的な雰囲気になっていった。熱狂的な現政権支持者らが扇動演説を行うようになったためである。「国民ならば前線へ行って戦闘へ参加せよ！　ひとりがひとりずつ反乱軍の兵士を殺害せよ！」。このような暴力的な主張に抗議する人びとが扇動派によって暴力を振るわれることも頻発するようになった。扇動演説に呼応した人びとは，いつしか「愛国青年」という名称で呼ばれるようになり，街のあちこちで破壊行為や暴力事件を引き起こし，人びとから恐れられるようになった。

　内戦勃発から4カ月後の2003年1月，「愛国青年」が在留外国人への襲撃を大々的に行うようになったことから，日本を含む主要先進国政府がコートジボワール在住の自国民に退避勧告を発出し，筆者もそれにしたがって国外退避することとなった。その後の展開を駆け足で述べておくと，和平協定が締結されはするものの履行はされない状態が繰り返された。ようやく行われ

た選挙で選ばれた大統領が正式に就任して，まがりなりにも紛争が終結した
のは，内戦勃発から8年8カ月後の2011年5月のことであった。

　以上，筆者の紛争体験の一端を述べた。ここからもわかるように，紛争の
恐ろしさは，人命を奪い，モノを破壊することだけではない。市民の安全を
守るはずの治安部隊が市民を標的にするようなことが起こるのである。人びと
との心もあっという間に変わってしまう。「愛国青年」にみられるような暴
力的，好戦的な世界観を持つ人びとと，和平を求める人びととに国民が真っ
二つに分断されるまで，内戦勃発からほんの2カ月である。こうなると国民
同士の相互信頼は損なわれ，国のまとまりは破壊されてしまう。敵対した記
憶は，紛争が終わったあとも人びとの心の中に残り，将来の不和の種となる。
紛争はこのようにして人びとの生存をまるごと脅かす。紛争は様々な側面に
悪影響を及ぼす，複合的な災厄なのである。

4　どんな背景が紛争にはあるだろうか

　1990年代のアフリカの紛争を考える際に背景として最も重要なのは，国
家と国際関係である。まず国家についてみてみよう。アフリカの国家は大き
く二つの面で紛争と関わっている。第一は，国家の支配権そのものが政治勢
力間の争奪の対象となることである。紛争はそもそも資源の争奪戦として起
こる。このことは，重要な鉱山や油田，肥沃な農地，商業・軍事の要所など
がしばしば紛争の焦点となってきたことからもわかるだろう。これと同様の
意味でアフリカの国家そのものがひとつの資源なのである。国家運営に伴う
様々な利権が政治的，経済的に大きな価値を持つためである。

　課税を通して集めた多額の財政資金を私的に流用したり，家族や支持者の
企業が恩恵を受けるようなかたちで国有財産の処分や公的な発注を行ったり，
許認可の見返りにリベートを受け取ったりと，国家運営の中枢には不正な利
得を得る機会が満ち満ちている。このような不正行為は「腐敗」（corrup-
tion）と呼ばれるが，アフリカにおいて政権奪取を目指して挙兵する者は多
くの場合，このような経済的な動機に導かれている。

　国家と紛争の関わりの第2の側面は，組織を大きくするために政治勢力が行う支持者を増やすための行動——これを政治的動員という——が，しばしば社会的な分断や対立を引き起こすことにある。1990年代のアフリカは民主化の時代でもあり，それまで一党独裁や軍事政権のもとにあった国々でも，野党の設立が認められ，複数の政党が参加する選挙が行われるようになった。これ自体は民主主義の進展といえるが，政党同士の競争の過程で，特定の民族や地域などに偏った政治的動員がなされることがしばしば起こる。そこから民族対立や地域対立の構図が固定化し，紛争の大きな背景となった事例は，ケニアやコートジボワールでの紛争などに典型的に見られた。

　国際関係との関わりはどうだろうか。1990年代のアフリカの紛争との関係がしばしば指摘されるのは冷戦の終結である。冷戦期には東西両陣営がアフリカの国々を自陣営に取り込もうとしてきた。開発援助，軍事援助，外交的な支持（端的には独裁政権であっても自陣営にいる限り目をつぶるなど）が取り込みの主な手段であった。冷戦が終結するとこういった働きかけは減少したり，途絶したりした。その結果としてアフリカ諸国の政権の基盤が弱まり，国内からの政治的軍事的な挑戦を受けやすくなったという構図がある。

　冷戦終結はまた，アフリカの軍事化をも引き起こした。冷戦終結に伴い東西両陣営は軍備の削減を行ったが，処分された大量の武器が闇取引などを通してアフリカに流れ込んだ。この結果，アフリカでは「たった2ドルで自動小銃が買える」ともいわれる状況が到来した。1990年代のアフリカの紛争の特徴として，専門的な訓練を受けたわけではない民間人——すなわち民兵——が数多く戦闘に参加したことが知られるが，これも安価な武器の流入を背景としている。また，軍備縮小によって職を失った世界各地の職業軍人が傭兵としてアフリカの紛争に参加する現象もみられた。

5　どんな解決策があるだろうか

　資料9-2から確認できるように，1990年代の紛争は2000年代には相次いで終息していき，2000年代後半には紛争発生件数が少ない時期が到来し

た。2010年代後半から紛争発生件数はやや増加を見せているが，これはイスラーム主義武装勢力の活動という，それまでアフリカではあまり見られなかった現象によるものである。コンゴ民主共和国東部や中央アフリカなどいまだに深刻な危機が続く国・地域は存在するが，大局的に見れば，1990年代に多発したような大規模な内戦は下火となる傾向にあるといえる。

　このような傾向に転じてきた背景をどのように考えたらよいだろうか。1990年代初めにアフリカで紛争が多発し始めたとき，軍隊を派遣して早期に平和を確立するという試みが，国連やアメリカなどを中心に一時取り組まれたことがあった。ただ，この試みはソマリアで失敗してしまったことから放棄され，その後は，アフリカ諸国も含めて国際的な諸主体が広く協調する形での紛争解決策が様々に模索されてきた。

　その結果として確立されてきた紛争解決のための成果は，大きく2点に整理することができる。ひとつはアフリカ諸国による自発的な紛争解決の取り組みである。2004年に，OAUを改組するかたちでアフリカの大陸レベルの地域機構であるアフリカ連合（AU）が新たに発足した。AUは，国連の安全保障理事会に相当する意志決定機関を備え，加盟国で紛争や政変が起こった場合に，速やかに解決に向けた勧告や制裁を行うなどの権限を強化した。AU憲章には平和と安定を維持するために加盟国に武力介入する権限も謳われ，さらにそのための待機軍を創設する構想も具体化に向けて進み始めている。AUが創設した平和維持部隊もすでにいくつかの紛争地に派遣されている。アフリカ諸国が「アフリカの問題のアフリカによる解決」という考えに立った制度と行動を具体化させてきているのである。

　もうひとつの成果は，国際的な協調体制の深化である。アフリカ諸国が「アフリカの問題のアフリカによる解決」の意志を確立したとはいっても，実際の紛争解決局面では予算不足に直面することが多い。このためアフリカに限らない広い国際社会の支援は引き続き必要である。この点での進歩は，国連が派遣する平和維持部隊が，1990年代の当初の規模よりもはるかに大きな規模で組織されるようになったことにみられる。扱う領域の多様化や駐留の長期化なども，2000年代以降の国連PKOの特徴である。国連だけでな

く，ヨーロッパ連合（EU）などもこの分野の支援に乗り出してきている。

　おそらくはこのような成果の積み重ねの帰結として，近年の紛争が下火となった傾向がもたらされていると考えられる。このようなアフリカ内外での制度面，資金面での体制作りをさらに推し進め，アフリカの紛争解決に向けた能力向上を図るのが今後も重要な方向性となろう。

　ただ，こういった政府や国際機関のレベルではなく，アフリカの人びとの立場にいまいちど立ち返って考えれば，貧困，格差，対立や差別などの問題に直面する人びとはいまなおたくさんいる。このような問題が続くかぎり，扇動的な動員に応じてしまったり，戦闘に身を投じたりする人びともまた現れ続けることになろう。ひとたび紛争が始まれば，生活や将来設計を乱されるたくさんの人びとが生じ，国の将来展望もまた暗いものになってしまう。そうなればさらに，貧困，格差，対立や差別の問題は根深く残ることになろう。

　このような負の連鎖を断ち切ることこそが，紛争を発生させないための真の解決策といえるに違いない。こうして，真の課題は，人間の生活が安定的に成り立つ生きる場の創出という，広い意味での開発の問題へと投げ返されていくのである。

（佐藤　章）

●さらに学ぶための問い

　振り返ってみよう　1990 年代はアフリカにおける紛争多発時代でした。植民地化以降の歴史の中でみたとき，1990 年代のアフリカの紛争にはどのような特徴が指摘できるでしょうか。

　議論してみよう　紛争は世界各地であらゆる時代で起こってきました。しかし，最近の先進国は（海外で引き起こす戦争はさておき）国内での紛争をあまり経験していません。なぜなのか，その要因や背景を考えてみましょう。

　調べてみよう　冷戦終結以降，国連はアフリカでの紛争解決のため様々な取り組みを行ってきました。歴代国連事務総長の活動，安全保障理事会での決議，国連PKO の派遣状況などに注目しながら，その取り組みの歩みをまとめてみましょう。

●さらに学びたい人へ（参考文献ガイド）

①遠藤貢（編），2016，『**武力紛争を越える――せめぎ合う制度と戦略のなかで**』京都大学学術出版会．／アフリカの紛争が多様なあり方をとり，政治とも密接に関わっていることを詳しく学べる。

②落合雄彦（編著），2019，『**アフリカ安全保障論入門**』晃洋書房．／紛争の問題と密接に関わる安全保障の諸問題についてコンパクトな解説をまとめたハンドブック。

③栗本英世，1996，『**民族紛争を生きる人びと――現代アフリカの国家とマイノリティ**』世界思想社．／スーダン南部の内戦と向き合った人類学者が人びとへの強い共感とともに記した記念碑的な民族誌。

引用参考文献

落合雄彦（編），2011，『アフリカの紛争解決と平和構築――シエラレオネの経験』昭和堂．

クルマ，アマドゥ／真島一郎訳，2003，『アラーの神にもいわれはない――ある西アフリカ少年兵の物語』人文書院．

武内進一，2009，『現代アフリカの紛争と国家――ポストコロニアル家産制国家とルワンダ・ジェノサイド』明石書店．

ペルヴィエ，ギー／渡邊祥子訳，2012，『アルジェリア戦争――フランスの植民地支配と民族の解放』白水社（文庫クセジュ）．

宮本正興・松田素二（編），2018，『改訂新版　新書アフリカ史』講談社現代新書．

三須拓也，2017，『コンゴ動乱と国際連合の危機――米国と国連の協働介入史，1960〜1963年』ミネルヴァ書房．

室井義雄，2003，『ビアフラ戦争――叢林に消えた共和国』山川出版社．

注

（1）リベリアは，かつて大西洋奴隷貿易の時代にアメリカに連れて行かれたアフリカ黒人の子孫がアフリカに入植者として帰還して，1847年に建国した国である。

（2）長期独裁政権のもとではザイールという国名が名乗られていたが，政権打倒に伴い，独立時の国名であるコンゴ民主共和国に戻された。

（3）戦時性暴力は世界中のあらゆる紛争で現れる問題であり，その対策は主要なグローバルイシューのひとつといえる。コンゴ民主共和国で戦時性暴力の被害に遭った人びとの支援活動を行った産婦人科医のデニス・ムクウェゲ氏に，2018年のノーベル平和賞が授与されたのはその一例である。

（4）子ども兵であることの境遇へと想像力を働かせる手がかりとして，クルマ（2003）は生々しい発見に満ちた小説である。

外交官として──外務省職員の場合──

　関わる分野，場所によって程度の差こそあれ，外交官としての仕事と地域研究での学びは関わりは深い。

　一つは，国・地域を深く知ることが求められること。学部での地域研究の学びを生かす場には，社会人1年目と卒業後すぐに出会えた。エチオピアから南アフリカまで，東南部の英語圏を中心としたサブサハラ・アフリカ地域を担当する部署に配属されたのである。そこでは，セーシェル，レソト，エスワティニという3カ国の担当として，各国情勢のフォローに加え，日本との関係のあり方を考える機会を得た。特に思い出深い経験はエスワティニ国王の訪日。訪日の機会をどのように両国間関係に活かせるかを考えながら，国内外の日本側関係者，エスワティニ政府側と共に首脳会談や地方訪問を始めとする訪日日程の準備を行い，最後はチームとして訪日を成功に導くことができた。外交官としての国・地域への関わりは，日本の国益という視点が主になるが，相手国と仕事をするにしても，ODAから安全保障まで多岐にわたる二国間関係を考えるにしても，歴史，政治，経済を始め，地域・国全体に対する深い理解は欠かせないのである。

　もう一つは，現場を大切にすることの重要性。現在は在ジュネーブ日本政府代表部で，ジュネーブに本部のある国際機関との関係で貿易と開発の分野を担当し，各国代表団，国際機関との議論に参加している。ここでの議論のベースは，主に統計資料や専門家の知見，各国により合意された文書であり，こうしたマクロな視点は国際社会が足並みを揃えて課題に取り組む上で重要である。しかし，各国の利害が複雑に絡み合う多国間の議論は往々にして進展は遅い。そんな時に私が大事にしているのが，現場から離れたジュネーブでの仕事が，課題に直面している人々の生活にどのように還元されるかというミクロな視点であり，議論の目的を再確認させてくれる。これは，地域研究での学びがあったからこそ，大事にできている視点だとも思う。

　最後に，地域というキャリアの軸は面白い出会いを生んでくれた。私は，社会人になってから，東京，アメリカ（大学院留学），ジュネーブと拠点を変えてきたが，不思議なことに，アフリカという地域への関わりはそのどの場所でも形を変えながら持ち続けている。その中で新たな学びを得ることは純粋に楽しく，これからも大事にしていきたい。

（大内ひかる／外務省）

第**10**章
実体と虚構のはざまを生きる
──南スーダンの人々からみた「民族紛争」──

　「民族紛争」と聞くと，私たちはどうしても，民族VS民族という構図を想像
してしまいます。このような構図を私たちが無批判に受け入れてしまうことは，
「民族紛争」がいつまでも終わらない原因を作ってしまう危険性をはらんでいま
す。本章では，南スーダンの人々が「民族」をめぐる理解と誤解の間をどう生き
ているかをみることで，この危険性について検討し，私たちの日常とアフリカの
「民族紛争」の連続性について考えます。

・・・・・・・・

1　「民族」とは誰／何か

　アフリカの民族（部族）と聞くと，あなたはどのような人々を想像するだ
ろうか。おそらく，原始的な家屋に暮らし，伝統的な衣装をまとい，国家や
グローバリゼーション，近代化とは無縁な閉鎖的な世界に生きる小規模な集
団ではないだろうか。このような人々は，日本に暮らす私たちとは全く無関
係に存在するかに思われる。果たしてそうだろうか。

　本章のねらいは，私たちが思い描きがちな上のような「民族」や「民族紛
争」のイメージを，アフリカの南スーダン共和国（以下，南スーダン）の事例
とともに考え直すことにある。

　長らく続いた内戦ののち，南スーダンは2011年に国家としての独立を果
たした。だが，2013年末，同国は再び内戦状態に陥った。2012年から2017
年までの5年間，南スーダンには，国連平和維持活動に参加するため日本の
自衛隊が派遣されていた。この時点で，日本に暮らす私たちは現地の人々の
暮らしに積極的に関与しているともいえるのだろうが，当のアフリカで生じ
ていること，またそこに生きる人々の実態や認識は，私たちのもとに十分に
伝わっていたとは言い難い。

　2013 年末，南スーダンの首都ジュバからはじまり，その後南スーダン全土に広がっていった武力衝突は，日本の報道で次の通り伝えられた。

　　2011 年に独立したばかりの同国（引用者補足：南スーダン）だが，<u>民族対立を背景とする紛争</u>が長期化すれば，再び内戦に陥る懸念が高まっている。（中略）多民族国家の南スーダンには数十の部族が存在し，最大民族がキール大統領の出身部族ディンカ族だ。一方，（中略）マシャール氏は別の有力部族ヌエル族出身で，両部族はこれまでもたびたび衝突した。　　　　　（読売新聞 2013 年 12 月 22 日東京朝刊 7 面，下線部は引用者）

　　キール氏がディンカ族，マシャル氏がヌエル族の出身であることから，今回の衝突が<u>伝統的な民族対立</u>を再燃させるおそれもある。
　　　　　　　　　（朝日新聞 2013 年 12 月 19 日朝刊 13 面，下線部は引用者）

　下線部に端的に表れているように，これらの記事は，南スーダンで生じた武力衝突が「伝統的」な「民族」同士の対立に起因するものだと報道している。
　「民族」とは一体どのような人々で，誰のことを指す言葉なのだろうか。確かに私たちは，「民族」について知らないからといって，直ちに生命を脅かされることはないだろう。しかし，もしかすると「民族」について知らなかったり，既存のイメージだけで語ったりすることは，知らないうちに，アフリカに暮らす人々の人生を脅かすことにつながってしまうかもしれない。この章で語られることは，アフリカの紛争を直ちに解決に導くものではない。しかし，無知や誤解による犠牲者をこれ以上生み出さないために，あるいはグローバル社会を生き抜くための最低限の常識として，まずは人類が他者の統治と支配のために作り上げてきた人間分類の怪しさと，それにともなう暴力について知ることからはじめてみよう。
　その前に，本章で使用する用語についてあらかじめ断っておく。日本の報道などでは，アフリカに暮らす人々の集団が「部族」と表現されることがあ

る。一般的には，より大規模な集団が「民族」であり，比較的小規模な集団が「部族」と捉えられる傾向にあるが，アフリカの「部族」よりも規模の小さいヨーロッパの集団が「民族」と表現されていることから，人口規模による「民族」と「部族」の使い分けの説明は妥当ではない（戸田，2008,19-21）。また「部族」という表現は，しばしば前近代的な世界に生きる野蛮な人々という差別的なイメージを伴う。このような背景を踏まえ，本章では特定の語の翻訳として必要な場合を除き「部族」という語は使用しない。また，次節以降で詳しく述べられるように，アフリカの「民族」の多くは，西欧列強による植民地支配の過程で「発明」されてきた側面を持つ。したがって，「民族」をあたかもはじめから存在するものであるかのように取り扱うのは不適切である。一方で，「自分は○○人である」という，人々の民族アイデンティティは確かに存在する。以下，本章では，読みにくさを避けるため単に民族と表記するが，同語は常に鍵かっこ付きで語られるべき複雑な背景を持つ語であることは常に念頭に置いてお読みいただきたい。

2　歴史と民族

（1）支配装置としての分類

　私たちが何かを理解しようとする際に役に立つのが，分類という知的作業である。分類とは，混沌としている現実に秩序を与える営みである。例えば，身近なところでは，「身内」と「他人」や，「学生」や「教員」などの分類がある。この分類に沿った特定のコードに従ってふるまうことで，私たちの人間関係はよりスムーズなものになる。人種や国，あるいは「日本人」などという分類も同様である。これらの分類は，いずれも所与のものではなく，人間が何らかの目的のために暫定的に設定したものである。したがって，分類されたあるものとあるものの間に差異があることそれ自体は，優劣などの価値を含まない。

　民族を人間社会の基本的な単位とみなす考え方は，特定の人間集団を統治し支配する必要性に迫られて磨き上げられてきた比較的新しいものである。

本来，人間集団とはゆるやかにまとまり，常に流動しているものであった。それらが，あたかも排他的で同質的なアイデンティティを持つかのようなイメージを与える民族という概念は，近代の国民国家が人民をまとめ上げるシステムを構築すると同時に創られてきたものである。アフリカの場合，第3節で具体的に見ていくように，西欧列強による植民地支配とその後の国家の誕生が民族の創出において果たした役割は大きかった。

（2）かつての「民族」の姿──文化人類学的研究の功罪

　かつて文化人類学が「○○族の政治」「○○族の世界観」といった研究を行い，「民族学」を名乗っていたことが示唆するように，文化人類学が，閉鎖的で固定的な民族のイメージ形成に果たしてきた役割は少なくはない。実際，植民地統治の時代に前提とされていた「民族」や「部族」の理解の枠組みの中で調査をすすめたことで，文化人類学という学問自体が，民族のイメージを再生産してきたことは否定できない。

　しかし，文化人類学的研究によって見えてきたのは，むしろ既存の集団の捉え方の限界，すなわち西欧が前提としていた民族という想定がうまく現実に当てはまらないという状況であった。なかでも東アフリカの牧畜社会に関する研究は，襲撃を行う際の自集団（味方）と他集団（敵）は，文脈に応じて変化する，相対的なものであることを明らかにしてきた。

　例えば，1920年代から30年代にかけて南スーダンのヌエル社会の調査を行ったイギリスの社会人類学者エヴァンズ＝プリチャード（Evans-Pritchard）は，無国家社会とされたヌエルの政治体系の特徴の一つとして「分節化の原理」を挙げ，集団の分裂（流動性）と融合（凝集性）の二つの局面について論じている（エヴァンズ＝プリチャード，1978，222-232）。

　エヴァンズ＝プリチャードの報告によれば，ヌエル社会は，基本的に一つの民族集団としての政治的統合を欠いている。ヌエル社会は，居住する地域によっていくつかの下位集団に分かれている。ヌエル社会の集団の分節化の原理は，資料10-1の通り図式化される。

　人々は日常的には，ZやZ^2のような村落単位，あるいはそれよりさらに小

資料 10-1　集団の分節化の原理

A　　　　　　B

X　　　Y

X^1　　　Y^1

Z^1

X^2　　　　　　Y^2

Z^2

（出典）エヴァンズ＝プリチャード，1978，223。

さい親族単位で暮らしており，自身が帰属する集団に対する忠誠心をそれほど有しているわけではない。しかし，Z^1が Y^1と戦うときには，Z^1と Z^2は団結して Y^2となる。Y^1と X^1とが戦うときには，それまで対立していた Y^1と Y^2が団結し，同様に X^1と X^2も団結してそれに応ずる。そして X^1が A という大きな集団と対立した時には，X^1，X^2，Y^1，Y^2はすべて団結して B という集団，例えば私たちが民族と考える集団となって団結する。

　エヴァンズ＝プリチャードは，この分裂と融合は同一の分節原理の表裏をなすものであることを指摘し，諸集団の統合とは相対的なものであると指摘した。つまり，対立する集団があってはじめて，特定の範囲内にいる者たちが一時的な同胞とみなされ，各人は特定の集団に一時的な帰属意識を有しうるのである。民族は過去から連綿と続いてきた閉鎖的な集団などではなく，むしろその時々の状況によって異なる，流動的かつ相対的なものであった。

　個々人の集合的アイデンティティに関しても，人々の日常生活において意識されるのは，見知らぬ人間を含んだ数百～数万人単位の民族などというものではなかった。資料 10-1 の Z^1のような小規模な集団——例えば出自集団や拡大家族，あるいはどこかの村——に対する帰属意識はあっただろうが，日常的に Z^1が X^1の人間と同一のカテゴリー下にいる存在として意識されて

いたとは考えにくい。

（3）民族本質論と民族構築論

　松田素二は，19 世紀後半から 1980 年代までの文化人類学や政治学における民族をめぐる論争について，それらを民族本質論と民族構築論という二つの系譜にまとめている（松田，1999，91-94）。民族本質論とは，民族はそれぞれが確固たる独自の文化体系を有し，ある民族と別の民族は異なると客観的に判断できる特性を有するとする考え方である。この考え方に沿えば，人間集団は，身体的特徴や出自，言語，宗教，慣習など，その人物が自然に生まれついた客観的特性によって自然に境界を引くことが可能である。民族構築論とは，民族は本質的に，つまり自然な境界を有するものとして存在するものではなく，特定の状況の下で操作されうる人工的なものであるとする考え方である。この立場では，人々が「自分は○○人（族）である」と考える主観的な帰属意識が民族の境界規定において重要であるとされる。

　たしかに，次節でみるように植民地統治の中で民族が「発明」され，その後構築されてきた過程を踏まえれば，民族は文脈によって操作可能なものであると考える方が妥当であろう。しかし，松田も指摘している通り，今日のアフリカで生じている事態は，民族は構築されたものにすぎない，といって結論づけられるほど単純ではない。次では，南スーダンを事例として，現在の民族がどのように作られ，人々のあいだで明確な境界を持つ実体的な集団として語られるようになったのか，その歴史的経緯を紹介しよう。資料10-2 のスーダン地域の略史も合わせて参照されたい。

3　南スーダンで民族がつくられるまで

（1）ディンカとヌエル──植民地期以前

　第 1 節で引用した新聞記事の中で，民族紛争の当事者として言及されているディンカとヌエルは，南スーダンの民族のうちでもっとも大きい人口を有すると言われている。ヌエルとディンカは，ともにナイル川流域に居住する

ナイル系の農牧民である。

　ヌエルとディンカは，身体的には大きな違いはない。見た目に違いがあるとすれば，成人男性の額に刻まれた瘢痕であろう。瘢痕は，男児が成人となった証として刻まれる[1]。ヌエルの場合は，額に6本の平行線が刻まれる。瘢痕は，人々の民族アイデンティティと深くかかわり，同時に人々の間で民族の印（エスニック・マーカー）としての機能を持つ。しかし次の理由から瘢痕は必ずしも民族を規定しない。第一に，ヌエルとディンカが共住する地区においては，民族アイデンティティとしてはディンカだが，ヌエルと同じ6本の平行線の瘢痕を持つ者がいること。第二に，一つの民族集団の中でも異なる瘢痕を持つ複数の集団が存在するということ。ディンカの瘢痕は出身地区によって様々な様式がある。

　言語についても同様である。ヌエルとディンカはそれぞれヌエル語とディンカ語を話す。しかしそれぞれの言語が有する方言は，二つの言語の違い以上に多様であるともいわれる。両民族集団が共住する地域では互いが互いの言語を話す。アイデンティティとしてはヌエルでも母語はディンカ語だという者もいる。これは父親がヌエルで，育児に従事する母親がディンカである場合が多い。

　ほかにも政治構造，環境，移動の観点から，ヌエルとディンカの同一性を指摘する研究がある（例えば Newcomer, 1972 や Southall, 1976）。ヌエルとディンカの関係は，一方で家畜の収奪を繰り返す「敵」であり，他方で，文化的・社会的類似性を持ち，民族を超えた婚姻が頻繁に行われることが示唆するように，「同胞」でもあったのである。ヌエルとディンカがもともと別個の「民族」であったことを説明づけるのがいかに難しいことかわかるだろう。

（2）民族の「発明」──植民地統治期

　ヌエルとディンカの間に明確な境界線が引かれ，異なる民族として位置づけられるようになったのは，イギリスによる植民地統治期以降である。スーダン地域は 1889〜1956 年までイギリスとエジプトの共同統治下にあった。

資料 10-2　スーダン地域・南スーダンの略年表

1889 年	イギリスとエジプトによる共同統治開始
1920 年代	スーダン南部地域の間接統治が進む
1930 年代	ヌエルとディンカの間の「部族境界」の設定，強制移住
1955 年	第一次スーダン内戦勃発（〜1972 年）
1956 年	南部含むスーダンが独立
1983 年	第二次スーダン内戦勃発（〜2005 年）
1991 年	南部勢力の間で内部対立勃発，一部「民族紛争」化
2005 年	包括和平協定締結
2009 年前後	南部スーダンで反政府運動展開，村落部で民族集団間の対立激化
2011 年	南部独立の住民投票実施（1 月），南スーダン共和国誕生（7 月）
2013 年	首都ジュバにおいて大統領警護隊同士が衝突，南スーダン全土に戦闘が広がる，一部「民族紛争」化
2016 年	国民統一暫定政府設立（4 月），首都ジュバにおいて大統領派と第一副大統領派が衝突（7 月）
2018 年	和平合意（9 月）
2020 年	新国民統一暫定政府の設立（2 月）

（出典）筆者作成。

　1920 年代，植民地政府は徐々に統治の主体を現地住民に移行して間接的に統治することを視野に入れていた。そのために，それぞれの社会の政治体系を利用し，統治のための新たな「部族組織」（tribal organization）を作り出すプロジェクトを掲げていた。

　ヌエル社会を含むナイル川流域地方の統治のかなめとなったのは，ヌエルの強制的定住化政策であった。このプロジェクトによって，それまで広範囲にわたって居住していたヌエルとディンカは，それぞれが異なる「部族」（tribe）として別の行政区域の下に置かれた。つまり tribe とは，集団の名称というよりも，単なる行政区分の名称だったのである。ヌエルとディンカの境界はこの時確定され，その人工的な境界にそって人々の強制的な移住と定住化が進められた（橋本，2018，59-61）。

　このプロジェクトは，それぞれの「部族」がひとつの「国家」のようにまとまるシステムを創出する試みでもあった。「ヌエル」や「ディンカ」は，このような植民地行政の中で枠づけられ，民族としていわば「発明」されて

いったのである。このとき規定された民族境界は，スーダン独立後も，国家権力や軍の司令官といった権力者に利用されることとなる。

（3）民族の操作──第二次スーダン内戦から南スーダン独立後まで

　スーダン共和国が独立する 1956 年の前年から，スーダンはアフリカ最長ともいわれる内戦期に突入する。特に第二次スーダン内戦（1983～2005 年）では，北部の政府と対立する南部の反政府勢力であるスーダン人民解放軍の間で内部対立が発生した[2]。内部対立は，発生当初は司令官同士の対立に根差したものであった。それぞれの指導者は一方はディンカの出身であり，他方はヌエルの出身であった。指導者らは，自身の出身民族集団の「伝統」に言及し（橋本，2018，96-98），人々の民族アイデンティティに呼びかけ，一般市民を軍事行動へと動員した。結果，戦局は泥沼化し，政治利用された民族同士の対立のなかで多くのディンカ，ヌエルの市民が命を落とすことになった。

　2005 年の包括和平協定で第二次スーダン内戦は終結し，南スーダンは 2011 年に悲願であった独立を達成した。ついに平和が到来するかに思われたが，独立前後から，ヌエルやディンカの居住地域では反政府勢力による抵抗運動や民族集団間の報復闘争が凄惨化し，平和とは程遠い状況に置かれていた。そして 2013 年 12 月，首都ジュバで突然生じた武力衝突は，多数の犠牲者と 200 万人以上の避難民を出す大規模な紛争へと発展していった。

　本章冒頭の引用記事にあるこの紛争は，最終的には政治家同士の対立に起因する政府軍と反政府軍の衝突であると一般に理解されるようになった。しかし，第二次スーダン内戦時と同様，一部で政治家の出身民族集団同士であるディンカとヌエルが対立することとなり，再び民族紛争と表現されてもおかしくない状況に陥ってしまったのである。この紛争の一部を現地で見ていた筆者は，歴史の中で構築されてきた民族と，つくられた民族の枠組みの中で醸成された敵愾心の強大さを肌で思い知ることになった。

　しかし，この状況の中，人々は必ずしも外部者によって設定され操作されてきた民族境界のみに縛られて生きていたわけではなかった。次では，2013

年の武力衝突の前後，人々がどのように民族を生きていたのかを筆者の
フィールドワークをもとに紹介する。

4　つくられた民族を人々はどのように生きるか

（1）フィールドワークの中でみた民族対立

　筆者は 2008〜2013 年まで，ヌエルの人々が暮らす様々な地でフィールド
ワークを行っていた。村落部に滞在したこともあったが，多くの時間を過ご
したのは，人口の大多数をディンカが占める都市部であった。その地は第二
次スーダン内戦時，党派対立の中で，ヌエルの軍人によるディンカ市民の
「虐殺」が行われた地として知られている。この地で多くのヌエルの人々は
寄り添うように一つの集落に暮らしていたが，一部のヌエルの人々は，ディ
ンカ人の集落にまばらに暮らしていた。筆者が居候をさせてもらっていたの
も，ヌエルの集住集落ではなく，ディンカの隣人たちとともに暮らすヌエル
の一家であった。

　ヌエル社会の宗教現象についての調査研究を行っていた筆者は，調査を始
めた当時，ヌエル語さえ勉強すればよいと思っていた。筆者がヌエル語の勉
強をしていると，居候先の家族はしばしば「ディンカ語はしゃべれるように
なったのか」と尋ねてくる。この地で暮らす以上，ディンカ語も勉強すべき
であるというのが一家の「教育方針」であった。結局筆者はディンカ語を習
得できずじまいであったが，一家の子どもたちは，ヌエル語とディンカ語を
流暢に話していた。ディンカの隣人も，筆者が歩いているときにはヌエル語
であいさつをしてくれた。筆者が経験していた日常は，二つの民族語が飛び
交い，どちらがどちらの民族なのかわからないまま継続していたものであっ
た。

　居候先の家族の主に，これまで隣人間で「民族対立」が生じたことはない
のかと尋ねたことがある。彼が言うには，対立はないことはないが，日常に
おいてはほとんど問題になることはないという。民族が生活の中で問題とな
るのは，政府や軍人といった「上の者」たちが対立したり，民族を戦略とし

て操作したりしたときであると彼は語った。現に，政情が不安定になりつつ
あると判断された時は，主を含む一家の成人男性たちは，夜中に交代で見張
りをすることを欠かさなかった。

　2013 年末以降の武力衝突は南スーダン全土に広がり，徐々に民族紛争化
していった。そのなかで，一部の人々が「上の者」が操作する民族に基づく
対立を拒否したことは特筆に値する。

　例えばディンカの住民が多くを占めるある地域では，隣人であるヌエルに
対しては攻撃しないという態度が維持された。この態度は，一部のディンカ
住民がヌエルの武装集団に殺害されるなど，彼らが攻撃に巻き込まれる中で
も貫かれた。ヌエルとディンカの境界地域で，ディンカとヌエルの間の結婚
も多くみられる地域に暮らす住民は，多くのヌエル出身者で構成される反政
府側についた。しかし，隣人であるディンカに対しては武器をとらないこと
を宣言した（International Crisis Group, 2014, 29-30）。

　一方で，民族紛争化したゆえの悲劇も生じている。瘢痕は必ずしも民族の
証明とならないことはすでに述べたが，民族紛争下では致命的な「エスニッ
ク・マーカー」となってしまう。命からがら戦闘から逃れてきた者に聞いた
話では，戦闘中，ヌエルと同じ瘢痕を持つディンカの出身者がどの民族集団
の出身か確認される前に，同じディンカの武装兵に殺害されていったという。

　このように，つくられた民族というカテゴリーに沿った暴力は，一部住民
間で意識的に避けられた一方，過剰に作動し多くの犠牲者を生むことにも
なった。この状況下を生きる人々は，現在の民族が歴史の中でつくられたも
のであり，政治家たちに操作されうるものであることを知っている。しかし，
繰り返すように，人々が向き合わなければならないのは，ひとたび構築され
た境界にそって人間も状況も動いているというどうしようもない現状である。
次では，隣国に逃れたヌエルの難民たちが，この状況と向き合うための取り
組みを紹介しよう。

（2）実体と虚構のはざまを生きる

　2015 年以降筆者が調査を行っているウガンダのある難民定住区には，南

スーダンのみならず周辺国からの難民も多く暮らしていた。2013 年末以降，その難民定住区の南スーダン出身者は全体の 90％以上を占め，その多くがディンカ出身者であり，ヌエルは少数派であった。先の武力衝突で自身の家族友人や住む家を失った者にとっては，「敵」と共存しているのに等しい状況である。実際，定住地では，ディンカとヌエルの難民の間でしばしばもめごとが生じていた。子ども同士のけんかや，井戸の列への割り込みといったどこにでもありそうなもめごとは，すぐさま民族対立化していった。もともと民族の違いとは関係のないところで生じていた個人間のもめごとは，たまたま争う相手が自分と違う民族だというだけで，即座に民族の差異に基づく問題として読み替えられていった（橋本，2019，91）。

このような状況に対処するための組織が，難民による自治組織である。次で紹介するヌエルの自治組織は，新たな土地で上から押し着せられた民族に対処すべく奮闘している。

難民定住区には，ヌエル・コミュニティ・リーダーズ（Nuer Community Leaders，以下 NCL）と呼ばれるヌエル人による自治組織が存在する（橋本，2019）。NCL は定住地に暮らす多くのヌエルが所属する組織である。組織には，リーダーや書記官，裁判長など様々な役職が存在するが，なかでも重要な役割を持つのが，もともとヌエルが居住していた地域に沿って人々をまとめる地域代表である。第 3 節で述べたように，ヌエルは「民族」として一枚岩ではない。難民となったからといって，見知らぬ土地でこうした人々が 1 人のリーダーのもとでまとまるのは難しい。地域代表は，それぞれがヌエルの下位集団をまとめている。その代表の下位には，さらに小規模な地域のリーダーが設置されているところもある。

NCL の目的の一つは，難民定住地で生じている「民族対立」についての人々の認識を改めることである。そのための取り組みとして，例えば，NCL のメンバーは小学校に赴き，ウガンダ人の教員に対して，スポーツを行うときは民族集団別のチーム編成をしないように指導している。子どもたちは，放っておけば母語の同じもの同士でまとまろうとする。子どもたち主体でチームを作らせると，母語を異にする集団との試合となり，敵がスポー

ツの中で可視化されることによって娯楽を超えて民族対立の感情のはけ口となってしまう。NCL のメンバーらが危惧していたのは，「上」や「外」からもたらされた境界と対立軸にならい，子どもたちがあたかも二つの民族集団が自然に対立するものとして認識してしまうということだった。この認識を未然に防ぐためにも，たとえ単なる遊びの場であったとしても，複数の民族集団出身者同士のチームの編成が必要になってくるのである（橋本，2019，85-87）。

5　脱構築され，再創造される民族

　数年間の現地フィールドワークからみえてきた日常的な民族の姿は，日本で語られる閉鎖的で一枚岩的な民族のイメージからは程遠い。しかし，日常においてゆるやかにまとまり他集団と共存している人々であっても，ひとたび政情が不安定になると，歴史の中で形成されてきた排他的で実体的な民族イメージのうちに自らを押し込めるようになるのである。

　第 2 節で取り上げた松田は，現代の民族をめぐる状況について，「民族を実体化しようとする力と脱構築しようとする力が，交錯しぶつかりあって今日の民族が生成されている」（松田，1999，94）と指摘する。難民定住地は，まさに民族を本質的な存在として捉えようとする力と，既存の民族概念を脱構築，つまり歴史的・社会的に作り上げられたものとして再認識しようとする力がせめぎあう場であった。NCL は，政治的にあおられた民族対立を回避しようとする一方で，そもそも一枚岩ではないヌエルを，民族としてまとめあげようとしていた。このことからもわかるように，ただ人々は民族を脱構築するのではなく，新たに創造，あるいは実体化しようとしていたのである。民族紛争を経験した人々は，実体としての民族と虚構としての民族のあいだを行き来しながら，目の前の「敵」または「同胞」と関係を築こうとしていた。

　ここで，本章の冒頭にあげた問いに戻ろう。私たちがこのようなアフリカの民族の実際を知らずにいること，あるいは一方的なイメージで語り続ける

ことで何が生じうるのだろうか。

　本章で繰り返し述べてきたのは，アフリカの民族やそのイメージが，特に西洋近代との接触の中で形作られてきたという側面である。そして，そのために生じている民族紛争の犠牲者である人々が，そのカテゴリーを時に脱構築し，再創造しながら向き合っていることを紹介した。

　民族は歴史的に構築されたものであるが，その歴史は過去のものではなく，今この瞬間も続いている。つまり，民族とは，今なお人々のイメージとともに構築途上の概念なのである。もしも私たちがステレオタイプ化された民族のイメージを受け入れ，時としてそれを発信しているのなら，私たちもまた，民族を本質化する言説を構成している一員である。民族紛争を生きる人々は，本質化された民族のイメージに翻弄されるとともに，このイメージから距離を取り，作りなおすことで自らの人生を切り開こうとしている。にもかかわらず，既存の民族のイメージを無批判に再生産しているとすれば，私たちはアフリカの民族紛争に対する間接的な「加害者」でもありうるのである。現在進行形の歴史をつくり上げている者の一部として，私たちが遠く離れたアフリカの人々に対して担っているものは，思いのほか大きいのかもしれない。

（橋本栄莉）

●さらに学ぶための問い ────────────────

　振り返ってみよう　南スーダンの「民族」や「民族対立」は，誰によって，どのようにつくられたか。また，それらは現地の人々にどのように認識されているか。

　議論してみよう　人間の本性は平和的か，攻撃的か。他者に対する攻撃性は，人間にとって本質的なものか，構築的なものか。

　調べてみよう　「民族」のように，あなたのまわりに存在する人間集団の「分類」の種類を挙げてみよう。また，それらの「分類」が，対立してしまったり，優劣の価値が与えられてしまったりするのはどのような場合か調べてみよう。

●さらに学びたい人へ（参考文献ガイド）────────────

　①アンダーソン，B.，2007，『**定本　想像の共同体──ナショナリズムの起源と流行**』白石隆・白石さや訳，書籍工房早山．／ナショナリズム研究の必読書。人間の歴史的想像力が創り出すあらゆる共同体の起源を探る。

　②栗本英世，1999，『**未開の戦争，現代の戦争**』岩波書店．／文化人類学的紛争研

　究の入門書。人類にとって戦争とは何か，平和とは何かを世界各地の事例から検
　討する。

③武内進一，2009,『**現代アフリカの紛争と国家——ポストコロニアル家産制国家
　とルワンダ・ジェノサイド**』明石書店．／ 1990 年代のアフリカ諸国における
　「民族紛争」の多発をマクロ・ミクロ双方の視点から読み解く。

引用参考文献

『朝日新聞』2013 年 12 月 19 日付．

エヴァンズ＝プリチャード，E. E.／向井元子訳，1978,『ヌアー族——ナイル系一民族の生業
　形態と政治制度の調査記録』岩波書店．

栗本英世，1996,『民族紛争を生きる人びと——現代アフリカの国家とマイノリティ』世界思想
　社．

戸田真紀子，2008,『アフリカと政治——紛争と貧困とジェンダー』お茶の水書房．

橋本栄莉，2018,『エ・クウォス——南スーダン・ヌエル社会における予言と受難の民族誌』九
　州大学出版会．

————，2019,「難民の実践にみる境界と付き合う方法——ウガンダに暮らす南スーダン難民
　の相互扶助組織を事例として」『質的心理学研究』第 18 号，76-94 頁．

バルト，F.／青柳まちこ監訳，1996,「エスニック集団の境界」青柳まちこ編『「エスニック」
　とは何か』新泉社，23-71 頁．

松田素二，1999,『抵抗する都市——ナイロビ　移民の世界から』岩波書店．

『読売新聞』2013 年 12 月 22 日付．

International Crisis Group, 2014, "South Sudan: Jonglei-"We have always been at war"".
　Africa Report, 221, December, International Crisis Group.

Newcomer, P. J., 1972, "The Nuer are Dinka: An Essay on Origins and Environmental
　Determinism" *Man*, 7(1): 5-11.

Southall, A., 1976, "Nuer and Dinka are People: Ecology, Ethnicity and Logical Possibility".
　Man, 11(4): 463-491.

注

（1）現在では瘢痕の施術は，政府によって禁じられ，施術の数は減っているが，一部村落部では
　　行われている。

（2）第二次スーダン内戦の詳細については栗本（1996）を参照。

現場でグローバル・サウスの視点を取り入れる努力と葛藤
——NGO 職員の場合②——

　大学2年，地域研究のゼミに参加して課題として取り組んだ本は，ヴェルヘルストの『文化・開発・NGO——ルーツなくしては人も花も生きられない』だった。今もその本が私の活動の指針になっていると思う。大学入学時は，国際協力の分野で働きたいと思っていた。在学中訪問した NGO で，スタッフの価値観を現地の人に押し付ける姿を見て，もっと現地の人のことを知りたいと考え，大学院でも研究を続けた。地域研究では「こうあるべき」ではなく，「こうである」という事例を分析するので，常に自身の価値観を客観視する姿勢を身につけられたと思う。

　大学院，編集者，大学・専門学校教職員を経て，現職 NGO に参加し，ケニアでの駐在を始めた。現在，ケニア北東部のダダーブ難民キャンプで難民に仮設住宅を提供すると同時に，キャンプ周辺コミュニティの若者へ生計向上支援を行っている。実際事業に関わると，価値観を押し付けていないか，グローバル・サウスの視点を取り入れられているか，現地の人々の主体性を尊重した支援を行えているかというと正直まだまだ日々葛藤の連続である。

　例えば，難民支援の現場では，昨今，支援団体が現物支給をするのではなく，難民に資金を渡し，自身で食糧や住宅を建てる現金給付型事業が導入されている。難民自身が一番自身のニーズを知っているという前提に基づいているが，キャンプ内・周辺に潜伏すると言われる過激派組織に資金が流れる可能性，住宅の質が下がるなどの例もあり，導入が保留されている地域・分野もある。またよく議論になるのが，研修等で出される飲食物や手当である。ケニアの研修では，こうした飲食物や手当が出されるのが普通である一方で，それを目当てに参加する人も多く，研修自体に興味のある参加者を集められないというジレンマがある。

　以上のような葛藤はありつつも，受けたい支援を裨益者の人が決められるような取り組みも増えてきている。私達の団体でも，来年度から地元の人のアイデアに基づいたビジネス開発支援を行うことになっている。これまでは現地でのニーズ，事業発展性などを考慮し，こちらが，農業，洋裁等支援分野を決めていたが，裨益者が提案する各種分野のビジネスを支援することにしたのだ。今後も裨益者の主体性を尊重した活動を続けていきたい。

　　（ギタウ（藤田）明香／特定非営利活動法人 ピースウィンズ・ジャパン）

第11章
「沖縄問題」をつきくずす地域研究の視点
──グローバル・サウスとしての沖縄──

　グローバル・サウスというテーマは，日本に暮らす私たちにとって，物理的に
も想像力の面でも，はるか遠くのものでしょうか。本章では，近年，米軍基地建
設をめぐり住民と中央政府が対立している沖縄の歴史と現在を取り上げ，安全保
障や日米関係から語られがちな「沖縄問題」を地域研究の視点から再検討します。
戦後沖縄の歴史的な経験は，地域対立や紛争を考えるための知見を与えてくれま
す。

・・・・・・・・

1　「沖縄問題」としての米軍基地問題
──なにが見落とされているのか──

　グローバル・サウスというテーマは，日本に暮らす私たちにとって，物理
的にも想像力の面でも，はるか遠くのものだろうか。本章では，2010年代
に入り，米軍基地建設をめぐり住民と中央政府が真っ向から対立している沖
縄という地域を対象とし，安全保障や日米関係から語られがちな「沖縄問
題」を地域研究の視点から再検討する。沖縄への着目は，日本による植民地
主義と戦争，戦後のアメリカによる占領統治（1945〜72年）とグローバルな
米軍基地問題の交差（連続）を問うことであり，広く地域対立や紛争を考え
るための知見を与えてくれるだろう。

　では，そもそも「沖縄問題」とはなんだろうか。近年，戦後日本の平和主
義は，冷戦構造のもと，日米安保条約と抱き合わせで米軍基地の負担を沖縄
へと集中させながら，経済成長と平和を「恩恵」としてもたらす仕組みで
あったことが指摘されている（古関・豊下，2018など）。この指摘を字義通り
にとれば，沖縄の直面する問題や課題は，日米関係だけでなく広くアジア，
世界のものだということになる。だが，新たな米軍基地建設をめぐっては
「安全保障上必要にもかかわらず米軍基地建設に反対する沖縄の問題」，すな

わち「沖縄問題」としてローカライズされがちである。これがここで言う
「沖縄問題」である。本来，そこに込められているはずの問題の広がりが捨
象され，狭められた問題として提示されているところに，その問題性がある。

　こういった「沖縄問題」の捉え方に対しては，以下でみる地域研究の二つ
の基本的な視点から，そこでなにが見落とされているのかを考えてみる必要
がある。一つ目としては，沖縄にかぎらず，軍事基地の問題を考える際に抜
け落ちてしまいがちであるが，地域を捉える「歴史的な視点」が不可欠とな
る。この視点の欠如は，脅威とみなされる「中国」や「北朝鮮」といった，
すでに目の前にある条件を前提に物事を考える「安全保障」観に結びつき，
米軍基地を勢力均衡のための「抑止力」の一つの要因として，意図的に配置
可能なものと捉える見方に結びつく。いわば，米軍基地の存在を「自然なも
の」とみなしてしまうのである。

　しかしながら，沖縄における米軍基地は，第2節以降で詳しく扱う通り，
「自然なもの」などではなく，まさに戦場と結びつけられた軍事訓練や出撃
拠点という歴史的な存在であった。このような性格は，沖縄戦と「地続き」
（鳥山，2013）のかたちで米軍基地が構築され，また，1950年6月に勃発し
た朝鮮戦争を一つの契機として，民間人の土地の強制的な接収と恒久基地の
建設が進行していったことからもわかる。この強制的な土地接収のあり様は，
武装した米兵が非暴力で抵抗する住民の農地をブルドーザーで強制的に敷き
ならし，米軍基地へと変えていったことから，「銃剣とブルドーザー」とい
う言葉で沖縄住民の記憶に刻まれている。米軍基地の存在を自然視しがちな
「沖縄問題」を捉え返すには，この歴史的な起源に目を向ける視点が不可欠
となる。

　二つ目には，「暮らし，生活する者の視点」が必要となる。米軍基地の問
題とは，沖縄の人々にとっては，まずもって生活や生存（生命）といった
「生きること」に関わるものである。このことは，地元紙の報道をみるとよ
くわかる。そこでは，米軍機の事故・部品の落下・爆音，さらに米兵による
住居侵入・暴行・飲酒運転など，「生きること」を間断なく脅かす事件や事
故が報じられている。近年では，度重なる米軍機事故や爆音などが，沖縄戦

での体験を呼び起こし，戦争の古傷（「沖縄戦 PTSD」とも呼称される）となり体験者を苛んでいることも指摘されている（蟻塚，2014）。加えて，この視点は，米軍基地からの軍事攻撃を受ける土地で「暮らし，生活する」人々や，軍隊という暴力装置のもとにある兵士（米兵）という存在も射程に入れるものである。

　以下では，この二つの視点を軸としつつ，沖縄戦とアメリカによる占領という沖縄に固有な歴史にこだわりながらも，広く戦後アジアでの地域対立や紛争と，それへの対抗の動きについて考えていく。

2　沖縄戦，占領，冷戦／熱戦
──アジア・アフリカと「脱植民地決議」──

（1）沖縄戦[1]と「地続き」の占領，そして冷戦へ

　1940 年代にかけて本格化した日本によるアジア諸地域への侵略（ならびに連合諸国との開戦）は，今日，アジア・太平洋戦争という名称で捉えられているが，これは植民地主義戦争としての性格を強くもつものであった。本稿で対象とする沖縄という地域は，近代日本の対外的な膨張政策の中，1879 年に日本国家へと強制的に組み込まれ（琉球処分），この戦争の末期には日本本土の防衛のために持久戦を展開する「捨て石」としての役割を担わされた。「ありったけの地獄を集めた戦争」や「鉄の暴風」（米軍の爆撃を「暴風」にたとえた）と形容された沖縄戦の戦いでは，50 数万の沖縄住民が巻き込まれ，9 万人以上が亡くなった。先にこの戦争を「植民地主義戦争」と呼んだが，そのことは，日本軍による沖縄住民への差別にとどまらず，植民地とされた朝鮮半島から人々を強制的に連行し，「軍夫」（朝鮮人戦時労働動員）や「慰安婦」として戦争へとかり出し，スパイ視や虐殺などの非人道的な扱いをしばしば行ったことからもわかる。

　1945 年 4 月 1 日に沖縄島へと上陸した米軍は，日本軍の飛行場をその日のうちに占領し，日本本土への爆撃の拠点を構築すると，並行して占領地域の住民を収容所に隔離して新たな飛行場建設も進めていった。すでに 5 月には，米軍による奄美諸島への攻撃が開始され，九州にも拡大された（林博史，

2018)。ここで建設された飛行場が，戦後沖縄の米軍基地へとつながってい
くのである。

　戦争終結後，沖縄の基地はいったん縮小へと向かったが，1940年代後半
になって，アメリカとソ連の対立が冷戦として構造化されていくなか，1950
年からは恒久基地化が進められ，アメリカによる占領統治も継続されること
となる。このような動きは，対日政策とセットとなったアジアでのアメリカ
の覇権確立のための足がかりでもあった。

　この点をもう少し掘り下げてみよう。戦前のアジアでは，日本や西ヨー
ロッパ列強による植民地支配と結びついた経済圏が形成されており，アメリ
カとの結びつきは必ずしも強くなかった。そのため，戦後まもなくのアメリ
カのアジアにおける政治的，経済的な利害は，中国やフィリピンの一部に限
定されたものであった（中村，2000；林采成，2016）。当初，アメリカは，1946
年6月に勃発した中国での国民党と共産党とのあいだの内戦に対しては軍事
的なコミットメントや援助を控えていたが，この内戦で国民党が危機に陥る
と，「中国援助法」（1948年）により4億ドルもの援助を行い，朝鮮半島でも
分断国家樹立（大韓民国（韓国）の建国）を後押ししていくことになる。

　このような冷戦の構造化の中，アメリカは，非軍事化と民主化を軸とした
これまでの対日占領政策を転換し，沖縄の恒久基地化路線も固まっていった。
1949年に中華人民共和国（中国）が建国されると，南北に分断された朝鮮半
島では，分断国家統一を名目に，韓国は国連軍を組織したアメリカの後押し
を，朝鮮民主主義人民共和国（北朝鮮）は中国・ソ連の後押しを得た朝鮮戦
争が勃発した。この戦争を機に，沖縄では，大型戦略爆撃機B29の出撃拠
点となる嘉手納基地の再整備と拡張が行われたが，冷戦下における「熱戦」
の拠点としての沖縄はこのような形で成立したのである。

（2）「島ぐるみ闘争」と米軍基地の拡大・機能強化

　こうして冷戦へと深く組み込まれた沖縄では，1950年代に入り，基地機
能の強化と恒久基地化がさらに進められていった。前節で触れた「銃剣とブ
ルドーザー」による土地接収が開始されたのは，1953年12月以降である。

　その背景には，サンフランシスコ講和条約（1952年4月28日発効）によって，日本本土は占領を解かれると同時に，日米安保条約によってアメリカの覇権に組み込まれつつ，一方の沖縄ではアメリカの占領統治が継続されたという事情が存在した。講和条約発効後，統治を行っていた米国民政府[2]は，軍用地の使用において賃貸借契約を結ぼうとしたが（1952年11月），契約に応じる者が少なかったため，1953年4月の「土地収用令」（布令109号）によって強制的に土地接収を行える制度を整えた。

　これにより先述した暴力的な基地拡張が行われたが，沖縄住民は，沖縄戦によって生活の場を破壊されただけでなく，1950年代以降も米軍基地によって生活の場を奪われ続けたことになる。この土地接収に抵抗する「島ぐるみ闘争[3]」が，「土地闘争」と呼ばれたのは，生活・生存（生命）の基盤である土地を奪われることへの抵抗であったためである。

　また，朝鮮戦争後，アメリカの対ソ戦略は，拡大した軍事費の削減と1953年に水爆実験を成功させたソ連への対抗力の強化を両立させるため，通常兵力の削減と同時に核ミサイル開発を位置づける「ニュールック戦略」へと転換された（1954年1月〜）。この軍事戦略の転換は，沖縄へも波及し，アジアにおける核兵器の前線配備基地として在沖米軍基地が重視され，海兵隊の移駐による米軍基地の拡大と機能強化につながっていった。

　1950年代前半には，今日の日本領土にあたる地理的範囲において，米軍基地の総面積の90％近くは日本本土に置かれ，沖縄と同様に基地の拡張が進められる中，基地周辺では，女性への暴行事件や事故も多発していた。その中で，砂川闘争，内灘闘争や浅間山・妙義山闘争などの反基地闘争が起きた。この日本本土での米軍基地への反発の高まりの中，アメリカは，日本の世論が「親自由主義」（アメリカとの関係を重視）から，「中立主義」（アメリカから距離をとる）に向かうことを懸念し，日本の「中立化」を阻止するため，特に住民との対立が激しかった地上戦闘部隊を撤退させた。これによって，キャンプ岐阜やキャンプ山梨に配備されていた海兵隊第3海兵師団は沖縄に移駐されたが，この部隊はオネストジョンという核ミサイルの運用も行っていたため，日本本土で強まっていた反核運動と「核アレルギー」に対処しつ

つ，核兵器を沖縄へ配備するための移駐でもあったとされる（松岡哲平，2019）。アメリカの占領統治下にあり，自由な基地使用が行える場所として沖縄は位置づけられ，米軍基地の集中・固定化と軍事的機能の強化が徹底されていったのである。

　沖縄の核兵器は，1967年のベトナム戦争のピーク時に，1300発近くが配備され（松岡哲平，2019），NHKスペシャル「スクープドキュメント・沖縄と核」（2017年9月10日放映）で取り上げられたような那覇沖への核ミサイルの誤発射（1959年）なども明らかになっている。そして，日本復帰後も，核密約が結ばれたことで，「有事」の際に「那覇，嘉手納，辺野古」への核兵器の持ち込みが可能な状況は，現在も続いている。

（3）アジア・アフリカの沖縄への視線と「脱植民地決議」（2・1決議）

　「島ぐるみ闘争」は，土地接収自体を止めることはできなかったが，米軍基地の安定的な確保を揺るがし，占領統治政策に一定の変更を迫ることとなった。1950年代後半から1960年代初頭にかけて，経済開発や社会開発を促進する様々な施策がとられたのはその現れである。この時期を，「相対的安定期」（新崎，1976）と呼ぶ論者もいる。

　だが，そのうえで改めて，軍事占領の性格と自治権の問題を問うたのが，1962年2月1日に琉球立法院（立法院(4)）において採択された，いわゆる「脱植民地決議」（2・1決議）であった。この決議は，「あらゆる形の植民地主義を速やかに，かつ無条件に終止させることの必要を厳かに宣言する」とした国連総会宣言（1960年12月）をふまえ，「今日，日本領土内で住民の意思に反して不当な支配がなされていることに対し，国連加盟諸国が注意を喚起されることを切望し，沖縄に対する日本の主権が速やかに完全に回復されるよう注力されんことを強く要請する」と，日米政府だけでなく，国連加盟国（104カ国）と国連本部に向けて訴えるものであった。保守政党である沖縄自民党が多数を占めた立法院において，この決議が全会一致で可決されたことは波紋を呼んだが，日本政府は沖縄を「植民地」と捉えることを批判し，決議への疑義を表明した。

　この経過は，アジア・アフリカをめぐる「第三世界」での民間レベルの運動との同時代性という観点からみても重要である。アジア・アフリカ諸国の連帯をうたったバンドン会議（1950 年）の後押しも行ったニューデリーでのアジア人民会議では，すでに 1954 年 4 月に，沖縄諸島の日本返還が要求として掲げられていた。2・1 決議の後，タンザニアのモシで行われた第 3 回アジア・アフリカ人民連帯会議（1963 年 2 月）では，「沖縄に関する決議」が採択された。そこでは，「米軍のひきつづく沖縄占領に反対し，沖縄の即時日本復帰，米軍事基地の撤去をめざす日本人民のたたかいを完全に支持する。大会は，4 月 28 日を「沖縄デー」とし，国際的共同行動を行うよう，すべてのアジア・アフリカ人民に訴える[5]」と，具体的な行動の提起までなされたのである。この「沖縄デー」とされた 4 月 28 日は，講和条約発効の日であり，アメリカによる沖縄占領の継続が決まった日付でもあった。この会議での訴えを受けて，1963 年の 4 月 28 日には，東京，北緯 27 度線上の海上（日本と沖縄の境界），ハノイ，北京や平壌において「沖縄デー」として連帯集会が開催された[6]。

　このように植民地状態からの解放と自治への願いは，冷戦構造に深く組み込まれた沖縄においても，アジア・アフリカと共振していたのである。以上のような状況が生まれつつある中，1965 年 3 月に在沖海兵隊がダナンに上陸すると，沖縄はベトナム戦争という「熱戦」に，より密接に結びつけられていくことになる。

3　「暮らし，生活する者の視点」からみたアジアの戦争
——戦後占領と米軍基地——

（1）ベトナム戦争と沖縄

　ベトナムの近代史も侵略と植民地主義，そしてそれとの闘いの歴史であった。19 世紀半ばからフランスの植民地とされ，第二次世界大戦時には日本軍に占領されたが，戦争終結後，1945 年 9 月に独立を宣言したベトナム民主共和国（北ベトナム）と旧宗主国のフランスとが対立し，インドシナ戦争（1946〜54 年）が戦われた。この戦争では，北ベトナム側は中国とソ連の援助

を，対するフランスはアメリカからの援助を受けて戦闘を継続していた。劣
勢にあったフランス軍は，1953 年秋に敵の輸送路を遮断するため盆地ディ
エンビエンフーの要塞に立てこもり応戦したが，火力にまさった北ベトナム
軍を前に大敗を喫し，その後，同盟国である米英の共同派兵への支持も得ら
れず，3 カ月におよぶジュネーブ会議の後に 1954 年 7 月に休戦（ジュネーブ
協定締結）となった（松岡完，2001, 15-16）。

　この休戦協定は，北緯 17 度線で「暫定的」に南北を分割したうえで，「ベ
トナムの主権・独立・統一・領土保全」をうたい，1956 年 7 月に統一へ向
けた全国選挙の実施を定めるものであった。このような中身は，ジュネーブ
協定締結の翌年に行われたバンドン会議の平和十原則に連なるものであり，
「第三世界」の運動との重なりも指摘できる。

　ただし，アメリカは，北ベトナムで独立運動を進めたホー・チ・ミンら社
会主義勢力が全国選挙において支持を得て統一を達成することに危機感を抱
き，東南アジアでの社会主義の影響力拡大を止めるため，ジュネーブ協定に
反して 1955 年にベトナム共和国（南ベトナム）の樹立宣言を行った。これに
より，「軍事援助顧問団」という名目で米軍を段階的に派遣し，統一に向け
た動きを阻むことになる。その後，全国選挙の開催提案などもなされたが，
1950 年代後半からは，北ベトナムが武力によるベトナム統一路線を採用し，
南ベトナムでのゲリラ戦も遂行するようになった。

　このように，ベトナムもまた冷戦構造に深く組み込まれつつ「熱戦」へと
突入していったが，沖縄の米軍基地は，朝鮮戦争時と同様に補給・出撃・訓
練基地としての役割を負わされることになる。1962 年に開始された米軍に
よるランチハンド作戦では，ゲリラの潜伏先である林を取り除くと同時に，
食料生産地を攻撃するため，1 万 9905 回におよぶ枯れ葉剤攻撃が行われた
が，その作戦の拠点も沖縄であった（ミッチェル，2014, 26-29）。現在も 300
万人以上が枯れ葉剤による健康被害に苦しんでいるが，すでに戦争の最中
（1966〜67 年頃）に，異常出産や健康被害の急増が問題となり，南ベトナム政
府はこれを「オキナワ・バクテリア」と表していた（ミッチェル，2014,
34-39）。

　また，1965 年の米軍による北ベトナムへの爆撃（いわゆる北爆）開始と，在沖海兵隊のダナン上陸は，アメリカによる本格的な軍事攻撃の開始を意味したが，その後，1968 年 1 月のテト攻勢を経て，沖縄の米軍基地は，米兵による訓練[7]や輸送基地としてだけでなく，B52 戦略爆撃機（B52[8]）の出撃拠点として前線基地化されていくことになる。

（2）B52 の常駐化と撤去運動の拡大──生活と生存（生命）への問い

　それでは，「暮らし，生活する者の視点」からみたとき，前線基地化する米軍基地への沖縄住民の抵抗のあり様はいかなるものであったのだろうか。すでに北爆開始（2 月）とダナン上陸（3 月）の後，1965 年 7 月には，戦争行為の即時取り止めを求める立法院の決議が出されていた。その決議においては，「第二次世界大戦で戦争の惨禍を直接受けたわれわれ沖縄県民は，戦争がいかに恐るべき罪悪であり，人類にとって最大の不幸であるかを身をもって知った」と述べ，米軍基地の出撃基地化と直接戦争に巻き込まれることの危機感から，ベトナム戦争への批判がなされた。この危機感の背景には，軍用員として沖縄住民をベトナムへ派遣するという問題が浮上していたこともあり，ベトナム戦争がより身近なものとして捉えられていた[9]。

　次に，米軍基地が生活にとって身近なものとなっていた，ローカルな地域からみてみよう[10]。「極東最大」とされた嘉手納空軍基地を抱える嘉手納地域は，戦前は農村地帯で，軽便鉄道の終着駅としても賑わっていたが，戦後は土地面積の 8 割以上が米軍基地によって占められてきた。この地域では，上述したベトナム戦争の激化の中で，1966 年 5 月には KC135 空中給油機の墜落事故で村民 1 人が亡くなり，その直後には基地補修工事で生じた砂ぼこりによって生活に長期的な被害が出ていた（村議会議長らを先頭にしたハンガーストライキにより工事は中止に）。また，この時期には，日常的な生活面で爆音も常態化し，ジェット燃料が井戸に漏れ出す，いわゆる「燃える井戸」事件も頻繁に起こるなど，「基地公害」と呼びうる状況も続いていた。B52 が飛来し，常駐体制をとるのは 1968 年 2 月以降であったが，嘉手納の地域住民にとっては，このような日常化した「基地公害」の中で，生活をいかに

維持するのかと同時に，生存（生命）をどう守るのか，ということも切実な
課題であった。

　当時の人々は，この状況を「生活に戦争が入り込む」と形容していたが，
B52がベトナムへの出撃を繰り返し，また弾薬を積んだ車両が日常的に道路
を往来する中で，1968年11月にこの爆撃機が墜落し，爆発炎上した。この
出来事に関して筆者の行った資料調査やインタビューでは，「戦争が起こっ
た」「ベトナムから爆撃がきた」といった爆発事故とベトナム戦争を結びつ
ける語りや，事故現場にあがっていたキノコ状の雲から原爆や核兵器を連想
するような証言が出てきている。このようなはかり知れない恐怖の中，B52
の撤去運動は，村当局や労働組合などだけでなく，中学生・高校生による集
会や討論会の開催，教員らによる直接行動（ストライキ）や女性たちによる
集会・デモといった，様々な主体や抗議の形態をとって自発的に展開されて
いった。このB52撤去運動は，当時日本復帰運動を担っていた多くの団体
や政党なども巻き込みながら，ゼネラルストライキの直前まで盛り上がるこ
とになる。

　では，この生活や生存（生命）への問いかけは，沖縄住民に閉じたもので
あったのだろうか。枯れ葉剤を投下され，爆撃や銃撃の標的となったベトナ
ムの住民，戦場で受けた傷だけでなくPTSDにも苛まれ，枯れ葉剤に被曝
し，新兵器開発の実験台[11]とされた米兵たち。そこには，軍隊の内と外，
人種といった様々な分断線の重なりが存在しつつも，軍隊・戦争が破壊する
生活や生存（生命）の意味を問う声の共鳴があったと考えられる。

4　「沖縄問題」を超えて──グローバル・サウスの中の沖縄

（1）冷戦崩壊とグローバリゼーションのもとでの在日・在沖米軍基地

　第3節までで扱ってきたように，沖縄という地域は，戦後のアジアにおけ
る冷戦／熱戦という地域的な紛争と対立の矛盾の焦点でありながら，同時に
そこでの軍事的暴力に抗うための思想と実践を積み重ねてきた場所でもあっ
た。だが，1972年のアメリカによる占領の終結（すなわち日本復帰）は，日

本国憲法への期待とはうらはらに，日米安保体制とアメリカの「核の傘」に入ることを意味し，米軍基地は残り続け，自衛隊基地も配備されていった。

その後，1989年から1991年にかけての東西冷戦の崩壊は，アジアにも緊張緩和をもたらすと期待されたが，そのような方向へ向かうことはなかった。このことに関連して，とりわけ現代の情勢として重要なのは，朝鮮半島と中国をめぐる動き，そしてグローバリゼーションのもとでの日米の軍事的な関係の強化という路線である。

少し話はさかのぼるが，朝鮮戦争後の朝鮮半島をめぐる動きをみてみよう。北朝鮮は，1960年代初頭に相次いで中国・ソ連と友好協力相互援助条約を結び，ソ連の「核の傘」に入ったとされている。しかしながら，朝鮮戦争において北朝鮮とともに休戦協定を交わしていた中国は，1970年代に対米関係の改善へと動いたことで，「北朝鮮 vs. アメリカ・韓国」という構図が鮮明となっていった。この状態で訪れたアジアでの冷戦構造の解体は，沖縄の米軍基地を一つの基軸としたアメリカの「核の傘」が維持されつつ，北朝鮮にとってはソ連の「核の傘」の喪失と孤立化を意味したのである。そして，この孤立化を前提にとられた北朝鮮による三つのオプションの一つが，アメリカへ対抗するための核兵器開発であり，その核心は体制の保証にあった。他の二つのオプションとして，日朝関係改善と韓国の国家承認も存在したが，アメリカの反発も強く，相互に矛盾するものでもあったため，核兵器開発だけが具体化されていったのである（和田ほか，2018，8-9）。

そのような動きのもと，北朝鮮によるミサイル開発や核実験が行われたが，深刻な核危機に対応するかたちで，2000年に南北首脳会談が実現し，2005年9月には新たに設けられた六者会談の成果である9・19声明において「朝鮮半島の非核化」の道が示された。同時期，日本政府は，一時的に日朝関係の改善に動いたものの（小泉政権期），1990年代以降の自衛隊海外派兵体制の確立や「朝鮮半島有事」を想定した日米安保体制の見直し・強化路線のもとで，アメリカとの軍事的な関係により重きを置く方針は変わらなかった。

しかも，日本政府は，2000年代にはさらに，9.11以後のアメリカの「テ

ロとの戦い」に追従し，イラクへ自衛隊を派兵しただけでなく，米軍再編の
過程で浮上した「新基地建設[12]」を次々強行してきた（伊江島，名護市辺野古
や東村高江など）。そして，現在では，米軍の世界的な展開に対応できるよう，
2015 年 9 月に安保法制を強行採決し，歴代の保守政権も日本国憲法に違反
するとしてきた「集団的自衛権」の行使をも認めるにいたっている。

　また，トランプ政権において進められた中距離核戦力（INF）全廃条約か
らの離脱は，2019 年 8 月の条約失効以後，アメリカ・ロシア・中国の対立
を顕在化させ，アジア・日本・沖縄などへのミサイル配備も現実味を帯びて
きている[13]。まさに，現在のアジアは，「新冷戦」の様相を呈していると言
えるだろう。

（2）グローバル・サウスとしての沖縄──「沖縄問題」を超えて

　冷戦崩壊後も，アジアでは，アメリカの圧倒的な軍事力を背景として旧来
型の冷戦構造が維持され，また，新たに「新冷戦」と呼ばれる構造が構築さ
れようとしているとき，これまでみてきた沖縄をめぐる「地域研究」からな
にが浮かび上がってくるだろうか。

　グローバル・サウスが，本書の編者らの指摘するように「世界の『南』と
『北』の間の不平等や格差，『南』の貧困という構造が受け継がれ，再生産さ
れて」いる（本書 i-ii 頁）ものとしての南北問題の延長にあると考えたとき，
日本という資本主義国家に統合されているという意味で，沖縄は「サウス」
（ないし「南」）の位置にはない。しかし，本章でみてきたように，沖縄の戦
前から戦後にかけての「地続き」の歴史は，近代日本とアジアにおける植民
地主義と重なりあい，アジア・アフリカの連帯を求める「第三世界」の動き
にも共鳴していたこと，また，朝鮮戦争からベトナム戦争にかけて冷戦と
「熱戦」とが分かちがたく結びつきつつ，日本という地理的限定を超えてき
たことからすれば，紛争や抑圧，そして，それへの抵抗の拠点としての「サ
ウス」であると言うことはできるだろう。言い換えるならば，「南北」問題
と「東西」冷戦という，方位を示す世界認識がグローバリゼーションのもと
で刷新を余儀なくされているとき，グローバル・サウスとしての沖縄は，そ

の「繋 留 点」（つなぎ，経由する地点）と考えることもできるかもしれない。

　沖縄が，地理的な概念を超えて世界の一つの繋留点にあるならば，そこで培われてきた軍事基地や戦争を拒否する思想もまた，沖縄戦体験と結びつくかたちで固有性をもちながらも，度重なる「熱戦」によって生活や生存（生命）を暴力的に否定されてきたアジアの人々に訴える普遍性も有しているだろう。そして，このことは，同時にアメリカと軍事同盟を結ぶ韓国や日本という国家のあり方を再審するものでもある。

　最後に，本章の「地域研究」の視点に触れて終わりにしよう。1963 年 4 月に行われたアジア・アフリカ研究所の創立 2 周年を記念した「アジア・アフリカ研究の問題点」というシンポジウムにおいて，歴史学者の上原専禄は，「地域研究」における「研究のテーマに関する問題性」について触れ，民衆の立場に立脚しつつ，以下の五つのテーマを重視することを強調している。それは，順に「生活の問題」，「自由と平等の問題」，「進歩と繁栄の問題」，「生存の問題であり，平和と安全にかかわる問題」，そして最後に「独立の問題」であった（岡倉ほか，1964，270-273）。上原の指摘したこれらのテーマは，時代や世界情勢は変わりながらもいまだ色あせていない。

（秋山道宏）

●さらに学ぶための問い ────────────────────

　振り返ってみよう　なぜ沖縄における米軍基地問題を狭い地域に限定された「沖縄問題」と捉えてはいけないのだろうか。冷戦や戦後占領といった本章のキーワードを用いて説明してみよう。

　議論してみよう　元々持っていた沖縄に対するイメージや捉え方を出し合ったうえで，本章で述べられていた沖縄像との相違について議論してみよう。また，一般的な沖縄イメージがなぜ広まるかも合わせて考えてみよう。

　調べてみよう　自分にとって身近な地域を取り上げ（出身地や生活の場など），アジア・太平洋戦争や戦後占領において人々がどのように生きてきたのか，証言や手記などからたどってみよう。

●さらに学びたい人へ（参考文献ガイド）────────────────

　①星野英一ほか，2018，**『沖縄平和論のアジェンダ──怒りを力にする視座と方法』**法律文化社．／戦後沖縄の歴史や米軍基地をめぐる諸論点について，人文・社会

科学の幅広い領域から論じた基本テキスト。

②中野好夫・新崎盛暉，1976，『**沖縄戦後史**』岩波書店．／アメリカによる沖縄占領の歴史的な変遷と構造的特徴を描き出した古典。新書とは思えない記述の厚みがある。

③屋嘉比収，2009，『**沖縄戦，米軍占領史を学びなおす――記憶をいかに継承するか**』世織書房．／沖縄の固有性にこだわりつつも，東アジアにおける戦争や占領の意味を掘り下げて考える挑戦的な作品である。

引用参考文献

秋山道宏，2019，『基地社会・沖縄と「島ぐるみ」の運動――B52撤去運動から県益擁護運動へ』八朔社．

新崎盛暉，1976，『戦後沖縄史』日本評論社．

蟻塚亮二，2014，『沖縄戦と心の傷――トラウマ診療の現場から』大月書店．

岡倉古志郎ほか，1964，『アジア・アフリカ講座1　A・A・LAと新植民地主義』勁草書房．

沖縄県教育庁文化財課史料編集班編，2017，『沖縄県史各論編6 沖縄戦』沖縄県教育委員会．

古関彰一・豊下楢彦，2018，『沖縄　憲法なき戦後――講和条約三条と日本の安全保障』みすず書房．

鳥山淳，2013，『沖縄／基地社会の起源と相克――1945-1956』勁草書房．

中村雅秀，2000，『開発と世界経済――パクス・アメリカーナと発展途上国』ミネルヴァ書房．

林博史，2012，『米軍基地の歴史――世界ネットワークの形成と展開』吉川弘文館．

――，2018，『沖縄からの本土爆撃――米軍出撃基地の誕生』吉川弘文館．

松岡哲平，2019，『沖縄と核』新潮社．

松岡完，2001，『ベトナム戦争――誤算と誤解の戦場』中央公論新社．

ミッチェル，J.／阿部小涼訳，2014，『追跡・沖縄の枯れ葉剤――埋もれた戦争犯罪を掘り起こす』高文研．

――，2018，『追跡　日米地位協定と基地公害――「太平洋のゴミ捨て場」と呼ばれて』岩波書店．

林采成，2016，「アメリカの戦後構想と東アジア」堀和生編『東アジア高度成長の歴史的起源』京都大学学術出版会．

和田春樹ほか，2018，『東アジア非核化構想――アジアでの市民連帯を考える』本の泉社．

注

（1）以下の沖縄戦から占領初期の歴史については，沖縄県教育庁文化財課史料編集班編（2017）および林博史（2012）をもとにまとめている。

（2）沖縄の占領統治は，当初は米軍政府（べい・ぐんせいふ）が行い，のちに米国民政府（べいこく・みんせいふ）が行った。軍政府・民政府が発した布告・布令・指令は，沖縄側が制定した法令よりも上位に立つ法規として位置づけられ，住民の権利を侵害する内容も多くみられた。後述の「土地収用令」も布令として出されたものであった。

（3）沖縄戦後史の研究だけでなく，一般的にも用いられる呼称である。「島ぐるみ」とは，「沖縄住民が一丸となって」という意味で用いられ，現在の辺野古新基地建設に反対する運動に対

しても「島ぐるみ」（もしくは「オール沖縄」）の運動と呼ぶこともある。

（4）琉球立法院とは，沖縄住民の自治組織である琉球政府において立法を司った機関で，1952年 4 月から日本復帰まで 49 回の会期で様々な立法や決議を行った。以下，本章で引用した決議は，他の箇所も含め，沖縄県公文書館のホームページからのもので，全文を閲覧することができる（https://www.archives.pref.okinawa.jp/ 2020 年 11 月 7 日閲覧）。

（5）沖縄県祖国復帰闘争史編纂委員会編，1982，『沖縄県祖国復帰闘争史』沖縄時事出版，143および沖縄・小笠原返還同盟編，1967，『沖縄黒書』労働旬報社，186-187。

（6）「日本 AALA とアジア・アフリカ人民連帯機構（AAPSO）関連年表 アジア・アフリカ人民連帯機構（AAPSO）第 9 回大会参加報告会用資料（2014 年 12 月 17 日）」（http://www.japan-aala.org/shiryo/141217.pdf，2020 年 11 月 7 日閲覧）。

（7）北部訓練場のある東村高江では地元の住民や子どもらを「徴用」し，ベトナムの集落を再現した訓練を実施していた（「米軍「対ゲリラ戦」訓練で県民を徴用 新川区民を狩り出す 激化する演習で荒らされる山村」（沖縄人民党機関紙『人民』1964 年 9 月 9 日）。

（8）B52 戦略爆撃機は，冷戦期アメリカにおける核戦力の柱の一つであり，水爆も搭載可能な大型戦略爆撃機である。同機は，沖縄住民から「黒い殺し屋」と呼ばれ，日本復帰後も飛来を続けた。

（9）「ベトナム行き 軍雇用員に強要 一時間内に返答せよ タグボート乗り組み員 22 人 米軍，解雇ほのめかす」（『琉球新報』1965 年 5 月 15 日）ほか。

（10）嘉手納地域に関する記述は，拙著（秋山，2019）の第 3 章と第 4 章をもとにまとめた。

（11）米軍は，沖縄の知花弾薬庫（現在の嘉手納弾薬庫）を拠点に，プロジェクト 112「生物化学戦の脆弱性実験」において，米兵をサリンや VX に被曝させる実験を行っていた。アメリカ国防省は，この実験の存在を否定していたが，元米兵の病状が明るみに出る中，2000 年代に入りようやく事実を認めた（ミッチェル，2014，51-54）。

（12）現在，辺野古での米軍基地建設は，「普天間基地移設問題」として報道されることが多い。しかし，米軍再編のもとで建設されている同基地は，一時的な代替施設の建設ではなく，オスプレイの重点配備や大型艦船の接岸が可能とされ，また，密約の存在からも明らかなように，核配備の可能な弾薬庫を近くに備えた「新基地建設」である。

（13）「沖縄に新中距離弾配備 米計画，2 年内にも ロシア側に伝達 基地負担大幅増」（『琉球新報』2019 年 10 月 3 日）。

地域の実情を出発点として——地方公務員の場合——

　私は広島県庁に就職後，東京への転勤を機に，社会人として大学院に入学，地域研究のゼミに所属した。

　当時の私のテーマは，仏語圏西アフリカにおける言語政策に関する研究。特に公用語，現地語など複数の言語を使う国・地域における識字教育についてだった。研究を通して分かったのは，その国・地域の社会・言語状況を十分に考慮するかが言語習得の成否に影響を与えることだ。たとえば，日常的に話されている現地語がある場合，学習の初期段階で，教師が現地語を使用するなどの教育の仕組みづくりが重要となる。

　私の携わる地方行政でも，地域の特性や実情を踏まえた政策立案ができるかどうかが，政策実現の鍵を握ることは多い。地域研究と同じように，地域について理解を深めることが大切なのだ。

　私がこれまでに取り組んだ仕事を例に説明しよう。広島は人類史上初の原子爆弾によって破壊された街である。被爆2，3世は少なくないし，原爆の影響は，被爆者の心身の後遺症などとなって今も続く。こうした背景から，広島では，核兵器廃絶の機運が高い。これまで被爆者が中心となって核兵器廃絶を訴え，それに呼応する形で行政も被爆の実相を発信してきた。

　しかし，被爆から75年が経過し，被爆者の平均年齢は既に80歳を超える。8月6日を知らない子どもたちも増えている。被爆者が減少し，記憶の風化が進む中，平和の訴えをどう進めるか。これが現在の広島が直面する大きな課題だ。こうした地域課題に対して，県では，記憶の継承に取り組む広島市と役割分担する形で，未来志向で核廃絶を議論する土台を提供するため，各国の核軍縮の状況を調査したレポートの刊行や，民間レベルで核軍縮の政策提言を行う国際会議の開催などに取り組んでいる。

　時代とともに変わる地域の実情を的確に読み取ることが，政策づくりには求められる。大学院での地域研究は，形を変えながらもしっかりと，現在の仕事につながっている。

　　　（坊田祐基／広島県庁）

ニューヨーク国連本部で開催された核兵器不拡散条約（NPT）運用検討会議に参加して（2015年4月　筆者撮影）

第 V 部

開 発
──グローバル・サウスにおける国民国家の再編成──

　現代の世界は国家を基本単位として，政治，経済そして文化などにわたる国際関係が成立しています。その「国」は，「～人」（例：日本人）といった国民からなる国家という意味で「国民国家」と呼ばれてきました。国がありその領域の中に国民がいることは当然のことのように思われ，日常の中では意識されることはありません。しかし，そのような国民国家は人工的に造られた構造物でもあります。これまで国民国家を形成，維持していく上で，政府そして国民は様々な問題に直面してきました。第 V 部ではそのような国民国家という存在を開発という視点から見つめなおします。

　第 12 章では国民国家を建設，強化する手段とも言える開発援助を取り上げます。第二次世界大戦後の流れを振り返りながら，タンザニアへの支援を例に紹介し，開発の最重要課題として位置づけられてきた「貧困削減」を巡る議論と実践の経験を SDGs にもふれながら説明します。第 13 章では，東南アジアのタイを例に，ジェンダーの視点で地域研究を行うための試論を展開します。そこでは最近のジェンダー研究において注目される，様々な社会的要素から差別や抑圧の構造を検討する「交差性」の概念とともに，タイにおける地域の特性に根差したジェンダー問題への取り組みが述べられています。第 14 章では，かつての社会主義体制からの移行後，国民国家としての再構築を目指すモンゴルの姿が描かれます。特に国家形成，国民生活に密接に関係する教育分野へ焦点をあて，政府がこれまでどのような政策を打ち出し，またそれと呼応するかたちで提供されてきた海外からの援助の実例を通してモンゴルにおける国民国家形成上の問題点を明らかにします。

　以上の三つの章から，おそらく多くの読者にとって存在するのが当たり前であった国家という存在を相対化する視点が得られるでしょう。

　本章ではグローバル・サウスと開発援助を理解するために，まず戦後の国際開発援助システムとその変容を概観します。そして，それまでのグローバル・サウスとのインターフェイスのありかたを大きく変えた冷戦終結後の「貧困削減レジーム」下での国際援助システムの変化をレビューし，そのなかで日本の立ち位置がどのようなものであったのか，また「貧困削減レジーム」の優等生として評価されたタンザニアを事例として，MDGs から SDGs での当国の受け入れ体制がどのように変遷したのかを紹介します。そのうえで，現在進行中の SDGs 下での「グローバル・サウスと開発援助」の課題について考察していきます。

・・・・・・・・

1　国際開発援助システム

　国際開発援助[1]は，戦後，主にグローバル・サウスを対象として，開発援助供与主体と開発援助受入主体とのインターフェイスを通じて実施されてきた。そのインターフェイスとは，供与側が提供する開発援助資源を巡って，開発援助戦略やそのアプローチを含めた双方の望む「開発援助」を実現するための交渉の場であり，その交渉が当該国の「開発援助」を規定してきた。そのため，インターフェイスにかかわる開発援助供与アクター（以下「ドナー」）と開発援助の受入主体（以下「開発途上国」）を包含する国際援助システムは，国際開発援助のあり方に影響を及ぼす。その国際開発援助システムは，ドナー並びに開発途上国に関係する狭義の「開発援助システム」と，それを包含しドナー全体の「開発援助システム」へ影響を与える広義の「国際開発援助システム」とに分けて考えることができる。

　さらに，狭義の開発援助システムは，「政策レベル」と「オペレーショナルレベル」とに分けられる。「政策レベル」に含まれるのは，ドナーにおいて国際開発援助政策の決定に責任をもつ省庁レベルが考える，開発途上国が

実行することが望ましい開発モデルあるいは自国の国益などを考慮した開発援助政策や方針である。そして，「オペレーショナルレベル」は，開発援助政策や戦略・方針の下，無償資金協力，有償資金協力，技術協力，研修，専門家派遣，財政支援などの援助様態，援助資金（その規模と特徴），コンディショナリティ（貸付など支援条件）の有無と内容，技術援助・政策助言および援助関係の政府組織と実施機関から成る制度・組織などから構成される（石川，2006）。

2　国際開発援助システムの変容

（1）戦後から冷戦終結までの国際開発援助モデルと援助アプローチ

　戦後の開発援助モデルは，「マーシャルプラン」（欧州復興計画）が短期間に成功を収めたこともあり，「途上国で資本蓄積の不足が克服され近代部門を中心に経済成長が持続すれば，その成果は政府の介入なしに自動的に国内に浸透し，停滞部門の生産性も引き上げる」（国際開発ジャーナル社，1998，118）ことになるといういわゆる「トリクルダウン仮説」が広く浸透していった。主に1950年代は，経済・公共インフラの整備を中心としたプロジェクト援助により，そして，1960年代は，幼稚産業の育成を考慮した輸入代替政策[2]が多くの政策立案者により推進された。その考えは援助機関からも広く支持され，経済・公共インフラ整備を中心とする大型プロジェクトによる支援が主に展開された。

　一方，1960年代の後半から1970年代初めにかけて，「トリクルダウン仮説」通りの成果を得られないことが次第に明らかになり，人間の基本的ニーズ（BHN：Basic Human Needs）や所得分配重視の改良主義が登場する。そこでこれまでの資本投下を主体とするマクロ的なアプローチとは別に人的資源への投資もまた重要であることが確認され，途上国の人々の生活向上と貧困削減にはBHNの充足による下からの開発が必要であると主張された（白鳥，1995，135-146）。また，この動きに呼応するようにしてNGOが急増し，それまでの大型プロジェクト援助に加え，BHN支援のための小規模プロジェク

ト援助が拡大し人々に直接アクセスするために政府を迂回した援助が広がった（元田，2007，45-50）。

　1970年代の世界経済は混迷期を迎えると共に「政府の失敗（政府主導の裁量的な経済政策が意図したような成果を上げられず，経済活動が非効率化すること）」が明らかになっていった。2度にわたるオイルショックによって途上国の経常収支は悪化した。それでも途上国への投資は減速せず，途上国の貯蓄・投資のギャップの拡大は石油輸出国の経常黒字の大幅拡大によるオイルマネーと国際過剰資本を取り入れることにより補填され，途上国は開発政策を推進していった（奥田，1989，16）。そして1982年夏メキシコの債務返済不能宣言（デフォルト）を契機に世界的規模の債務危機が表面化していくこととなった。

　国際経済環境の悪化を背景に，世界銀行はマクロレベルでの構造的不均衡に対応すべく，中期にわたって成長と国際収支の安定を回復，維持できるように経済構造を修正するため，1979年のIMF・世界銀行総会で，経済構造の改革を支援する「構造調整融資」の導入を発表した。一方，IMFも政策の見直しが求められ，1986年，「構造調整ファシリティ」（SAF：Structural Adjustment Facility）が創設された。このファシリティの対象国は，国際収支困難に直面している国際開発協会（IDA）適格[3]の低所得国に限られ，融資は3年にわたり，SAFの借り入れを求める低所得国は構造調整を促進するための3カ年からなる「政策枠組書」（Policy Framework Paper）を提出せねばならず，この計画は定期的に見直されることになった。しかも，政策枠組書は，IMFと世界銀行のスタッフの協力を得て作成され，SAF融資のみならず，世界銀行グループからの融資の際にも利用されることになった（奥田，1989，239-247）。この政策枠組書には借入国が直面している主要経済問題と課題，今後3年間に遂行される予定のマクロ経済政策および構造調整政策における途上国政府の目標，これらの目標をめざして推進される広範な諸政策および経済問題に対処する際の途上国政府当局の優先順位が書かれ，さらに，IMF，世界銀行，その他の援助機関などが想定する資金源も記載されるなど，途上国の包括的な開発を規定するような枠組みが示された。また，重要な点は，SAFの創設は，政策枠組書を通じて過去，それほど協力関係に

はなかった IMF と世界銀行との「協力関係」を高めたことであり，さらに，政策枠組書は，二国間公的援助の指針にもなったことである。

　ここで注目すべきことは，「政策レベル」においては，これまでの途上国とドナーとの個別の交渉から，IMF・世界銀行と途上国政府とのインターフェイスの拡大が見られたことである。政策枠組書が二国間公約援助の指針となることにより，途上国政府にとっては，単に IMF・世界銀行とのインターフェイスという意味だけにとどまらず，「政策レベル」におけるドナー全体をも視野にいれたインターフェイスとなった。このことは，グローバル・サウスに対するドナー側の「開発援助システム」の大きな変容を意味するものであった。

（2）冷戦終結後の国際開発援助の見直しと「貧困削減レジーム」の形成

　冷戦終結という時代背景のなかで国際開発援助を取り巻く環境にも変化が見られた。冷戦終結後の世界では，「東西対立を有利に進めるため」という政治的プロパガンダが意義を喪失し，ドナーの援助に対する説明責任を確保するうえで，援助の有効性・効率性は一段と重要な課題となった（下村，2011）。そして，この時期，欧米ドナーの「援助疲れ」が顕著となり，また，サブサハラ・アフリカへの援助が期待した効果を上げなかったことや累々たる援助プロジェクトの失敗（高橋，2002），EU の統一に向けて欧州メンバーに予算規律が求められたことから，サブサハラ・アフリカ援助を重点とするヨーロッパ諸国の開発援助は，有効性のみならず，効率性をも強く求められた。また，構造調整政策も中所得途上国では成功を収めたものの，ほとんどの低所得途上国で借り入れへのコンディショナリティが過大かつ性急な処方箋のため大きな痛みを生じ，特に貧困層に多大な影響を及ぼすなどの批判を受けるなか，期待した開発効果が現れなかったことを受け，世界銀行・IMF，さらに，国連機関においても開発援助の見直しが迫られた。

　世界銀行は援助の見直しを進めた結果，「市場の失敗」（経済的な「効率性」が達成されていない現象）のケースでの国家介入の役割を容認し，それが市場機能の補強になるとする立場を取り始め，その後さらに，国家の役割をより

積極的に認める柔軟な姿勢を示した。一方，1990 年に国連開計画（UNDP）
が『人間開発報告』（*Human Development Report*）を刊行すると，人間にとっ
て重要な「状態」と「行動」を実現するための自由を強調する潜在能力アプ
ローチに基づいた「人間開発」概念が大きな影響力を持つようになり，それ
まで経済指標一辺倒であった開発の定義は見直しを迫られた。同時に，人間
開発のためには人々の自由を奪う貧困を削減することが最重要課題であると
する認識が広まった。

　これらの動きを受けて，1999 年 IMF・世界銀行総会において，ウォル
フェンソン世界銀行総裁は「現在 13 カ国で実験的に進めている包括的開発
枠組み（CDF：Comprehensive Development Framework）をさらに強化すると
共に，新たにグローバル・パートナー・プログラム（環境，保健，教育などの
セクター別のアプローチ）をこの CDF に組み合わせて，国連各機関や他の地
域国際金融機関，二国間ドナー，市民社会と連携して貧困撲滅に対処してい
く」という新しい戦略を打ち出した。そして，IMF も世界銀行と共同で策
定する政策枠組書に取って代わり，「貧困削減戦略書」（PRSP：Poverty
Reduction Strategy Paper）を作成していくことを発表した。

　この PRSP 導入以降の開発モデルは，これまでの各ドナーの個別的対応
から，世界銀行，IMF や国連各機関，地域国際金融機関，二国間のドナー，
市民社会を含む包括的な開発利害関係者（ステークホルダー）と連携した参加
型開発援助により，経済成長を促進するための「マクロ経済の安定化」，「構
造改革」，「セクター別改革」，「基礎的社会サービスの提供」に加え，社会
的・政治的プロセスの変容を促すための「機会の増加」，「権利の増大」およ
び「安全の確保」の「人間安全保障」を通じて貧困削減をめざすこととなり，
そして，2000 年に国連サミットにおいて，絶対貧困層を半減するなどの八
つのゴールからなるミレニアム開発目標（MDGs：Millennium Development
Goals）の採択に至った。

　一方，開発援助の有効性のみならず，効率性をも強く求められる状況のな
か「プロジェクトの氾濫」という現象がヨーロッパ諸国，世界銀行などのド
ナーを中心に問題視されるようになった。「プロジェクトの氾濫」とは「開

発途上国において実施されている断片的で調整されない多数のドナーのプロジェクトが，それぞれのドナーの定めた異なる実施手続によって行われていることにより，取引費用[4]が大きくなっている状態」（古川，2014）のことである。そのことが途上国にとって重い負担となり，開発効果を損ねているとされた。

　この問題に対応するため，以下の方策が打ち出された。「プロジェクトの氾濫」を克服するため，受入主体のオーナーシップと利害関係者のパートナーシップに基づき，受入主体の主導により，共同で政策・開発計画を策定する。その計画は国家予算と整合させるとともに，援助利害関係者の次年度および中期コミットメントを明確にし，適切な予算管理を図る。援助実施にかかる手続きがドナーごとに異なり，その結果，途上国政府の行財政業務に負担をかけている課題を克服するため，ドナーは出来る限り調達，会計および監査も含めた途上国の制度・システムを活用した共通の援助手続きを用い，途上国政府の負担の軽減を図る。手続きの調和化とファンジビリティ（援助資金が当初の目的以外へ流用される可能性）の問題点を克服するためにセクターや一般財政支援[5]を導入する。これら受入主体の主導による援助効果向上への取り組みの集大成として 2005 年の「パリ援助効果向上宣言」（The Paris Declaration on Aid Effectives）（以下「パリ宣言」）が採択され，MDGs を具現化するものとなった。ここに絶対貧困層の削減を国際社会の目標とし，それを具現化するための「パリ宣言」をルールとした「貧困削減レジーム」が形成されたのである。

（3）新たなドナーと開発途上国とのインターフェイスの登場

　国際開発援助システムの変容は，ドナーと途上国とのインターフェイスのあり方を一変させた。それ以前は，IMF・世界銀行においては「政策枠組書」により，また，二国間ドナーに関しては国別の援助戦略書により，途上国との政策協議を行うなかで，プロジェクト援助を中心として，それに関連した省庁との間で事業を実施していくのが一般的であった。しかしながら，それ以降は，受入主体のオーナーシップおよび当該国と支援アクターとの

パートナーシップに基づき，開発全般／セクター全般を網羅する政策／戦略，中期的なセクター開発計画の枠組み，国家予算と整合した財政/支援計画，行動計画，実施手続きを策定し，受入主体と支援アクターが協働して実施していくこととなった。つまり，「政策レベル」および「オペレーショナルレベル」においても，「開発援助システム」がそれまでの「単独型援助」から「協調型援助」へと大きく変容することになったのである。

　ただし，すべての途上国において，新たなインターフェイスのあり方が導入されたわけではなかった。導入されたのは，具体的にはサブサハラ・アフリカ諸国と一部の中南米およびアジアの，貧困率と援助依存度が高く，かつ北欧諸国プラス（北欧 4 カ国，イギリス，アイルランド，オランダの 7 カ国）が援助重点国としている諸国であり，限定的なものであった。他方，それ以外のドナーとの間では，これまでのプロジェクト型援助を中心に途上国政府と個別ドナーとのインターフェイスによる「単独型援助」が引き続き行われていた。

　その背景には，MDGs の国際目標についてはそれまでの国連において最大数の賛同を得て採択されたが，「パリ宣言」については，財政支援など新たな援助様態の導入による「援助効果向上」を積極的に推進するドナーと，これまでどおりプロジェクト援助を中心とする言わば総論賛成・各論反対のドナーとに分かれたことがある。積極推進派は，北欧諸国プラスや EU，世界銀行であった。一方，総論賛成，各論反対派とみられたのは日本とアメリカであった。後述するように，90 年代において主要ドナーとなった日本の「プロジェクトの氾濫」への対応は「推進派」と一線を画するものであった。

　一方，「貧困削減レジーム」の受容度が高い途上国が貧困諸国で援助依存度の高いことは，それら諸国の援助吸収能力と密接な関係があると考えられる。つまり，「プロジェクトの氾濫」は，当該国の援助吸収能力を超えた現象を指しており，それがために途上国の行政負担となり，開発効果を損ねている。そのため，「プロジェクトの氾濫」を軽減することにより援助効果向上が期待されたのであった。

　その後，国際社会は，MDGs の後継として 2015 年 9 月の国連サミットで

持続可能な開発目標（SDGs：Sustainable Development Goals）を採択した。
2016年から2030年までの国際目標で持続可能な世界を実現するための17
のゴール・169のターゲットから構成されるSDGsは，「地球上の誰一人と
して取り残さない」ことを誓っており，途上国のみならず，先進国自身が取
り組むユニバーサル（普遍的）なものとなった。これまでは主に，国際社会
の目標のターゲットがグローバル・サウスを対象としたものだったが，
SDGsでは途上国のみならず先進国の国内問題も対象とする両者がともに取
り組む国際目標となった。次に，「パリ宣言」において，日本が消極的であ
ると評価された（Knack and Eubank, 2009）背景について見ることとする。

3　日本の開発援助の変遷と「貧困削減レジーム」

（1）日本の開発援助と「パリ宣言」の登場

　「貧困削減レジーム」を具現化する「パリ宣言」に対してなぜ，日本が消
極的であったのかを考察するためには，日本の開発援助のあゆみを含めて見
ていく必要がある。

　日本の援助政策全体の枠組みが形成されたのは60年以上前の開発援助開
始時期に遡る。1954年にコロンボ・プランに加盟した日本は，日本の戦争被
害を受けたアジア諸国に対する戦後賠償の一環として公的援助を開始した。
その援助は，第一次石油危機を迎えるまでの20年間はほとんどすべてがア
ジア近隣諸国に集中（1970年の日本の援助の98.2％はアジア地域）し，途上国
政府の国内政治には極力関与すると受け取られないような支援に留意したも
のであった。具体的には，途上国政府の公式要請を尊重することにより，経
常経費の負担と技術移転を受けるカウンターパートの配置，他ドナー支援と
の重複回避，援助受入れのための実施体制がある程度整備されているという
相手国政府の「自助努力」とオーナーシップを前提条件としたものであった。
この「要請主義」と「自助努力」が日本の「開発援助システム」を大きく規
定していくことになった（佐藤, 2004）。

　具体的には，国家開発計画やセクターの開発計画全体に影響を与えるよう

な開発援助よりも，個々のプロジェクト単位での支援であり，現物供与を中心としたオフバジェット支援（ドナーの資金は政府予算の枠外で管理され，ドナーの手続きを用いて援助サイト（現場）に直接に資金か物資サービスにより供与される支援）を中心に支援することで途上国政府の内政干渉となる恐れのある予算への関与についても基本的にしてこなかった。

　一方，日本は相当期間にわたって援助国であると同時に被援助国であった。世界銀行など国際金融機関からの借り入れが戦後の高度経済成長を支え，この融資によってインフラなど経済基盤を築き，資本蓄積と返済努力を積み重ねることで経済成長を実現してきた。このことが日本の借款重視の援助政策を形成したものと言える。

　その後，日本は 1970 年代の石油危機により，資源確保による日本の経済的安全保障の確立を目指し，アジア諸国以外に対しても注目をし始め，1980 年代には急速に ODA 予算が増加する。1989 年には ODA 供与額で世界一となり，2000 年まで連続で 10 年間，資金面でトップドナーとなり主要ドナーの一員になった。また，日本がトップドナーであった 1990 年代は開発援助のあり方を見直す時期でもあったが，日本が主要援助対象国であるアジアでの成功に一定の自信をもっていた時期であり，それまでのプロジェクトを中心としてきた「単独型援助」をベースとする「開発援助システム」の変容は検討されなかった。

　一方，上述した「パリ宣言」に至る援助アプローチの変遷は，北欧諸国プラスらが重点国としてきた，アフリカを中心とする貧困諸国においてのこれまでの開発援助の反省や，世界銀行・IMF の構造調整政策への批判に対応するなかで積み重ねられたものの集大成である。しかし，自国の援助方針に自信を持っていた日本は，「パリ宣言」に至る議論に関して十分にフォローしてきたとは言えず，「貧困削減レジーム」形成が行われていた 1990 年代には，いわば空白の時期を過ごしたとも言える。そのため，「パリ宣言」の内容は，理論的にも制度上も日本がそのまま受け入れることは難しかった。たとえば，「プロジェクトの氾濫」が日本の開発援助にも当てはまるとの批判は受け入れがたいものであり，ましてや，プロジェクトを否定し，プログラ

ム支援化や一般財政支援に開発援助を移行するとの考え方は，これまでの開発援助に対する日本の考え方を大きく変える必要のあるものであった。

（2）「パリ宣言」における日本の立ち位置

「パリ宣言」に求められたことは，これまでの援助の反省にたって，少なくとも行政能力が低く，対外依存度が高く，援助吸収能力に問題がある貧困国では，個別プロジェクトを各ドナーがそれぞれ個別に，援助方針，援助手続きなどに沿ってばらばらに実施することを回避し，相手国政府とドナーが共同で政策・開発計画を策定し，その共通の政策・枠組みのなかで共同作業により開発援助を実施しようとの試みである。つまり，日本の従来の個別プロジェクト対応のあり方とは大きく異なったアプローチであった。

それではなぜ，日本が「パリ宣言」に対して総論賛成，各論反対であったのだろうか。一つ目は，日本の個別プロジェクト単位型要請システムや個別プロジェクト実施を主体とした「開発援助システム」では，「援助効果向上」に積極的に参画・貢献する動機付けが弱いという点である。すなわち，日本の開発援助実施体制は日本が二国間協力の関係の中で個別のプロジェクトを効果・効率的に実施することに主眼が置かれており，途上国の開発計画全体や予算計画策定など開発の最上流の部分については途上国の責任分野として位置づけており，この部分に対するコミットメントの必要性や動機づけが小さいということである。

つまり，日本の本国および現場の体制が個別プロジェクト実施に合わせた人員体制となっており，包括的な援助アプローチに対応するためには追加の負荷がかかるため，包括的な援助アプローチに物理的に対応することが困難であった。

二つ目は，上記に関連して日本が一ドナーとして独立的に途上国の開発に寄与できる範囲は個別プロジェクトでの貢献など限定的にならざるを得ないことから，これまで途上国の開発予算および経常経費の配分や包括的な分野・国全体の開発には積極的に関与せず，途上国の開発政策や予算策定という最上流部分への日本の積極的な関与を妨げた。

これら開発援助の本質論への本格的な議論と現場での包括的な援助アプローチに関与・貢献していくことへの動機の欠如が,「パリ宣言」への日本の積極的な関与を妨げた大きな要因の一つであったと考えられる。そのため,日本がタンザニアなどいくつかの国において,財政支援や調和化・アライメント（パートナー国の開発計画に伴って,ドナーが援助を行うこと）といった「パリ宣言」の象徴的な援助アプローチに参画・貢献しているにもかかわらず,「保守的」とのイメージに捉えられた可能性は大きい。次に,「貧困削減レジーム」において優等生として評価されたタンザニアを事例として,MDGsからSDGsへのタンザニアの開発援助受け入れ体制の変容について見ることにする。

4　MDGsからSDGsへのタンザニアの開発援助受け入れ体制の変容

タンザニアでは,1990年代中盤,それまでの開発援助が期待どおりの効果が表れなかったことから援助の見直しを行った結果,「プロジェクトの氾濫」について認識されるようになった。そのことを初めて明確にしたのが1995年6月,デンマークの主導により策定された,いわゆる「ヘレイナー・レポート」（Report of the Group of Independent Advisers on Development Cooperation Issues between Tanzania and its Aid Donors）であった。その後,タンザニアでは,「プロジェクトの氾濫」を克服すべく,タンザニア政府の主導のもと,全ステークホルダーと共同で重点分野の開発計画・予算を作成し,実施,運営管理を行うという「協調型援助」をベースとするセクター・ワイド・アプローチが導入された。さらにそのアプローチがPRSPの導入に伴い,タンザニアの開発全般に拡大された。それに伴い,タンザニア政府・ドナー共通の開発計画はPRSPに一本化され,「パリ宣言」で導入された「援助効果向上」の取り組みが他国に先駆けて採用された。その過程で最も望ましい援助様態として一般財政支援が位置づけられ,セクター財政支援,コモンバスケットファンド支援（途上国政府,ドナーが同意した一定の公共計画に資金を預託して共同事業を行うもの),そして,プロジェクトの順に望ましい

援助様態とされた。そして，タンザニアにおける「援助効果向上」の取り組みを明文化し拘束力を持たすべく議会でタンザニア共通援助戦略（JAST：Joint Assistance Strategy for Tanzania）が2006年に承認され，タンザニアにおける開発援助のあり方を規定することとなった。

　しかし2005年頃から，中国の「開発援助」の存在感が大きくなるとともに，伝統的なドナーとタンザニア政府が構築した「開発援助システム」に変容が見られるようになった。それを象徴するように，それまでPRSPがタンザニアとドナーの共通の開発計画であったにもかかわらず，タンザニア政府は，独自に中国の「開発援助」も包含できるPRSPとは別の国家5カ年計画を水面下で作成し，2011年に発表した。その背景には，PRSPが貧困削減を中心とする開発計画であったため，保健，医療などの社会分野に開発援助が傾斜していたことが挙げられる。その一方で，タンザニア政府は短期的に経済成長に資する開発を望んでいたことから，中国が積極点に進めようとしている社会経済インフラへの開発援助が必要であった。しかし，中国は，JASTに参加せず，「援助効果向上」への取り組みとは一線を画していたため，全ドナーに求められていたJASTの精神から逸脱するものであった。このため，伝統的ドナーからの批判を回避した形で中国の「開発援助」を取り込み，かつ，伝統的ドナーの開発援助を継続して受け入れるための新たな開発計画が必要であった。

　中国の存在感が増すとともに，タンザニア政府と伝統的ドナーとの相対的な力関係にも変化が見られた。そして，タンザニアにおける「貧困削減レジーム」が終焉に向かって動き出した。その象徴が，タンザニア・ドナーの共通戦略書であったPRSPから国家5カ年開発計画への移行，2011年のJASTの失効，そして，同時期を境に最も望ましい援助様態とされた一般財政支援の援助量の低下などが挙げられる。

　タンザニア政府にとって一般財政支援は使途を限定しない極めて使い勝手の良い援助様態であった。そのため，開発援助に占める一般財政支援の割合が大きかった時期にはそれを供与するドナーのタンザニアへの影響力も大きかった。だが，中国の「開発援助」が大きくなるにつれ，その影響力にも陰

りが見え始めるなかで，2010 年以降，タンザニアにおいてそれまで増加傾向にあった一般財政支援が減少傾向へ転じ，プロジェクト援助が再び増加し始めた。そして，SDGs を迎える 2015 年までには「援助効果向上」を積極的に進めていたドナーにおいても一般財政支援を終了することとなった。

　上記に示したように，タンザニアは 1995 年のヘレイナー・レポート以降，それまでの二国間でのプロジェクトを中心とする「単独型援助」から，途上国政府とドナーの包括的なインターフェイスによる「協調型援助」へと大きく移行した。しかしながら，中国の存在感の高まりとともに伝統的ドナーの相対的な影響力が低下するなかで，タンザニアは新たな開発援助受入れ体制を構築した。その過程でタンザニアのオーナーシップが醸成され，タンザニア自身が主導的にタンザニアの望む開発援助を選択する方向に移行していくことになった。SDGs が開始された 2015 年以降はその動きが加速してきている[6]。

5　SDGs 下でのグローバル・サウスと開発援助の課題

　「貧困削減レジーム」はそれまでの「開発援助システム」を大きく変容させ，グローバル・サウスとドナーの開発援助資源を巡るインターフェイスの在り方を大きく変えるものであった。その「貧困削減レジーム」を象徴するものとして PRSP と一般財政支援が挙げられる。「貧困削減レジーム」のもと，PRSP の策定は債務削減の条件であり，また新たな開発援助資金の供与につながることから，PRSP は急速に貧困諸国を中心に導入された。そして，プロジェクトから財政支援への移行も積極的に実施されていった。しかし，その PRSP も，タンザニアと同様に，「貧困削減レジーム」の終焉とともに，2014 年ごろを最後に策定されなくなった。さらに「貧困削減レジーム」に伴い導入された「協調型援助」の象徴的な援助様態である一般財政支援の割合は，「貧困削減レジーム」の実効度が高い諸国においてもタンザニアと同様に急速に低下していった。

　「貧困削減レジーム」の特徴は，前述したように，プロジェクトを中心と

する二国間ベースを基盤とする「単独型援助」が，途上国政府とドナーの包括的なインターフェイスによる「協調型援助」へと移行した点であった。背景には，「プロジェクトの氾濫」を克服しようとの観点から，援助依存度が高く援助吸収能力の低い貧困諸国で，開発途上国のオーナーシップを強化し，ドナーとの共同作業により「援助効果向上」の取り組みを通じて開発効果を高めようとするねらいがあった。しかし，「貧困削減レジーム」においてMDGs の目標の多くは達成されたものの，「貧困削減レジーム」の実効度が高かったサブサハラ・アフリカや南西アジアでは，期待に反して未達成の課題を多く残した。そして，その課題を抱えたまま，国際社会は，MDGs の後継として2015 年に SDGs を採択したのであった。

　今後注視していく必要があることは，「貧困削減レジーム」において残された課題を SDGs で克服することができるのかという点である。「プロジェクトの氾濫」の背景には，開発援助を実施するアクターが「国際開発援助システム」の変容とともに増加してきたこともその大きな要因であった。つまり，調整されない断片的な開発援助が増加することにより，取引費用が開発途上国の援助吸収能力を超えてしまった。一方，SDGs の特徴は，国際開発援助に関わる主体が，先進国の政府関係機関ばかりでなく，中国など新興ドナー，営利企業はもちろん，自治体，教育研究機関，NGO・民間財団，草の根の組織，インフォーマルな事業体などこれまで以上に多様化していることである。それはまた，これまで以上に取引費用が増大していることを意味している。つまり，「貧困削減レジーム」の受容度の高い貧困諸国において「援助効果向上」の取り組みを通じても期待した開発効果を得ることが出来なかったことを「協調型援助」から「単独型援助」へと回帰するなかで果たして達成することができるのかが問われている。

　「貧困削減レジーム」は，途上国政府・ドナーの政策対話により，中央政府の行財政能力を強化してきた。その過程において，途上国のオーナーシップの強化が図られた。これらはそれまでの国際援助システムでは実現できなかった大きな貢献であったと言える。その政策対話の在り方が，以前の状態に戻ろうとしている。SDGs の下，現在，様々な取り組みがなされているが

まだその緒についたばかりである。

　最後に本テーマにかかる今後の研究課題について記載する。本章ではグローバル・サウスと開発援助を理解するために，戦後の国際開発援助システムとその変容を概観したのち，冷戦終結後の「貧困削減レジーム」下での国際援助システムの変化をレビューとそのなかでの日本の立ち位置，また「貧困削減レジーム」の優等生として評価されたタンザニアを事例として，MDGs から SDGs での当国の受け入れ体制の変遷について紹介した。さらに，現在進行中の SDGs 下での「グローバル・サウスと開発援助」の課題について考察した。SDGs を評価するには時期尚早ではある。しかし，「誰一人取り残さない」ことを誓い，途上国のみならず，先進国の共通目標としてSDGs が登場した。今後は，MDGs から SDGs へと移行するなかで，開発援助システムがどのように変化し，各国がどのような対応を行っているのか，MDGs の教訓が生かされているのか，ドナーのみならず，途上国において，どのような方針の転換があり，どのような開発援助システムを取り入れているのかなどの詳細な分析の蓄積が必要である。それは，これまで以上に開発援助供与主体が多様化するなかで，ドナーと開発途上国とのインターフェイスのあり方が，今また問われているからである。そして開発援助に携わる全ドナーとの協調により「援助効果向上」を強化し，開発効果を高めようとした取り組みからの変容により，「プロジェクトの氾濫」で提示された課題が克服できるのか，そして，「誰一人取り残さない」で持続的な開発が行うことができるのかが，これからの「グローバル・サウスと開発援助」を考えるうえで注視していく必要のある点であろう。現在，「誰一人取り残さない」を誓った SDGs において，COVID-19 という未曾有の危機に世界は直面している。各国ともその対応に終われるなか，自国ファーストに拍車がかかっている。対応に追われる状況においてこそ，多様なアクターとの協調が必要であろう。貧困削減レジームにおける援助協調からの教訓をもとに，SDGsでの援助協調の再考が求められている。

（古川光明）

●さらに学ぶための問い

振り返ってみよう　なぜ,「プロジェクトの氾濫」が援助効果向上に向けた取り組みの中心的な議論の一つであったのだろうか。途上国政府の立場に立って説明してみよう。

議論してみよう　「貧困削減レジーム」の良かった点,悪かった点はなにか。そして現在進行中のSDGsで「貧困削減レジーム」の教訓を生かすためにはどのようなことをすべきか。

調べてみよう　あなたが関心のある国における開発援助について,「単独型援助」が中心となっているのか,「協調型援助」が中心となっているのかを調べてみよう。

●さらに学びたい人へ（参考文献ガイド）

①古川光明,2014,『**国際援助システムとアフリカ——ポスト冷戦期「貧困削減レジーム」を考える**』日本評論社．／「貧困削減レジーム」がもたらしたものや課題について定性・定量的に分析している。SDGs下での開発援助を考えるうえでも参考となる書籍。

②石川滋,2006,『**国際開発政策研究**』東洋経済新報社．／これまで副次的にしか扱われてこなかった国際開発政策研究を半ば独立した分野として構築することを試みたものであり,開発援助を考えるうえで示唆に富んだ専門書。

③武内進一,2009,『**現代アフリカの紛争と国家——ポストコロニアル家産制国家とルワンダ・ジェノサイド**』明石書店．／アフリカの紛争の根本的な原因を,独立後に現れた特異な国家「ポストコロニアル家産制国家」の特質から捉える理論的枠組みを提示した優れた書籍。

引用参考文献

石川滋,2006,『国際開発政策研究』東洋経済新報社．

小川裕子,2011,『国際開発協力の政治過程——国際規範の制度化とアメリカ対外援助政策の変容』東信堂．

奥田宏司,1989,『途上国債務危機とIMF,世界銀行——80年代のブレトンウッズ機関とドル体制』同文舘．

国際開発ジャーナル社（編）,1998,『国際協力用語集〔第2版〕』国際開発ジャーナル社．

佐藤誠,2004,「日本のアフリカ援助外交」北川勝彦・高橋基樹編『アフリカ経済論』ミネルヴァ書房．

下村恭民,2011,『開発援助政策』日本経済評論社．

白鳥正喜,1995,「開発における政府の役割」『ODAフロンティア』大蔵省印刷局．

高橋基樹,2002,「援助と開発をつなぐもの——国際協力研究の新しい地平」『神戸発社会科学のフロンティア』神戸大学六甲台五部局百周年記念事業検討委員会,86-114頁．

古川光明,2014,『国際援助システムとアフリカ——ポスト冷戦期「貧困削減レジーム」を考える』日本評論社．

元田結花，2007，『知的実践としての開発援助』東京大学出版会.

Harrold, P. and Associates, 1995, "The broad sector approach to investment lending - sector investment programs,"*World Bank Discussion Paper*. No. 302, World Bank.

Killick, T., 2004, "Politics, Evidence and the New Aid Agenda," *Development Policy Review*, 22(1), pp.5-29.

Knack, S. and N. Eubank, 2009, "Aid and trust in country systems," *World Bank Policy Research Working Paper* 5005.

Strategic Partnership with Africa (SPA), 2006, "Overview of budget support, 2003-2005 presentation of the budget support working group to the plenary Accra."

The United Republic of Tanzania, 2006, "Joint assistance strategy for Tanzania."

注

（1）主に世界銀行や国連の国際機関の開発援助と政府開発援助を対象に考察する。

（2）輸入を国内生産で代替する工業化政策で国内市場を確保するために特定の最終財製品に対しては保護関税や数量規制をかけて外国からの輸入を抑え，該当製品を国内で生産する。このことにより国内企業を保護・育成し幼稚産業の保護につなげるとの考え。

（3）最貧国に長期の無利子借款を貸し付ける国際金融機関。適格国の基準は，その国の相対的貧困度によって決まる。毎年新たに定められる1人当たり国民総所得（GNI）の上限を超えていないことが条件となる。

（4）通常は，経済取引を行うときに発生するコストのことを指すが，ここでは，援助授受に際して途上国側に発生する費用で，主に①行政的コスト（ドナー国の手続きがドナー毎に異なるなどによって発生するコスト），②タイド（紐付き）援助によるコスト，③財政的コスト（援助資金フロー自体，さらには援助受入れに伴う途上国側負担規模についての予測が困難で，途上国政府予算に不整合をもたらす）といったものを指す（Killick, 2004）。

（5）途上国の国庫にドナー援助資金を直接投入するもので特定のセクターに特化したものをセクター財政支援，開発全般を対象にしたものを一般財政支援と呼ぶ。

（6）2019年12月現地での援助関係者へのヒアリング。

固定観念を超えた先に──編集者の場合──

　学生時代，地域研究ゼミの同期とタンザニアを訪れたのは，衝撃的な経験だった。日本と文化や慣習が違うことよりも，そのなかに自分が魅了されるものがあることに驚いた（特に，女性の生活と密に関係する独特の布文化に魅了された）。今となってはあまりに無知だと思うが，当時の私は「アフリカは援助をすべきかわいそうな地域で，学ぶべきことはない」と無意識に思っていたらしい。自分のなかにそんな無意識の「固定観点」があったことに気付き，衝撃を受けたのだった。

　帰国後，この固定観念を持っているのは，どうやら自分だけではないらしいと気づいた。当時 2006 年頃に「アフリカに行った」というだけで，多くの日本の友人は「貧しい子どもを助けるボランティアに行ったの？」と言った。以来，日本人のアフリカへの固定観念というのはずっと気になっているテーマだ。

　その後転職も経て，出版社で本をつくるようになった。アフリカへの固定観念を揺るがすきっかけになればという思いもあり，アフリカの著者の翻訳本も担当している。本を編集するなかで感じるのは，南アフリカのアパルトヘイトであれ，ボツワナの儀礼殺人事件であれ，ナイジェリアの映画ビジネスであれ，そこには見慣れない文化と同時に，馴染みのある人間心理があるということだ。著者の現実を見る目が鋭ければ鋭いほど，その両極端のもの（独自性と普遍性）が際立ち，その狭間に固定観念を超えた学びがある。

　「地域研究では，まずは目の前の地域を観察する。そしてその観察を深め，出会ったイシューと向き合うために，あらゆる学問を駆使する」。

　大学卒業後何年も経って，本書の編著者・児玉谷先生のこの言葉を聞いてはっとした。タンザニアと帰国後の日本という地域を目の前にして，私は「日本人のアフリカへの固定観念」というイシューに出会い，仕事をとおしてそのイシューに向き合おうとしてきたような気がする。そして，そんな地域研究的な「観察」と「イシューの発見」を日常に再現する手段として，本という媒体に可能性を感じているのかもしれない。実際に現地に赴くのにはきっと及ばないけれど，鋭い「観察者」である著者の視点を通して世界を見ることが，実際の世界を見る手掛かりになるではないかと，思っている。

（安村侑希子／英治出版プロデューサー）

第 13 章

地域研究をジェンダー化する試み
──タイの事例から──

　本章では，東南アジアのタイを事例に，ジェンダー視点で地域研究を行うための試論を展開します。最近のジェンダー研究では，ジェンダーとその他の社会的要素の「交差」によって差別や抑圧の構造を検討する重要性が指摘されるようになり，地域性を十分に反映した政策提言が可能になりました。本章で示すようなジェンダー視点による地域研究的アプローチは，必ずや効果的な支援につながるはずです。

・・・・・・・・

1　タイ社会とジェンダー

（1）階層かジェンダーか

　ジェンダーとは社会的・文化的性別を意味し，この概念を用いると男らしさや女らしさの規範が文化や社会によって異なること，異なるジェンダー間には不均衡な関係があることを理解するうえで役に立つ。女性差別の撤廃という目標が国際的なスタンダードになる以前，タイでは「富裕層と貧困層の間にある格差の是正が先か，男女平等が先か」という命題が問われてきた。同じタイでも，首都であるメガ都市バンコクと地方では歴史的，文化的に見ても大きな差異がある。同時に，女性差別の厳しい南アジアや東アジアに比べるとタイの女性は相対的に恵まれているという人もいる。そのため，タイでは女性差別よりは，都市から農村への蔑みの方が深刻な問題と考えられた。タイ社会のジェンダー認識を表す「男は象の前足，女は後ろ足」という<ruby>諺<rt>ことわざ</rt></ruby>についても，後ろ足たる女は象の体重を支えるに十分な働きをしていて，むしろ前足より重要なのだという解釈が一般的であった。

　他方，興味深いことに，階層間の格差は，根拠となるデータによって解釈が違ってくる。1960年代に工業化の推進を軸とした開発政策が開始されて

以来，格差は拡大化したが，1980年代以降，貧困ライン以下の人口の割合，ジニ係数，人間開発指数（HDI）などに依拠すると，1997年の通貨危機と2007年のリーマンショックの時期を除いて貧困問題は解消に向かい，格差も2015年までは縮小の一途をたどってきたと解釈できる。ところが2018年12月，スイスの大手金融会社であるクレディ・スイスの『グローバル・ウェルス・レポート』では，タイは対象40カ国中最も格差の大きな国となった。上位1パーセント層が国富の66.9パーセントを保有していて，格差の酷さでロシアとインドを抜いて1位になったとの報道がなされ，タイ国内には大きな衝撃が走った。政府はこれに反論する声明を発表するなどして対応した。なお，2019年には1位にはロシアが返り咲き，タイは2位であった。

（2）タイにおけるジェンダーと「交差性」

上述の，「階層かジェンダーか」という問いは，今日では「交差性」（intersectionality）という概念を用いて説明可能である。階層間の格差が減少しても他の差別の形態は根強く残る。階層は他の社会的要素と「交差」して格差を作り出しており，ジェンダー間の格差も，他の要素と「交差」して権力構造を織りなし，様々な暴力，抑圧，人権侵害という問題として現れる。階層，民族，居住地，国籍，世代，健康状態が異なる女性は異なる課題に直面しており，女性を一枚岩として論じるのは乱暴である。

民族，国籍，障がい等に由来する蔑視に加えて女性であるがゆえの差別を受けると，脆弱性（可傷性・傷つきやすさ）が強まる。例えば，タイでは障がいを持つ女性は男性に比べて教育の機会が制限されている。中等教育の在籍率を男女で比較すると健常者ではほとんど差異がないのに対し，障がい者では女性が圧倒的に少ない。女性の障がい者は教育を受ける年数が短いため，男性の障がい者に比べて就業先も限られて困窮度も高い（江藤，2020，107）。貧困層，富裕層ならではのジェンダー課題もあり，DV（家庭内暴力）のようにあらゆるグループに共通して近年深刻化している問題もある。

「交差性」という概念がジェンダー研究に取り入れられるようになったの

は，1980年代のアメリカにおけるブラック・フェミニズムの成果である（Crenshaw, 1989）。マイノリティ女性が経験する抑圧を，人種，エスニシティ，ジェンダー，階級，セクシュアリティなど，様々な差別の「交差」としてとらえようという主張は，それまでの白人中心のエリート・フェミニズムへの異議申し立てであった。その後，「交差性」概念は，移民女性，先住民女性，障がい女性，その他様々な被差別女性の研究・権利要求運動に導入された。2000年代になると国連の「女性差別撤廃委員会」（CEDAW：Committee on the Elimination of Discrimination against Women）などでもマイノリティ女性が直面する「複合差別・交差的な差別」に留意する必要性が指摘されるようになった。

　ジェンダー差別における「交差性」が自明の理となった今日，「普遍的ジェンダー平等」をゴールとして掲げること自体はよいとしても，そこに向かうプロセスには個々人や課題の背景にある事情を十分に酌んだアプローチが必要である。実は，タイでは，そのようなアプローチの重要性がすでに認識され，2000年代の初めから実践されてきていることを本章では紹介したい。

（3）ジェンダー・ギャップ指数

　今日ではグローバル（国際比較可能）な指標によって，その国の男女平等の度合いに関するおおまかな情報を得ることができる。2018年のグローバル・ジェンダー・ギャップ報告書で明らかにされたジェンダー・ギャップ指数（GGI：Gender Gap Index）ランキングによれば，日本の男女平等度は147カ国中114位で，かなりおそまつな状況である。これに比べるとタイは73位であって，日本に比べれば女性の状況は良好と解釈できる。しかし，グローバルに見れば，タイの男女平等の度合いはほぼ真ん中というところである（資料13-1を参照）。

　GGIとは，健康，経済参加，教育，政治の各分野における各国の男女格差を数値化したものである。そのため，その国の女性の状況の概要はつかめるが，国内における女性の多様性は反映されない。タイの場合，経済参加が他

資料13-1　2018年のGGGR分野別順位（149カ国中）

	総合	健康と寿命	教育	経済活動への参加と機会	政治への関与
タイ	73	56	81	22	130
カンボジア	93	75	119	45	108
ミャンマー	88	61	98	35	133
ラオス	26	98	105	1	89
日本	110	41	65	117	125

（出典）Global Gender Gap Report 2018.

項目と比較して22位と高く，健康，教育に関しては国際平均より下である。さらに政治参加は低い。特に地方における女性の政治参加は著しく低く，タイの地方政治は男性中心の領域である。経済参加についても，2017年のフォーマルセクターにおける就業者の女性比率は38％，反対にインフォーマルセクターでは54％であり，就業上の地位で比較しても女性は男性より劣位にある。なお，タイ政府の定義するインフォーマルセクターは，農民，屋台引きやタクシーやバイクタクシーなど零細の自営業者を含み，全就業者の60％以上を占めている。インフォーマルセクターの約3割が貧困層である。

（4）外国人労働者とジェンダー

　GGIの解釈の仕方について注意を促したところで，今やタイ人口約6900万人の推計1割を占める外国人労働者について触れておきたい。2019年現在，外国人労働者のほとんどは，カンボジア，ラオス，ミャンマー（以下，CLM諸国）の出身者である。在留登録された労働者のうち女性が占める比率は，ミャンマーとカンボジアが43％，ラオスは52％である（江藤，2020，91）。各国の2018年のGGIの一覧と照らし合わせてみてほしい。特徴的なのは，いずれも経済参加の項目が他の項目に比べて高いということである。表13-1によれば経済分野においてラオスは世界一男女平等である。実は，地理的に隣接していることもありラオスの文化とタイ東北部の民族や文化，

言語には共通性がある。タイ東北部の女性の社会経済的役割は，他地方と比べて際立って大きく見えるのだが，そのことにも納得がゆくデータである。

　タイでは，女性労働者は，1980年代末以降のミラクルといわれた経済発展を支えた原動力の一つであった（吉田，2007）。1980年代中盤以降の製造業全体では労働者の半数が女性，製品によっては9割近くを女性が占めていた。1990年代には，製造業での女性労働者不足を補うためにCLM諸国からの女性労働者が過酷な環境の中で働いていることが問題視されている。かつては，タイに流入する外国人労働者女性が被る人権侵害といえば，「性奴隷」としての強制労働だと考えられてきた。しかし，2010年代には統計に表れる外国人労働者の数は飛躍的に増大し，性産業以外でも，製造業や家事補助業のほか，いわゆる3K業種としてタイ人が嫌がる仕事に従事していることが知られるようになった。

　国境を簡単に行き来でき，タイ政府が外国人労働者出入国管理政策の杜撰さを解消してこなかったことが，まさに「現代の奴隷」[1]ともいえる外国人労働者の人権侵害を引き起こしている。2010年代になって，ミャンマー国境の港湾地区における男性の不法就労者が直面する悲惨な事例が欧米の人権擁護団体やメディアによって糾弾されて，タイ政府は解決策を迫られるようになったが，ここでもジェンダーによる不均衡が見られる。性奴隷の問題は「フェミニストが論じる小さな社会問題」に過ぎないが，男性の問題が明るみに出ると国家の問題として認識されるようになるのである。

　国際NGOsや欧米諸国の勧告を受けて，2018年3月，タイ政府は政令を出し，許可を得ずに労働している外国人に対し緩和的な滞在許可を与えた。また，2019年4月には，それまでの人身取引対策を改善するとの緊急政令を出して国際社会へ対応した。

2　中央レベルの女性／ジェンダー政策

（1）「ナショナル・マシナリー」（女性の地位向上のための国内本部機構）
　タイ政府は，1985年に「女性差別撤廃条約」（CEDAW：Convention on the

Elimination of Discrimination against Women）に締結し，1989 年には，「国家女性（開発促進連絡）委員会」（NCWA：The National Commission for Women's Affairs）が「ナショナル・マシナリー」として首相府に設立された。1995 年の第 4 回国連世界女性会議（通称「北京会議」）以降は，「ジェンダー主流化」という方針に基づいて女性／ジェンダー施策が実施された。「ジェンダー主流化」とは，法律，政策，事業など，あらゆる分野のすべてのレベルにジェンダー視点を組み入れるというものである。

　NCWA によって，長期，短期「女性開発計画」策定，法制度の整備などがとりくまれた。「北京会議」以降は，ここで定められた「北京綱領」の 12 目標を国内向けのプログラムにアレンジして，各分野でのジェンダー平等プログラムを策定している。また，1997 年憲法によって「法の下の男女平等」と「国家による家庭内暴力の防止」が定められて以降，特に女性や子どもに対する暴力の廃絶にむけた取り組みが重点的に行われてきた。それでも，ジェンダー課題の重要性はなかなか理解されなかったという。

　タイでは 2002 年の省庁再編を機に，女性／ジェンダー政策は，実質的に福祉政策の一部となった（江藤，2016）。NCWA の業務は，社会開発・人間の安全保障省傘下の「女性・家族制度開発事務室」（OWAFD：Office of Women's Affairs and Family Development，2015 年には「女性・家族制度開発局」DWAFD：Department of Women's Affairs and Family Development に昇格）に引き継がれた。これ以降，国レベルのジェンダー施策の力点は「ジェンダー主流化」から，「社会保護」[2]におかれ，人権重視型のアプローチが優先されるようになり，2004 年のスマトラ沖地震の際の津波の被害で困窮する女性の支援，国内ムスリム女性ネットワークの構築支援，エイズ発症者女性の支援などが重点的に実施された。

　省庁再編後も，各省庁にジェンダー担当官を配置するなど，「ジェンダー主流化」への努力が引き継がれてはいた（Kusakabe, 2005）。しかし，職位が高いほど職員の女性比率は減り，上級の公務員たちにジェンダー課題の重要性に関する認識を浸透させるのは難しく反発も多かった。そこで，「主流化」をあえて進めるよりも，困窮者の支援をジェンダー視点からそれぞれの事情

に応じてピンポイントで実施する方が効果的であるとの判断がなされたとのことである[3]。

（2）家族政策との融合

　また，OWAFD（2015 年から DWAFD）の創設は，「ジェンダー主流化」から家族政策にジェンダー政策を組み込む方向への戦略のシフトを反映していた（江藤，2016）。担当官によれば，「家族」はタイ社会の基本であり，家族の重要性なら十分理解され浸透しやすい。そこで，ジェンダー平等施策も家族を通じて実施した方が反感を買いにくいとのことであった。例えば，家族の中での夫婦の平等から始めれば，子どもたちにも男女の平等が伝わるとの戦略である。

　2009 年時点では，複数のジェンダー平等関連プログラムが「家族制度開発」プログラムの一環として実施されていた（江藤，2011）。「家族制度開発」とは，1994 年の「国際家族年」を契機として NCWA によって策定されたものであり，家族やコミュニティ[4]の強化を通じて様々な社会問題の解決を図る計画であった。この一環として，2004 年に「コミュニティ内家族開発センター」プログラムが開始され，パイロットサイト構築を経て 2011 年までに 7133 カ所の地方自治体で住民ワーキンググループが活動を始めた[5]。

　2007 年には「DV 被害者保護法」が成立し，DV 根絶をテーマにした研修が盛んに行われた。コンケン県の複数の地方自治体では，「コミュニティ内家族開発センター」の企画として DV 研修が行われていた。タイ全土で DV の被害は年々深刻化し，2016 年から 2018 年までに 38％も被害件数が増加したため，2019 年 8 月には緊急政令「2019 年家族制度の開発と保護に関する改正法」によって，「家族制度開発」の一環に DV 対策を位置づけ強化することが明らかにされた。

　また 2010 年にはフェイスブックでの「コミュニティ内家族開発センター」ネットワーク構築も開始され，全国レベルで最も頻繁に家族と女性に関わる情報が更新されるウェブサイトの一つとなった[6]。家族，女性に関する啓発，OWAFD だけでなく関連財団や NGO が主催する家族と女性に関するイベン

ト，各地の「コミュニティ内家族開発センター」の活動事例紹介，健康，夫婦生活，子どもの情報と合わせ，DV 対策や若年妊娠に関する情報などジェンダー平等に資するものが発信されており，3,647 人が「友達」登録をしている。

　他方，ジェンダー平等促進室も「Gender Society」という英語名のフェイスブック・ページを開設して，2011 年から情報発信を開始している。こちらの方は西洋中心主義的フェミニズム寄りの印象であるが，国際的なイベント情報，セクシュアリティや LGBTI（性的マイノリティ）[7]に関する情報などを発信しており，フォロワーは 500 人程度である。

　以上のように，2002 年以降のタイでは，国内向けのジェンダー平等施策は家族政策と融合する工夫が続いている。これを妥協とする見方もあろうが，家族的な価値に重きをおくタイの文化に合わせた戦略として成果をもたらす可能性に期待したい。実際のところ，「コミュニティ内家族開発センター」活動を持続的に活発に実施する地方自治体では，自治体職員や活動参加者のジェンダー意識が高く，女性の意見が反映されやすい傾向がみられる（江藤 2011：2016）。

（3）「ジェンダー平等法」と多様な性

　一般にタイは，性的マイノリティに寛容な国だといわれているが，実際には当事者たちは根強い差別や偏見にさらされている。OWAFD でインタビューを実施した 2012 年当時，政策担当者たちの間でも「男女以外の第三の性を，家族政策に盛り込むのは難しい」という見解がもっぱらであった。なかには将来的に同性婚家族も家族政策の対象となるかもしれないと述べる職員もいたが，積極的に進展させようというムードは感じられなかった。

　しかし，2015 年 9 月にはジェンダー差別を禁ずる「ジェンダー平等法」が施行され，東南アジアではじめての LGBTI 差別を禁じる法令として注目を集めた。この法令の 17 条には，宗教面での女性差別や安全保障面での女性差別を容認する記載があり，暴力やセクシャルハラスメントに関する規定がないため，フェミニストにとっては満足できるものではないという。しか

し，多様な「性志向や性自認（SOGI）」[8]に関わる差別が禁じられ，罰則も設けられたため LGBTI の人々に歓迎された。2019 年には台湾にならって同性婚を認める「ライフ・パートナー法」の整備も検討され始めていることも併せて考えれば，多様な性の尊重への法的な取り組みは着々と進んでいる。

　しかし，それらの内容がタイ社会全般に広く知れわたっているわけではない。特に「トランスジェンダー女性」に対する迫害，揶揄は根強く，当事者による反対運動が活発に行われている。こうした運動を反映してか，2018年には，差別に基づく経済的排除に直面している LGBTI の人々を社会的に包摂する必要性が世界銀行によって指摘された[9]。

　2017 年 12 月 26 日には，インターネット・ジャーナルに「可視化されないタイのジェンダー法」という記事が掲載され，タイの推定 23 万 1,000 人の「トランスジェンダー女性」のほとんどが「人生のあらゆる段階での差別と虐待」に直面していると指摘された[10]。2019 年総選挙では 4 人の「トランスジェンダー女性」が当選し，今後の活動が注目される。

3　農村部における女性の動員

（1）農村女性グループ[11]

　ジェンダー平等を波及させる困難さとは対照的に，農村女性の動員化を通じて農家の家計向上をはかるプログラムに対しては，おおむね肯定的な評価がなされている。女性を主たるメンバーとするグループは多様で，所得創出，コミュニティ開発，環境保全，健康促進に関わる活動などを行っている。これらの農村女性グループは，村（ムーバーン）[12]の範囲で結成され，いくつか種類がある。最も多いのは，既婚女性をメンバーとするグループで，アクティブに活動しているかどうかにかかわらず，村の数だけ，すなわち約 7 万 5000 存在している可能性がある。

　次に多いのが農業・農業組合省の農業普及局に登録された「農業主婦グループ」，「職業グループ」などと呼ばれるものである。農業・農業組合省・農業開発局のウェブサイト上の資料によれば，登録された「農業主婦グルー

プ」は 2015 年以降で 2 万以上ある。

　これらの女性グループ活動のルーツは，1970 年代にさかのぼる。夫であるラーマ 9 世王に同行して国内視察を行ったシリキット妃は，国民の大多数を占める農民たちが天水依存の農業しか行えず貧困に直面していること，また，アヘン原材料となるケシの栽培で生計をたてている少数民族の生活改善の必要性を痛感した[13]。それで，農家や少数民族の女性たちが作っていた伝統的な工芸品を「副業」として活用しようとした。国王ラーマ 9 世時代に王室のイニシアチブによる開発事業が積極的に行われたことはよく知られているが，ラーマ 9 世王が水利開発など大型プロジェクト推進のリーダーとなったのに対し，シリキット妃が「副業」推進のリーダーとなったことで，タイの公的なジェンダー観が創出されたと考えられる。「主」＝農＝男，「副」＝伝統工芸＝女という具合である。

　また，期を同じくして，農業・農業組合省農業普及局は，女性グループ向けのパイロットプロジェクトを立ち上げている。1970 年にチェンマイでグループが立ち上がったのを皮切りに，様々なグループが結成された。活動の内容は，食品加工，手工芸品，綿・絹織物などの製造，共同店舗経営，貯蓄組合など多岐にわたる。参加者世帯の収入向上などの成果を持続的に地域社会にもたらした「成功例」が人々の関心を引き付け，1990 年代にはこれらを模範とした類似グループの結成がブームとなった。

　すなわち，これらのグループ活動は，「王妃の発案」による副業の推進という歴史的経緯をもち，農業開発，コミュニティ開発，女性開発（女性の地位向上，能力・技術向上などをめざすこと）の三つの異なる開発目標を抱き合わせて推進されたが，ジェンダー政策というよりは，女性を貧困解決に動員するプログラムであった。

（2）地方分権化とジェンダー

　地方分権化が進んだ 2000 年代には，地方の発展における女性の活用をコンセプトにした様々な企画が開始された。OWAFD 傘下のネットワーク促進開発室では，2005 年から 2010 年にかけて，自薦式で「女性と家族に優し

い優良地方自治体」の表彰を行った。自治体を対象とした表彰は他にもいろいろあり，自治体の行政の質を向上させるインセンティブとなっている（永井，2012, 212）。表彰された自治体の一覧が掲載されたリーフレットには，「女性は地方の発展の力である」（OWAFD, 2010）と明記されており，2000年代後半から地方政策における女性の動員が公式化したと見てよい。そこでは，「女性の負担（パーラ）を力（レーング）に変えよう」がプロパガンダとなっている（OWAFD, 2010）。

　これらの試みによって，一部の地方自治体の管轄範囲では，地方行政と地方政治の領域で女性の関心事や意見が反映されるような成果が見られた。しかし，先にGGIの項目で示したように，女性の政治参加は依然として低く，特に地方においては家父長的な構造を変革するのは困難である（Vichit-Vadakan, 2008）。そのような中でも，女性は副村長などトップに次ぐ地位に就いて意見を反映させたり，自治体の職員となって男性首長と協力しながら女性の意見を反映させるべく尽力している（江藤 2016, 2019）。

（3）「地方の福祉」への女性の動員

　最後に，保健省が1985年に導入し各村に配置した「村落保健ボランティア」（以下，オーソーモー）に注目したい。もともとプライマリー・ヘルスケアの担い手として地域住民から動員されたものであるが，2010年代以降，高齢者や障がい者，慢性病罹患者のケアを担当するボランティアとして，福祉コミュニティの推進力としての役割が強化されている。地域住民の健康情報収集の要となるグループであり，女性比率は8割と高く女性のケア役割への期待が動員の理由にある。

　タイは，すでに2002年に65歳以上の人口の比率が7％を超え，2022年には14％の高齢社会へ突入すると予測されている。「高齢者施策」の基本は，高齢者のケアは家族が担うものであり，地域コミュニティの相互扶助に多くを期待するという前提に基づいている（大泉，2008, 293）。そのため，高齢者のケアに関わる公的サービスは，主として，高齢者の健康増進活動，オーソーモー，高齢者ケアボランティア，家族保健ボランティアなどと呼ばれる

地域住民の活用，少額のコミュニティ福祉基金（互助制度）の利用であった。介護保険や在宅以外のケア，すなわちデイケアセンターの利用などを制度化する動きはなく，老人介護施設の設立も限られている。富裕層向けの介護施設を設立する民間病院は増えているが，貧困層はあくまでも家族中心の介護が続いている。とはいえ，高齢者の生活保障にかかわる近年の変化は大きく，2007 年から 2017 年にかけて主たる生活費の提供者が子どもである高齢者は52.3% から 34.9%へと減少した。自分自身の就業に関しても不安定で，高収入を望める人の割合は少なく，依存的な高齢者が大半である。

　そのような状況をふまえて，2015 年，タイ政府はオーソーモーを「コミュニティ健康管理者」として養成する方針を打ち出した。その結果，オーソーモーは全国で 110 万人を超え，地域コミュニティ内では，1 人につき 7 〜10 人程度の高齢者や病人の健康管理を担当している。さらに，2018 年 12 月には，オーソーモーの情報網をオンライン化して強化する計画「オーソーモー 4.0」計画が発表された。スマートフォンやインターネットの利用にかかる費用を支援するため，報酬を月額 600 バーツから 1000 バーツに引き上げ，2019 年度のオーソーモー関連 126 億 5600 万の予算に 42 億 1800 万の予算を追加することが発表された。

4　効果的な支援につなげるために

　1970 年代以来，タイ女性は製造業の労働力として，農村部の貧困問題解決の担い手として大きな期待を背負ってきた。従来からの地域住民ボランティアは今日では高齢者ケアの担い手として，また「家族制度開発」という文脈の中で，女性は新たにコミュニティ福祉の担い手としての役割を与えられている。

　ただし，必ずしも 1 人の女性が複数の役割を担うというわけではない。農村部では，同一世帯内や同じ屋敷地内あるいは隣接した区域内に複数の親族女性がいて，各役割を分担するのが一般的であった。このまま女性による分担が続くのか，それとも男性にもケア役割を分担してもらう方向に向かうの

か，あるいは施設介護の増加に舵が切られるのか，今後の変化を見守る必要がある。それは女性を動員（活用）してのコミュニティ福祉という社会実験の可否を問うことでもある。

　他方，タイの社会経済全体の発展に伴って，製造業では女性の外国人労働者が動員されるようになり，かつては貧困女性が従事していた家事援助や「性奴隷」にも外国人女性の参入が増えている。本章では触れなかったが，CLM諸国からの外国人労働者と並んで最底辺に位置づけられているのは山岳地域の少数民族である。ジェンダーを問わず，人身取引の被害にあって過酷な状況で働いている少数民族出身者も数多く存在することも忘れてはならない。ただ，今日のグローバル社会におけるジェンダー間の不平等を指摘して批判するだけでなく，こうした知見を下にして，地域固有の文化（indigenous knowledge）を効果的なジェンダー平等施策を含んだ社会福祉政策につなげる試みに期待したい。

　ジェンダー間の不均衡に関わる問題の解決に向けて，①地域や個人の個別の事情を反映した施策，②家族政策と抱き合わせて反発を少なくする工夫を行うなど現実的で実現可能な努力を続けているタイのナショナル・マシナリーと地方自治体の事例は，フェミニズムへの「交差性」概念の反映，フェミニスト視点での地域研究の遂行に有意義な資料を提供すると筆者は考えている。

（江藤双恵）

●さらに学ぶための問い

振り返ってみよう　タイにおけるジェンダーと「交差」する社会的要素にはどのようなものがありますか。

議論してみよう　ジェンダーと他の社会的要素を「交差」させることによって，どのような福祉的アプローチ，支援策が可能になるでしょうか。具体的に考えてみよう。

調べてみよう　自分の出身地域または居住地域で推進されている女性向けの政策にはどのようなものがありますか。それはどのような目的で，どのように実施されているか調べてみよう。

●さらに学びたい人へ（参考文献ガイド）

①モーハンティ，C. T., 2012,『**境界なきフェミニズム**』堀田碧監訳，法政大学出版局．／インド出身でアメリカ在住の研究者による，フェミニストのグローバルな連帯のための呼びかけ。フェミニスト的地域研究を志す人の必読論文を掲載。

② Peason, R. and K. Kusakabe, 2012, *Thailand's Hidden Workforce: Burmese Migrant Women Factory Wokers*. Zed Books. ／グローバリゼーション下の女性労働に関するパイオニア的研究者と日本人研究者とのコラボレーションによる可視化されない外国人女性労働者に関する研究。

③速水洋子，2009,『**差異とつながりの民族誌――北タイ山地カレン社会の民族とジェンダー**』世界思想社．／タイの山岳少数民族カレン族の個々の女性に焦点をあてて，平地タイ社会との関わりを描き出した文化人類学的著作。

引用参考文献

江藤双恵，2011,「タイ『家族制度開発』におけるジェンダー課題――政策文書とコンケン県の事例から」『マテシス・ウニウェルサリス』第12巻第2号，21-37頁．

―――,2016,「女性の動員から連帯へ――タイの地方自治体職員『コミュニティ開発専門職員』の役割に着目して」『国際ジェンダー学会誌』第14号，73-95頁．

―――,2019,「第12章　女性と家族に優しいコミュニティ福祉は可能か――タイ国コンケン県バーンブー自治体の事例から」速水洋子（編著），『東南アジアにおけるケアの潜在力――生のつながりの実践』京都大学学術出版会，411-441頁．

―――,2020,「第2章　タイの社会福祉」『新世界の社会福祉8　東南アジア』原島博（編著），旬報社，73-121頁．

大泉啓一郎，2008,「国家介入なき福祉戦略」玉田芳史・船津鶴代（編）『タイ政治・行政の変革1991-2006年』JETROアジア経済研究所，287-314頁．

永井史男，2012,「タイの地方自治――『ガバメント強化』の限界と『ガバナンス』導入」船津鶴代・永井史男（編）『変わりゆく東南アジアの地方自治』アジア経済研究所，105-133頁．

吉田美喜夫，2007,『タイ労働法研究序説』晃洋書房．

Crenshaw, K., 1989, "Demarginalizing the intersection of race and sex: A black feminist critique of anti-discrimination doctrine, feminist theory and anti-racist politics," *The University of Chicago Legal Forum*: Vol. 1989, Article 8.

ILO, 2014, *World Social Protection Report*, ILO.

Kusakabe, K., 2005, "Gender mainstreaming in government offices in Thailand, Cambodia, and Laos: Perspectives from below," *Gender & Development*, 13 (2): 46-56.

OECD, 2009, *Gender and Social Protection, in Promoting Pro-Poor Growth: Social Protection*. pp.167-182.

OWAFD (Samnakngan Kitcakan Satri lae Sathaban Khropkhurua Krasuang Phatthana Sankhom lae Khwam Mankhon khong Manut) 2010, *Kan Prakat Kiatkhun Ongkon Pokkhrong suan Tongthin thi Diden dan Satri lae Khropkhrua pracam pi 2553*. (2010年度「女性と家族に優しい地方自治体」賞一覧)

―――, 2015, *Rai ngan Sathankan Satri Pi 2558*.（女性の概況　仏暦 2558 年版）

Peason, R. and K. Kusakabe, 2012, *Thailand's Hidden Workforce, Asian Arguments*. Zed Books.

Vichit-Vadakan, J. 2008, "A glimpse of women leaders in Thai local politics," Iwanaga K. ed., *Women and Politics in Thailand: Continuity and Change*, NIAS Press, pp.125-167.

注

（1）オーストラリアの人権団体 Walk Free Foundation は，「現代の奴隷（modern slavery）」状態にある人々に関する報告書 "*Global Slavery Index*" を毎年出版して告発している。

（2）「社会保護」戦略とは，人権を基盤とし，ライフサイクルに応じた所得保障などを通じて包摂的，普遍的社会保障を実現しようという考え方である（ILO, 2014）。

（3）2012 年に筆者が OWAFD で実施したインタビューから。

（4）ここでのコミュニティとは，農村部では村（ムーバーン）を意味し，日本の「字」，「部落」に近い。都市では地域住民組織，NGO によって組織化された住民グループなどを意味し，日本の「町内会」に近い。

（5）タイ字デジタル新聞 *Komchadluek* 2019 年 8 月 29 日付け記事。"Thoptuan Matrathan So Pho Kho. Phoem Prasitthiphap Kanthamngan Nen Prayot Sung Sut to Prachachon."（「コミュニティ内家族センター」の作業効率を高め，住民に対する効果を最高にするための基準の見直しについて）2020 年 4 月 3 日閲覧。

（6）このフェイスブック・ページの主催は So Pho Kho Samnak Songsoem Sathaban Khropkhrua Sahai So Pho Kho（ソーポーコー家族制度促進事務室　ソーポーコーの友人）で，英語名は Family Trainer となっている。ソーポーコーとは，「コミュニティ内家族開発センター」の略称である。2020 年 4 月 3 日閲覧。

（7）LGBT（レズビアン，ゲイ，バイセクシャル，トランスジェンダー）に I（「インターセックス」または「性分化疾患」と訳される）を加えた語。

（8）Sexual Orientation（性志向）と Gender Identity（性自認）を合わせた略語。性自認に基づく性志向の組み合わせは複数ありうると考えられていて，タイでは 18 通りの分類を支持する人もいる。

（9）"Economic Inclusion of LGBTI Groups in Thailand," *World Bank Group*, 2018 年 3 月 26 日付け記事，2020 年 4 月 3 日閲覧。

（10）"Thailand's Invisible Gender Law," *Reporting ASEAN*, 2018 年 12 月 26 日付け記事，2020 年 4 月 3 日閲覧。

（11）本項目は江藤（2016）の一部を加筆転載したものである。

（12）注 4 参照。

（13）北部山岳地帯の少数民族を支援するために 1972 年に設立されたメーファールアン財団（Mae Fah Luang Foundation）はラーマ 9 世王の母大后の発案，1976 年の手工芸品振興プロジェクト「副業および関連技術促進基金」（SUPPORT）はシリキット妃の発案とされている。

様々な視点から理解する姿勢——JICA 職員の場合——

　大学 2 年の夏，講義で紹介された某 NGO のスタディーツアーに参加し，タイ北部の少数民族の村を訪問した。いわゆる「途上国」と呼ばれる国への初めての渡航で，おっかなびっくりの旅。数日間，村でお客さんとしてもてなしていただいたのちに首都バンコクに戻った。そこで NGO のスタッフから村の貧困の実情を学び，何も知らずに軽々しく村の人の親切を受け取っていたことを恥ずかしく思った。

　この経験が，国際協力の分野に進みたいという漠然とした気持ちを，はっきりとした将来の目標に据えるきっかけとなった。また，スタディーツアーに行く前は情報としてしか知らなかった，そこに生きる人々，社会，土地や気候といった自然が，実感を伴ったものとして，具体的かつ色鮮やかに認識されて，タイ，ラオスといったメコン地域に強く惹かれ，この人たちの役に立つ仕事をしたいと考えるようになった。

　この地域や国についてもっと理解したいと考える中で出会ったのが地域研究だ。特定の切り口（例えば経済学等）ではなく，様々な視点から社会を全体として理解したいという自身の想いにも合致していた。

　幸い希望をかなえ，現在，JICA で国際協力に携わっているが，地域研究のアプローチを学んでいたことは役に立っているのではないかと感じる。

　どんなプロジェクトでも，その地域や国の政治経済，制度，社会や文化などを無視していては，決して成功することはできない。相手国の人々と，理解するコンテクストに相違があると，議論をしていても同じ方向を目指せないし，たとえ別の国で成功した仕組みであっても，その国に合わなければ，うまくいかないからである。相手国について深く理解するというのは，簡単ではなく終わりがないが，その姿勢を持つこと自体が，相手国の人々に受け入れられ，歩み寄れるきっかけになるのも確かだ。

　また，人事異動により専門分野であるメコン地域以外の事業を担当することもある。そういった時も，様々な視点から地域を理解する姿勢を大切にしている。地域研究から学んだのは，なによりこの姿勢なのではないかと感じている。

　　　　（岩﨑真紀子／ JICA）

（公社）シャンティ国際ボランティア会（SVA）の活動に同行してラオス・ビエンチャン市の学校を訪問する筆者。（2008 年 3 月，SVA 撮影）

第 **14** 章
国家再編成における教育政策と国際支援
——モンゴルの事例から——

　国家における経済・社会・政治・文化・心理といった国民生活のあらゆる側面は，教育の発展と密接に関係しています。また，国民をどのように育成し，そのために教育のビジョンをどのように提示するかということは，国家政策のもっとも重要な事柄でもあります。本章はモンゴルを事例にし，国家開発における「教育開発事業」がどのようなものかを，国家開発政策・教育政策・国際支援を軸に明らかにします。

・・・・・・・・

1　地域研究の対象としてのモンゴル

（1）モンゴルの国家・経済・社会

　モンゴルはペレストロイカ[1]を機に 1990 年代より脱社会主義化とともに市場経済化を進めた。地域研究者が指摘しているように，70 年間に及ぶソ連型社会主義体制の放棄とともに西側へのそれまでに固く閉ざされていた門が開かれ，「モンゴルの研究に光明を与え，視野を一挙広げてくれ」た（田中，1992，v）。その結果，「小さな政府」，「民営化」，「脱中央集権化」等の実施によってモンゴルはどのように変わったのかを数多くの研究が取り上げることになった（ロッサビ，2007）[2]。

　世界では 18 番目の面積（156 万 4,100 平方キロメートル）ながら人口が少ない（2019 年では横浜市の約 374 万人よりも少ない約 329 万人）この国は，東アジアの北部に位置し，ロシアと中国に囲まれた内陸国である。古くから羊・牛・ヤギ・馬・ラクダの畜産を営む遊牧民の国として知られていたが，市場経済移行により世界最大規模の石炭をはじめ金・銅・レアメタル・ウランなどを有する「資源大国」として市場の注目を浴びている（岩田，2013）。GDP成長率を見ると 1992 年の体制移行直後はマイナス 9.2% であったが，その

後 2011 年に 17.5% の高成長を記録し，2019 年では 5.1% である（Government of Mongolia and UNDP, 1997；国家統計局, 2020）。1 人当たりの GDP からみると，2019 年に約 4300 米ドルで，2000 年の 450 米ドルより約 9.6 倍に増加した（国家統計局, 2020）。

　一方で，経済成長率が資源価格の変動に左右されるため，対外債務累積の問題も生じている[3]。国内生産は急速な市場主義経済化による負の影響が強く残り，鉱物資源の輸出といった非生産的な産業に偏っていることが大きな課題として指摘されている[4]。世帯当たり平均月収は 2019 年の時点で約 460 米ドルだが，全 89 万 7850 世帯の 55.1% が 410 米ドルより低い収入しか得ておらず，全人口の 3 人に 1 人が貧困状態から抜け出せていない[5]（NSO, 2020）。また生態系や環境問題においても，環境保全をはじめ自然・社会・経済面での新たな対応が求められている（藤田ほか（編）, 2013；UNECE, 2018）。

（2）モンゴルの内政と外交関係

　13〜14 世紀に世界を制したモンゴル帝国は，中国清朝による 200 年間の支配を経た後，1921 年にモンゴル人民共和国として成立，1980 年代末〜1990 年代初期の民主的運動の結果 70 年間の一党独裁を放棄し，複数政党制を導入した。1992 年にモンゴルは「社会主義国家構築」から「人道的民主的国家構築」を提唱した新憲法を公布した。同年の総選挙以来，任期 4 年の政権が 7 回交代している中，従来からあった社会主義政党の人民党と民主化後に誕生した民主党の二つの政党のいずれかが政権を担うかあるいは連立政権を形成してきた。

　外交政策に関しては，地政学的条件からロシアと中国との友好関係に配慮しつつ，しかし一方に偏らない「第三の隣国」という概念が掲げられ，世界の他国との連携模索のため日本，米国，欧州，韓国，中東諸国などとの外交関係構築が追求されている（岩田, 2013）。地域や多国間の取り組みにもバランスの取れた姿勢を維持することが目指され，現在 191 カ国・地域との外交関係が樹立されている。

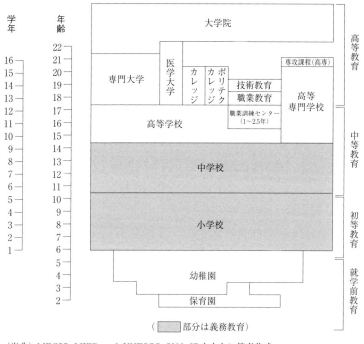

資料 14-1　モンゴルの教育制度

（出典）MECSS, MIER and UNESCO, 2019, 27 をもとに筆者作成。

（3）近代的な教育制度への変化

　モンゴルの近代的な教育制度は 20 世紀に生じた二つの大きな変動により特徴的なものとなった（ミャグマル，2013）。一つは，社会主義時代にチベット仏教の寺院の崩壊や伝統的な文字の使用停止（1994 年以降復活）も含めて，就学前教育から高等教育まで，男女を問わない無償教育が隅々まで普及したことである。旧ソ連を倣って制度化されたこのような西欧的な国民教育[6]が国家統制と経済発展の要求を受けながら展開されてきた（関，2012）。

　1940 年代初頭に国家公用語の変更があり，ウイグル式蒙古文字から，素読はモンゴル語の音，文字はキリル文字をベースにしたアルファベットに切り替えた[7]。60 年代には国民教育制度が，その識字率の高さで当時植民地

独立の解放運動にあったアフリカ諸国へ好事例として国連により紹介される
ほどであった（Steiner-Khamsi and Stolpe, 2006）。90年代になると，教育制度
が再び国外のドナーからの影響と支援を受けながら，激しく揺らぐことにな
る（Silova and Steiner-Khamsi, 2008）。学校教育の機会均等は重要視されたま
ま，市場経済化に適応すべく教育制度の立て直しが求められ，ノンフォーマ
ル教育[8]や私立学校の施設整備の他，公教育では従来の10年制から12年制
への改革が推進された（資料14-1）。

2　1990年代以降のモンゴルの教育の位置づけ

（1）移行期以降の国家発展政策の特徴

　1990年代以降の国家発展政策の主要な課題は，社会経済的混乱を背景に，
経済成長の促進により人々の生活水準を向上させるということにあった。こ
の課題は，モンゴル国会議会が策定した「モンゴルの発展コンセプト
（1996～2020年）」，「モンゴルにおけるミレニアム開発目標（MDGs）に基づく
国家発展の総合政策（2007～2021年）」，そして「モンゴルにおける持続可能
な開発（SDGs）構想（2016～2030年）」において明確である[9]。

　これら中・長期的な政策のどれも，国家発展の基盤は国民の統合にあると
強調し，「モンゴル人」の国民性について言及している。いわば国民国家の
体制の維持が重要視され，第二次の政策から「モンゴル語」と「モンゴル精
神」を持つモンゴル市民の育成，そのためのモンゴル語・歴史・文化の普及
が掲げられた。一方で，どの政策でも「個人主義」が主張され，個人を国の
発展の源泉としてみなしている。各々が生活上豊かで，安全で，健康に暮ら
し，多面的に成長するような機会の提供は国家開発の目的として提唱された。

　他方で，モンゴルは「広大な土地，豊富な自然資源」を持つものの，市場
経済の専門家や高度な技術者の不足，不十分な教育の質，科学技術発展レベ
ルの低さなどの諸問題を抱え，これらがいわば発展の妨げとして指摘されて
いる。このことにより，教育分野が新たな国家発展において社会の優先分野
として位置づけられ，教育改革が必要とされた。また，いずれの国家発展政

資料14-2　モンゴルの国家発展政策及び政権交代の年表

政権期間	政権党	主な政策および事業採択年		
1992-1996	人民革命党			
1996-2000	民主連合	1996	モンゴルの発展コンセプト（1996～2020年）	
2000-2004	人民革命党			
2004-2008	人民革命党・民主連合の連立	2008	モンゴルにおけるミレニアム開発目標に基づく国家発展の総合政策（2007～2021年）	
2008-2012	人民党*			
2012-2016	民主党	2016	モンゴルにおける持続可能な開発構想（2016～2030年）	
2016-2020	人民党*			

（注）人民党は2010年11月に人民革命党から分裂した党である。
（出典）NSO, 2016等をもとに筆者作成。

策も，モンゴルの教育が国際レベルに近づくようなものでなければならないとし，学校12年制を唱えている。第二次の政策以降では「知識基盤社会」の構築や「能力のあるモンゴル人」の育成が言及されている。すなわち，国家発展政策では，従来と変わりなく「国家形成の道具」としての教育が強調され，他方では「第一義的に尊厳ある人格」の育成，つまり「人間開発のための教育」が重要視されている（黒田・横関（編），2005, i-ii）。

　ところで，国家発展政策では当初設定された期間が守られず，次の政策が打ち出されるという特徴が目立つ。最初の政策は実施目標期間が1996年から2020年までであったものの，2008年に新たな国家発展政策が採択されている。2016年の国家発展政策に関しても同様で，2021年までのミレニアム開発目標に基づく国家発展の総合政策の実施期間が終わっていない中で，拙速に決定されている（資料14-2）。それはなぜであろうか。

　その理由の一つに，政権交代のたびに国家発展の方針が変わるという，移行期ないし途上国にありがちな現象がある。第一・三次の政策は民主連合政権，第二次は人民革命党と民衆連合の連立政権が策定したものである。もう一つ，政策名からもわかるが，国家発展の方針が国際的なイニシアティブに歩調を合わせているという点である。第二次の政策ではミレニアム開発目標，第三次では持続可能な開発が唱えられている。これらは国際社会との共通性

と支援側の影響力を示す一方で，欧米や国際機関から支援を引き出すための戦略でもある。

（２）転換期以降の教育政策の特徴

　90年代以降のモンゴルは，教育政策面でグローバル化の波に乗った。その際，社会主義時代と同じく外部からの支援による開発が志向された。私立教育機関を許容する教育法の制定や大学の単位制度導入が代表的な例であり，「効率性」，「合理性」の追求や「国際標準への適合」が強調された。1995年に個人の自由や選択の原理を重視した教育基本法が制定されて以来，初等中等教育法（2002年），高等教育法（2002年），職業訓練教育法（2002年），就学前教育法（2008年）といった教育段階別の法律体系が改正，制定された。

　国の教育展開を支える柱とされるこれら教育法に加え，さらに五つの教育政策が主な国策として採択されている[10]。そのうち，1995年の教育政策は人民革命政権下において，1997年，2000年，最新の2015年の政策は民主党政権下，そして2006年の基本計画は人民革命党と民主党の連立政権下においてそれぞれ策定されたものである。

　これらの教育政策においても，教育は「社会の最優先分野」との主張が確かに引き継がれ，国家の社会・経済・科学・技術・文化発展にとって重要な要素であり，国民の安全および独立の保証である，と掲げられている。具体的に教育の目的は，市民の生活を生涯支え，それを保証することであるという。それは，市民が個々の才能や技能を向上させ，効率よく働き，幸せに暮らすために必要な知識・能力・技能を身につけ，道徳および人道的規範を守り，生涯を通して学べる機会を提供する制度構築だと位置づけている。教育の役割はまさしく新憲法においてモンゴル国が目指す「人道的，市民の，民主的社会構築」という目標に則しているといえる。

　さらに各政策実施の具体的な措置や取り組みを示すものとして20近くの計画が次々と打ち出された[11]。だが長期の展望へ踏み込んだ方針は2000年代以降も提案されず，漠然としている。多岐にわたる野心的な目標が設定されているがゆえに，新しい政策が以前の政策の成果や反省をどれほど踏まえ

ているのかが明らかでないままである。

3　モンゴルの教育改革と国際教育支援

（1）多様な国際支援の関わり

　教育改革に充てるだけの財政的な余裕がないモンゴルは，海外の多様なドナーの支援に頼らざるを得なかった[12]。多くのドナーが教育支援の提供をプロジェクトの一環としての現状把握調査から始め，事前・中間・終了時および事後の評価・助言などを技術協力の形で提供してきた。この方式をとるのは，そもそも教育開発事業が支援側の支援理念に沿っているうえ，数値化された指標が組み込まれることで，実施前後の評価にも便利な設計になっているからである（長尾，2008）。

　多くのドナーが社会の認識向上や市民の積極的な参加をねらい，「地方分権化」や「参加型」などいわゆるボトムアップ的なアプローチを前提にし，直接教育の現場を対象にした支援を提供した。ユネスコによるラジオ放送を活用した「ゴビ砂漠の女性」学習支援，ソロス財団による教員主体の指導法改善を目的にした「スクール21」支援プロジェクトなどがその例である（Silova and Steiner-Khamsi, 2008）。

　これと対照的に，「カリキュラム開発や人材，資金などの資源分配が教育政策に従って行われる」ため，モンゴル政府（教育省）を通じて行われる支援も多い（山田，2008，52）。教育省が言及しているように，広範な課題が設定された教育全般でのコストの合理化や効率性を図るには資金と技術の不足が問題であった。そのため，教育省はしばしば主要なドナーであるアジア開発銀行（ADB：Asian Development Bank）へ支援を要請し，他の支援と比べても大規模といえる教育支援を受けている。また，支援改革の背景には，基本的に「どん底」に陥ってしまった物的環境に「滅びの停止」をかけると同時に，支援側の主導により得られた知識や経験を国全体に波及させるという意図があった（小出，2010）。

（2）主要なドナーとしての ADB

　教育制度の再建は，教育実態把握を目的とした ADB の技術協力による「モンゴル教育人材セクター評価」調査から始まった。モンゴルにとってこれは旧社会主義圏以外の海外のドナーによる初の大規模な調査で，他の途上国でのものと同じく支援側の専門家らが被支援側であるモンゴルの教育省と協力しながら実施されたものである。

　1993 年の夏から秋に実施された調査によって，教育制度全体として改善すべき課題が「モンゴル教育・人材計画」において提案された。初等中等教育の拡大，高等教育の改革，技術訓練・専門教育制度の合理化，学校教育からドロップアウトした青少年への学習機会の提供，教育管理の向上，教育省の構造・行政能力の向上などの六つである。こうして初の無償協力（535 万米ドル）から始まった ADB の支援がそれ以降有償資金（借款）でも実施されるようになる。

　ADB はモンゴルの教育開発に対して 4 〜 6 年おきに「教育セクター開発計画」や「教育セクター改革プロジェクト」などを実施し，政権交代の場合も上記領域を対象に継続的な支援を行っている[13]。プロジェクトでは，新政権による政策や法の制定に向けての支援，特定のモデルの導入などを求めた幼児教育や職業技術教育，高等教育やインクルーシブ教育などの支援が実施されているが，支援の主眼は 12 年制学校制度への移行にあった[14]。実際，教育開発のどの事業においても，教育施設の整備・修繕，教材の開発・調達，スタンダード[15]や教科書の開発，教員と管理職員の能力向上を対象にして資金が配分されていた。

　ただ，支援期間においてどのような結果や成果に至ったかは，制作・印刷された教科書の種類や部数，国内外の開催研修の回数，訓練に参加した人数，購入された教材，新たに設置された機器，改善されたカリキュラムやガイドライン数といった数値で測られた[16]。そしてモンゴル教育省，あるいは ADB は教育セクターにおける主要な政策実施が成功したものと認識している。だが，これは事後的に新たな目標を設定し，投資した金額の成果を数値化（目に見える形で）して測定する，ADB のような国際金融機関からの見方

であろう。

　本来ならば，量的な結果（アウトプット）だけでなく，社会にどのような
影響（インパクト）を与えているのかを，時間をおいて測る必要がある（牟田，
2008）。例えば ADB からの 1,000 万ドルの無償協力による「教育セクター改
革プロジェクト（2009〜2014年）」の一環として，教育大学では，これまでな
かった「ライティング」や「クリティカル・シンキング」，「人づくり」と
いった新しい科目が設置された。また教育実習の対象者は従来，3〜4年生
のみであったが，1年生から受けられるようにカリキュラムも改善されたと
いう（ADB, 2015）。このようなモンゴル教育省ないし教育現場で不足して
いるとされた新たなカリキュラムや研修の成果は，どこまでノウハウとして
蓄積され，教育の現場においてどのような変化をもたらしたのだろうか。

4　教育と発展のゆくえ

　米村が指摘しているように，教育の発展は政策との関わりを強く持つがゆ
えに，研究対象を客観化してとらえる必要性と困難性が同時に存在する分野
である（米村, 2003, 12）。第1節で紹介した通り，モンゴルは経済指標面に
おいて下降局面を脱し，1人当たりの GDP は右肩上がりである。政治面で
は従来の一党独裁主義から脱却し，世界の諸国との協調を進めている。さら
に，第2節でまとめたように，1990年代以降のモンゴルは，モンゴル人と
いうアイデンティティと国際化の両方を認識した市民の統合による国家の再
編成を中・長期的国策として提唱している。外部からの支援と国際社会の
MDGs や SDGs の影響を受けながら，教育を社会経済開発の重要な手段と
同時に，人づくりの対象として優先分野にしている。このような情報は国際
社会に対しても魅力的な発信になるだろう。

　教育開発に関しては，第3節の通り，改革の焦点はモンゴルの教育制度の
12年制への移行にある。財政面でも技術支援面でも，多種多様なドナーの
中で ADB のみが継続的な支援を提供している。どれぐらいの資金が何に配
分され，どのような結果が得られたかに関しては事前や事後のプロジェクト

報告書などで公表されている。しかし，政策を提案し支援を管轄し指導と運営に責任を有するモンゴル政府側からは閲覧可能なこのような情報の提供が不足している。モンゴル政府側は，教育政策がおそらく国際支援と深く関わっていることから，支援提供側に対して報告を行ってきたはずである。だが，新しい教育のあり方を探るのにそれだけでは不十分である。教育改革の範囲は教育の諸側面に関わる膨大かつ野心的なものであった。しかし，設定目標がどの項目においてどこまで実現できたか否かが曖昧なまま，新たな政策が提示されてきたことが，モンゴルの国家発展政策にも教育政策の場合にも共通する問題点であったと指摘できる。

　実際，官庁機関と縁のない教育の現場の人々，一般の親や子どもたちの立場からみれば次のような疑問が残る。モンゴルの教育の質が本当に向上し，教育の現場が個々の才能や技能を向上させるような環境になっているのか。特に支援プロジェクトの成果を表す数値は，教員と子どもの相互作用，親の学校教育への参加改善につながっているのか。そして，国家政策で掲げているように，教育改革は一人ひとりがモンゴル人としてのアイデンティティを持ち，道徳および人道的規範を守り，共有されている価値観を受けつぎ，効率よく働くことに寄与しているのか。すなわち，教育を通して「人を幸せにする」という前提を提唱してきた政府が，海外からの支援や資本を社会全体の厚生水準の向上の道具として使うことができているのだろうか（片桐・木村，2008，187）。

　モンゴルは，外発的発展型の成長で GDP の数値が上がり，表面上高等教育の入学率が 6 割を超え，海外に行く私費留学生やなにかしらの国際大会などで優勝するモンゴル人の若者が近年増えたとはいえ，社会の実態や教育の現状という観点から見た場合，「かえって遅れをとってしまっている」のではないかとの疑問点が指摘されている（MECSS, MIER and UNESCO, 2019）。市場原理に適応できる知識がないがゆえに，そもそも競争原理の基本となる透明性がスタート時点で欠如していたことがしばしば言及されている。教育制度の立て直しはすでに築き上げた土台だけを改善すれば済むものではなかった。福祉や教育を含む公的サービスの合理化，効率性のもと，学校寄宿

舎の有料化（2008 年から再無償化）や 115 校の合併・閉鎖が実行され，7,300 人の教員がリストラされた中，低賃金や給与支給の停滞などもあり，優秀な教員が職場を離れはじめた（ロッサビ，2007）[17]。

　教育経歴 30 年のベテランで二児を持つシングルマザーの教員が言う。「教員の知名度が下がる反面，負担は増える一方だ。政権が変わるたびに，指導改善を求めるものの，カリキュラムや教科書も何度も変わり，国の方針では子どもや学校をどうしたいのかが分からなくなってきた。生徒数の増加に伴い 3 人で並んで座る状況が続いているし，授業について行けない生徒が大半で，子どもの学習姿勢に無関心な親も増えている。入学年齢が 8 歳から 6 歳に下がったものの，6 歳児に合った環境とは言えない。無償のオヤツ（2006 年に導入）があってもなお，『お腹空いた』，『喉乾いた』と言い出す子もいる。給料は全く足りないので，借金して生活費を賄う先生もいれば，仕事を辞める新人も少なくない。私も（商売をしている）姉のサポートがなければ，とっくに倒れていたと思う」[18]。

　一部の私立学校を除く多くの公立学校で存在しているこのような現状に不満を訴え，教員たちがデモに出るまでの行動を取ったのが 2017 年 11 月のことである。そして，つい最近，学校教育が実際には指定プログラムの 6 割程度しか提供できていないという現状がモンゴル全国の学力テストで明らかになった。加えて，政権交代による不安定な政治と行政，政府機関幹部や公共サービスにおける横領・汚職等への批判と不信感とともに，社会全体の道徳的・人道的規範の劣化が危惧されている（Batbayar，2016）[19]。

　今井が指摘するように「教育改革が提唱するキーワードが新しくなっても経済・社会が従来のまま，あるいは経済・社会が刷新されても教育が従来のままでは，教育と経済・社会の関係は離齬をきたすことになる。教育と経済・社会の関係，すなわち教育開発の問題を考える必要が」ある（今井，2003）。昨今の政策を国際支援との関係において真摯に見直し，教訓として活かしてないモンゴルにとって，これは今なお問われるべき視点である。

（ミャグマル　アリウントヤ―）

●さらに学ぶための問い

振り返ってみよう　「モンゴルのような社会生活のすべての側面において，野心的な改革が推進されている国，地域では，教育分野への国際支援は社会全体の生活向上に寄与したのかを注意深くみる必要がある」という主張に対して，批判的に意見を述べてみよう。

調べてみよう　開発支援の効果が被支援国に関する研究蓄積と関係していると言われています。教育を研究対象とした場合，モンゴルのような旧社会主義圏の教育開発に関する先行研究がどれぐらいあるのか，一つの国を例に図書館で調べてみてみよう。

議論してみよう　上記のライブラリー・リサーチによりどのような結果が得られたかについて，疑問点も含めて，テーマやキーワードに分類し，お互いに議論してみてみよう。

●さらに学びたい人へ（参考文献ガイド）

①萱島信子・黒田一雄（編），2019，『**日本の国際教育協力――歴史と展望**』東京大学出版会．／1954年からスタートした日本の対外国際協力の歴史について，時代ごとの理念や政策，支援対象の教育セクターや協力形式，これからの展望についてまとめている良書。

②菊地京子（編），2001，『**開発学を学ぶ人のために**』世界思想社．／開発の定義や理念をはじめ，開発と国際支援との関係性を経済学，文化人類学，社会学などの知見から分かりやすく考察している概説書。

③Steiner-Khamsi, G.（ed.）2004, *The Global Politics of Educational Borrowing and Lending.* Teachers College Press.／多様なアクターによる教育信用・貸与の政策が，どのように，またどのような理由で行われているのかを論じている教育政策の専門書。

引用参考文献

荒井幸康，2004，『「言語」の統合と分離――1920-1940年代のモンゴル・ブリヤート・カルムイクの言語政策の相関関係を中心に』三元社．

今井重孝，2003，「新しい教育開発の可能性」江原裕美（編）『内発的発展と教育――人間主体の社会変革とNGOの地平』新評論．

岩田伸人（編），2013，『日本・モンゴルEPAの研究――鉱物資源大国モンゴルの現状と課題』青山学院大学総合研究所叢書．

片桐芳雄・木村元（編），2008，『教育から見る日本の社会と歴史』八千代出版．

黒田一雄・横関祐見子（編），2005，『国際教育開発論――理論と実践』有斐閣．

小出達夫，2010，「モンゴル　人と教育改革（6）――社会主義から市場経済への移行期の証言」『北海道大学大学院教育学研究院紀要』，第111号，41-63頁．

国家統計局，2020，「1人当たりのGDP」"http:www.1212.mn," 2020年12月20日閲覧．

関啓子，2012，『コーカサスと中央アジアの人間形成――発達文化の比較教育研究』明石書店．

田中克彦，1992，『モンゴル　民族と自由』岩波書店．

長尾眞文，2008，「教育援助プロジェクトの事例評価――厳密性と有用性」澤村信英（編）『教育開発国際協力研究の展開』明石書店．

日本比較教育学会編，2012，『比較教育学辞典』東信堂．

廣里恭史，2001，「アジア地域への教育協力――アジア開発銀行と教育開発・改革をめぐる「政治経済学」の構想」江原裕美（編）『開発と教育　国際協力と子どもたちの未来』新評論．

藤田昇・加藤聡史・草野栄一・幸田良介（編），2013，『モンゴル草原生態系ネットワークの崩壊と再生』京都大学学術出版会．

ミャグマル・アリウントヤー，2013，『モンゴルにおける「支援型教育改革」と「教育借用」――幼児教育における〈子ども中心主義アプローチ〉の実践を事例として』博士学位論文，一橋大学大学院社会学研究科．

牟田博光，2008，「国際教育協力事業の評価――課題と展望」澤村信英（編）『教育開発国際協力研究の展開』明石書店．

ロッサビ，モリス／小長谷有紀監訳・小林志歩訳，2007，『現代モンゴル――迷走するグローバリゼーション』明石書店．

山田肖子，2008，「教育開発を社会学する――分析者としてのスタンス」澤村信英（編）『教育開発国際協力研究の展開』明石書店．

米村明夫（編），2003，『世界の教育開発――教育発展の社会科学的研究』明石書店．

Asian Development Bank (ADB), 2015, Mongolia: Education Sector Reform Project, Completion Report, Asian Development Bank. "http://www.adb.org/projects", 2019 年 12 月 24 日閲覧．

Batbayar, E., 2016, *Democratic Revolution and Capitalist Development of Mongolia*, Master Thesis, Saint Cloud State University.

Government of Mongolia and UNDP (United Nations Development Program), 1997, *Human Development Report, Mongolia, 1997*, Admon Co.Ltd.

MECSS (Ministry of Education, Culture, Science and Sports), MIER (Mongolian Institute for Educational Research) and UNESCO, 2019, *Education in Mongolia, A Country Report*, Unknown Publishing.

NSO (National Statistical Office of Mongolia), 2016, *Mongolian Statistical Yearbook 2016*, Admon.

Schriewer, J., and Martinez,C, 2004. Construction of Internationality in Education, in: Steiner-Khamsi, G., (ed.), *The Global Politics of Educational Borrowing and Lending*, Teachers College Press.

Silova I., and Steiner-Khamsi, G., 2008, *How NGOs React: Globalization and Education Reform in Caucasus, Central Asia and Mongolia*, Kumarian Press.

Steiner-Khamsi, G., and Stople, I., 2006, *Educational Import Local Encounters with Global Forces in Mongolia*, Palgrave Macmillan.

Stiglitz, J., 2002, *Globalization and Its Discontents*, W. W. Norton & Company.

UNECE (United Nations Economic Commission for Europe), 2018, *Mongolia Environmental Performance Reviews*, United Nations Publication.

注

（1）ロシア語では「再構築」を意味するペレストロイカは，1980 年代後半から旧ソ連邦の共産党書記長のミハイル・ゴルバチョフが提唱・実践した政治体制の改革運動である。

（2）筆者が検索した論文データ（CiNii）では，1992 年以降のモンゴル（中国の内モンゴル含む）に関する雑誌論文は 7000 件を超えている（2020 年 4 月 3 日閲覧）。なお，研究成果が該当国の国内政治体制と深く関わることについて比較教育学者のシュリーバーとマルティネスも論証している（Schriewer and Martinez, 2004）。

（3）2015 年では，モンゴルの対外債務累積は 2 万 1542 米ドルであり，これは 1 人当たり約 7,000 米ドルに相当する（NSO, 2016, 636）。

（4）モンゴルは，旧ソ連の援助停止とともに，1991 年から新規融資を行うために構造調整政策を実施した。もともと，1980 年代半ば途上国の債務累積問題を打開する目的で世銀（世界銀行：World Bank）や IMF（International Monetary Fund, 国際通貨基金）によって導入された同政策は，国営企業の閉鎖や民営化，補助金廃止や金利の自由化，税率や公共料金の引き上げなどを条件として課したものである（Stiglitz, 2002）。

（5）1991 年に貧困率は 14.5％であった（Government of Mongolia and UNDP, 1997, 15）。

（6）ここでは，冷戦時代の西欧と東欧のような区分としてではなく，関がいうように，ソ連圏の公教育はヨーロッパの近代的教育を起源としたことを意味する。

（7）その背後に，ソ連を中心とした社会主義圏との協力を土台に経済的科学的発展を促すという意図の他，スターリンによる大粛清に伴う政治的な圧力もあった（荒井，2004）。

（8）ノンフォーマル教育とは，「学校教育（＝フォーマル教育）の枠組みの外で，特定の集団に対して一定の様式の学習を用意する，組織化され，体系化された（省略）教育活動を指す」（日本比較教育学会編，2012, 309）。

（9）本章に取り上げている三つの国家発展政策は，1996 年 5 月 3 日付国会第 15 番決議，2008 年 1 月 31 日付国会第 12 番決議，2016 年 2 月 5 日付国会第 19 番決議により策定されたものである。他に 1998 年に「モンゴル国における 21 世紀の持続的開発の計画」が策定されたが，正式に無効とされたかどうかは提示されていない。また 2019 年後半から「モンゴル国家における長期開発政策〈ビジョン 2050〉」という新たな政策が検討されている。いずれの原文もモンゴル語のみであり，モンゴル国立合法機関が運営する法的関係のデータベースの公式ホームページに掲載されている。http://www.legalinfo.mn　2019 年 10 月 1 日閲覧。

（10）教育の主な国家政策とは，1995 年の国会会議による「教育に対する国家政策」，1997 年の「1997 年から 2005 年までの教育セクター改革のためのモンゴル政府による主な指針」，2000 年の「モンゴルの教育セクター戦略 2000 年〜2005 年」，2006 年の「2006 年〜2016 年のモンゴルの教育開発の基本計画」，2015 年の「教育に対する国家政策 2014〜2021 年」。モンゴル国立合法機関：http://www.legalinfo.mn　2019 年 11 月 1 日閲覧。

（11）市場経済移行期における最初の計画は 1995 年に承認された「モンゴル文字国家計画」であるが，最近では 2018 年の「高等教育機関の研究基盤発展の国家計画」と〈持続可能な開発〉国家計画」などがある（ミャグマル，2013；MECSS, MIER and UNESCO, 2019 を参照）。

（12）国際的な NGO セーブ・ザ・チルドレン，ワールドヴィジョン，二国間政府機関である GTZ（ドイツ技術協力公社），日本の JICA，デンマークの DANIDA（デンマーク国際開発庁），国

際機関の世界銀行，ユネスコ，ユニセフ，UNDP（国際連合開発計画），国際支援財団のソロス財団などである（ミャグマル, 2013）。

(13)　ADB のホームページ上におけるモンゴルの教育関係の支援事業をまとめると，2018 年の時点では，四つの無償資金，七つの借款資金，14 の技術協力資金が提供されている。その中で，12 年制教育制度への支援が，1993～1994 年のモンゴルの教育及び人材開発レビュー，1996 年の「教育セクター改革プロジェクト」，2003 年以降の「第 2 回教育開発プログラム」，2004 年以降の「第 3 回教育開発プロジェクト」，2007 年以降の「教育セクター改革」，そして 2019 年以降の「経済困難期における教育の機会均等及び質強化」プロジェクトなどを通して実施されてきている。だた，実施完了報告が公開されていないプロジェクトもある。とりわけ 90 年代初期の教育支援に関しての詳細は掲載されていない。Asian Development Bank：https://www.adb.org/projects/　2019 年 12 月 1 日閲覧。

(14)　実際，貧困緩和および経済的成功の一要因との観点から，1990 年代より基礎教育が世銀さらに ADB の重点的な対象となった（廣里，2001）。

(15)　教科毎に履修する教育内容や達成すべき項目が定められた学習基準。

(16)　第 1 回の 1,700 万ドルの借款，および 95 万ドルの技術協力のもと，技術訓練専門教育の新たな政策と法の策定，高等教育の質保証制度の導入，「教育運営」や「国際貿易」などの修士課程の設置の他，171 校の再建，約 2 万 1,000 人の学校教員・管理職員の国内外研修，大学を含む 113 校へのコンピュータの提供，地理をはじめ社会や国語，外国語関係の 29 種類の教科書の開発と印刷といった成果が数値化された評価として出されている。Asian Development Bank：https://www.abd.org/sites/default/files/project-document/7012/pcr-mon-27371/pdf. 2019 年 12 月 23 日閲覧。

(17)　実際に支援側のミッションが，モンゴルの教育セクターは「お金を無駄なところに使っている」と判断し，効率化のために同セクターの人間を 1 万人に減らすことを求めたのである（小出，2010）。

(18)　筆者がモンゴルのとある小学校の教員に 2018 年 10 月 10 日，2019 年 10 月 12 日に行ったヒアリングより。

(19)　政治・経済・社会問題について De Facto Gazette が日本語や英語などで定期的に掲載している。http://www.jargaldefacto.com　2020 年 1 月 22 日閲覧。

自文化と自言語の相対主義——日本語教師の場合——

　なぜ社会学修士なのに日本語教師になったのか。よく聞かれる質問であり，自分に問い続けている問いでもある。しかし私にとっては社会学と地域研究あってこその日本語教育なのだと思う。

　一橋大学大学院の「地球社会研究」専攻の院生の時，「地域研究」ゼミにも参加していた。地球を俯瞰する浮遊感から救いを求めていたのかもしれない。その時に児玉谷先生から聞いたアフリカのフィールドワークの時の話がある。調査地で長期間過ごして大都会のケニアに戻った時，信号待ちをしていて，向かいのガラス張りのビルに映っている人々の群れをふと見て，「なにか一人，背の低くて色の白いのがいるなあ」と思った。それが自分自身の姿だと認識し，ひどく驚いた。そういう話だった。

　その後，自分も海外で仕事をする機会を得た。隣国の中国だ。ケニアとは異なり，中国の人々の見た目は日本の人々と変わらないし，地球上の他の地域の人々からは同じように見えるだろう。言語も文化も東アジアの諸々を共有している。にもかかわらず，ひどく驚くことにも毎日のように遭遇する。そのたびに自分が外国人であることを知り，自分の言語と文化を疑うようなことも，見直すようなことにもなる。中国は私にとっての鏡だった。同じことと違うことがあって悩ましい。でも，同じだからこそ喜ばしく，違うからこそ愛おしい，異文化。

　アンソニー・ギデンズは『社会学』の中で，社会学は「私たちが当然の状態と見なしている観点が実際ではそうではないかもしれない点を分析すること」と述べている。あたりまえを疑うこと，それはいつも自らの姿をくっきりと映し出す異文化の鏡が出発点になる。

　日本語教師の仕事を始めて12年たった。世界中から集まった留学生たちに日本語を教えている。教室での共通語は日本語だが，あたりまえの日本語は一つもない。外国人の目線で日本の文化や社会を解読したりもする。この仕事は自言語と自文化を相対化するスリルある知的挑戦だと思う。だから，もし，私にキャリアと呼べるようなものがあるとしたら，鏡に映る言語と文化に驚き続け，問いを発し続け，自らのあたりまえの世界を解読していくこと，になるのだろう。

（市原明日香／大学講師）

グローバリゼーション時代の地域研究
──アフリカ二国比較地域研究序説──

　終章は「グローバリゼーション時代の地域研究」と題して，現在のグローバリ
ゼーションの時代において，先進国の市民がグローバル・サウスを理解するため
の地域研究がどのようなものであるべきか，そのあり方についてアフリカ地域研
究を例に議論し，アフリカ内の比較地域研究の可能性をケニアとザンビアで検証
し，試行します。

・・・・・・・・・

1　グローバリゼーション時代の地域研究
──比較地域研究という手法──

　本書の各章で示されたように，地域研究は北（先進国）側の市民がグロー
バル・サウス（南）を理解するための有力な研究アプローチである。本章で
は，グローバリゼーションの時代に対応する地域研究の手法として地域重層
性と歴史的要因を重視した比較地域研究の可能性を論じていこう。

　タイ研究者である重冨は「比較地域研究」を地域研究の新しい手法として
主張している。比較地域研究とは，複数の国における同一テーマの比較に
よって「同じ目的をもった行為や同じ衝撃によって生じた現象が，国・地域
によって異なった現れ方をしたとき，その違いをもたらした要因を地域の文
脈に求める」（重冨，2012，23）というものだ。その手法が有効な条件として，
まず比較の対象となる共通の変数があること，目的やインパクトが絞られて
いること，極端なバリエーションがないこと，比較対象の国同士の地域的文
脈が類似していることを重冨は述べている。その上で，地域研究は歴史的，
地理的に類似している国同士を比較することになるので，比較政治学の一種
といえるとするヨーロッパでの論を紹介している。

　重冨の指摘は，特にサハラ以南アフリカ（以下，アフリカとする），ラテン
アメリカ，中東などのリージョナルな意味での地域を分析するうえで重要だ。

これらのリージョナルな意味での地域は政治的・経済的・開発的文脈の類似性が高く，それぞれの「地域」内の国々の比較が有効だと考えられるからである。以下では，アフリカを事例として，比較地域研究の手法に則った分析を展開してみたい。

　ここでは筆者の一人（児玉谷）が長年調査に携わった同じアフリカ地域に属する二国（ケニアとザンビア）を取り上げる。アフリカ諸国は1980年代以降，経済自由化と民主化という外部から与えられた政治経済的変化への圧力に一様に晒された。この「同じ衝撃」に各国がどのように対応したのかを二国の比較を通して検討するのがここでの目的である。

　ちなみにアフリカ地域研究においては，国際機関，および先進国援助機関とアフリカ諸国政府の関係についての研究はこれまで多くなされてきたが，アフリカの諸国同士が相互に及ぼし合う影響についての研究は思いのほか少ない。これは現在のグローバリゼーションの状況を鑑みるに，重要な視点や研究の蓄積が欠落していることを意味するように思われる。なぜならポスト冷戦期のアフリカでは内戦や国内紛争が増加したのみならず，同時に紛争が隣接国に越境して飛び火するなど，国内紛争が国際化する傾向も見られているからだ（本書第9章；武内，2006）。つまりリージョナルな「地域」の条件や動向の理解を抜きに，ナショナルおよびローカルな一国地域研究では不十分だというのが本章の主張である。本章ではこの考えに立ち，「地域の重層性」（リージョナル・ナショナル・ローカル）と歴史的要因を考慮に入れていくことにしたい。

2　地理的要因に基づく開発・発展モデル批判

　広域の比較に移る前に，一国の地理的要因に着目する開発・発展モデルをとりあげ，批判的に検討することから始めてみたい。J. サックスやP. コリアーなどの開発経済学者は各国の統計データを駆使しながら，近年の貧困や紛争などの問題が地理的要因を含む複数の要因あるいは罠によると述べている（サックス，2006；コリアー，2008；2010）。例えば，コリアーによれば，ア

フリカの内陸国では，自国に港を持たず，隣国等の港湾を利用するため貿易輸送費がかさむことが多い。その結果，輸送路や港湾のある隣国などの治安や経済の悪化によって，輸送路の確保ができず，貿易のコストが上昇する。また多くの国に国境を接することから隣国の紛争や政治不安定の影響を受けやすいとされる（コリアー，2008，92-98）。この主張には「他の条件が同じ」という前提がある。同じような前提でならば，「内陸国は貿易の輸送路の不安定や運送費の高さの悪影響を受けやすい」ということだ。しかしこの種の議論では内陸国という要因だけが貧困や紛争の原因であるかのように受け取られがちである。

　コリアーの議論をここで取り上げたのは，本章の対象国の一つであるザンビアが内陸国であるためである。しかしザンビアがたどった開発・発展の歴史は，コリアーの指摘するような条件だけで起こってきたとはいえない。実際には，貿易上不利であるという経済地理学的な要因からだけでなく，植民地支配下での開発が南部アフリカ全体で行われたという歴史的な要因によっても，国の政治経済が左右されてきたのである。また地理的条件は，他の政治経済の構造的要因や政策的・戦略的要素と結びつくことで，強く発現したり，あまり作用しなかったりする。つまり内陸国という地理的条件はコリアーの主張するような絶対的な要因としてではなく，潜在的な要因として考えるべきである。歴史や国際的条件と結びついて初めて，内陸国という要因は輸送路の障害や平和・安全上の障害となる。そのため，コリアーら開発経済学者のモデルは有効ではあるものの限定的なものといえよう。

　一方で，インド洋に面しているケニアは，内陸国ではなく，沿海国である。コリアーらの主張について，ケニアに関しても検討を加えてみたい。ケニアの場合，典型的な沿海国の開発モデルであったといえるだろうか。ケニアは農業国として発展した歴史があり，タンザニア，ガーナ，コートジボワールのように沿海部に港湾都市が作られ，そこを拠点に内陸部へ向かって開発が進められるという沿海国に典型的な開発モデルが採られなかった。19世紀末から1963年の独立までの植民地時代，白人入植とプランテーション経営が行われた内陸部の方が政治経済の中心地としてあり，その政治経済的構造

は現在まで引き継がれている。

　またケニアは沿海国ではあるものの，隣国の政治的不安定，治安の悪化の影響を頻繁に受けてきた。ケニアは5カ国（エチオピア，ソマリア，南スーダン(1)，ウガンダ，タンザニア）と国境を接しており，内陸国のザンビアが8カ国，ウガンダが6カ国と接しているのと比べても大差ない。また隣国ソマリアがケニアを含む周辺国に対し自らの紛争問題と低開発の問題を訴え，特にソマリ系住民が多く居住しているケニアの北東部州が本来は自国の領土であることを主張している。そして自国の内戦に対してケニアが軍事介入したことに反発し，2013年にイスラーム主義武装勢力のアルシャバーブが首都ナイロビのショッピングモールで，2015年には北東部のガリッサの大学で大規模な襲撃事件を起こしている。エチオピア，南北スーダンもまた紛争多発地域であり，これまでケニアにおいても小火器などの武器の流入や難民問題が起きる背景となっている。

　このことは内陸国の方が隣国の紛争や政治的不安定の影響を受けやすいとするコリアーの指摘が必ずしも正確でないことを物語るだろう。つまりアフリカの「内陸国」，「沿海国」という地理的条件による単純で二分法的な一般化はやはり議論として成り立たないのである。

3　社会経済指標を通した国の姿とその限界

　まずケニアとザンビアに関するいくつかの数値を紹介して，この二国の姿についてのイメージづくりを行っていこう。国を対象とする研究では，その国の姿を理解するうえで経済統計や社会経済指標も重要なツールとしてよく使われる。その実例をここで見ることができるだろう。だが数字を扱う上で同時に重要なことは，数字がけっして万能ではなく，一定の限界をもつということだ。この点にも注意しながら，以下の記述を進めていきたい。

　ケニアとザンビアの地理的条件については資料も参照されたい（資料15-1，資料15-2）。ケニアは面積58万平方キロメートルの国土に5,139万人が暮らしており，1平方キロメートルあたりの人口密度は90人である。ザンビア

資料 15-1　東アフリカとケニア

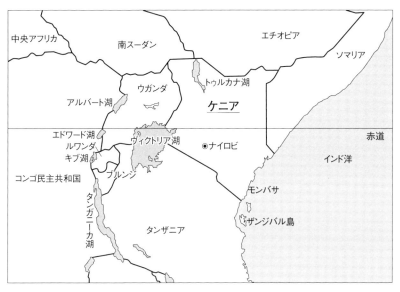

（出典）吉田，1978 をもとに筆者作成。

は 75 万平方キロメートルの国土に 1,735 万人が居住し，人口密度は 23 人となる。いずれも 2018 年の数値である（World Bank, 2020）。ザンビアの人口密度はアフリカ全体の平均値の半分となり，他方ケニアは同平均値の 2 倍に相当する。両国の間には人口密度で大きな差が存在することがわかる。

　農村部に注目すると，両国の人口密度の差は，さらに大きくなる。都市に暮らす人口の比率はケニアでは 27％にとどまっているが，ザンビアの都市人口比率は 44％とケニアよりかなり高い。この数値は裏返せば，ザンビアでは農村部に暮らす人びとの比率がケニアよりも相対的に低いことを意味する。すなわち，両国の農村部・地方の人口密度の差は平均の人口密度の差以上に大きいことになる。さらにケニアは地方・農村部内での地域差が激しく，人口密度がさらに高まる地域も存在する。

　つまり，ケニアは平均してザンビアの 4 倍人口密度が高いうえに，農村部ではさらにこの差が大きいのである。よく人口密度の高いアジアと低いアフリカという対比がされるが，アフリカの農村にも人口密度が高い地域が存在

資料 15-2　南部アフリカとザンビア

（出典）Pitcher, 2012, 104 をもとに筆者作成。

するのである。このようなことは一国を単位とした人口密度の数字を見るだ
けではわからない。数字に現れない地域差をやはり無視すべきではない。農
村部の持つ経済的な役割にも違いがある。ザンビアが資源国であるのに対し
てケニアは輸出の大半を農産物に依存する農業国である。2018 年にザンビ
アは輸出の 77%が銅とコバルトという鉱産物であったのに対して，ケニア
は紅茶，花卉，コーヒー，野菜の農産物 4 品目が輸出額全体の 40%を占め
ている（UN Comtrade, 2018）。ケニアで都市人口比率が低く，農村の人口密
度が高く，農業が重要な産業であることは，ケニアにおいて土地（の所有お
よび使用）が経済的，社会的に重要であることを意味しているのである。

　次に，発展途上国としての姿を捉える際によく使われる社会経済指標や開
発・貧困削減目標関連の指標に注目して，この両国の姿を見ていこう。国民
所得統計では，2018 年の 1 人当たりの国民総所得（GNI）はケニア（1,600 米

ドル），ザンビア（1,460米ドル）はアフリカの平均（1,580米ドル）とほぼ同じ
水準であり（World Bank, 2020），教育・識字率，保健・平均寿命を考慮に入
れた国連開発計画（UNDP）の人間開発指数（HDI）も同様（ケニア：0.579，
世界147位／ザンビア：0.591，世界143位）である（UNDP, 2020）。

　その一方で貧困を示す社会指標を見てみると，2018年の5歳未満児死亡
率，HIV（ヒト免疫不全ウイルス）感染率のいずれもザンビアよりケニアの方
が低い数字を，かつ初等教育就学率などではケニアはより高い数字を示し，
つまり貧困や健康の問題についてケニアはザンビアより良好な状況にある。
またザンビアは5歳未満児栄養不良，HIV感染率はアフリカ平均，低所得
国平均より良くない数字が出ている（World Bank, 2020）。このことはさらに
細部に立ち入ってみていくと，経済指標や人間開発指数では同水準の数値を
示している両国において，子ども・女性の保健と教育を中心とする貧困削減
目標に関連する指標で状況が異なることを示している。そのため統計数値は
多面的に見る必要があることがわかる。

　ただ，さらに根本的なことをいえば，これらの指標や指数は，結果として
の二国の特徴を示しているだけで，それらがどのような政策の欠如や政治構
造の変容，および両者の相互作用の結果として生まれたのかまでは明らかに
しない。比喩的にいえば，これらの社会経済指標や貧困関連指標は，人間の
病気や健康を診断するときの体温，血圧や検査数値のようなもので，これ自
体が病名や病原体を特定するわけではないのである。数字の背景にあるもの
を特定する地域研究のアプローチの重要性はここにある。

4　地域としての東アフリカと南部アフリカ

（1）東アフリカと南部アフリカという「地域」

　では，いよいよ両国を取り巻く広域的な条件の検討に入っていこう。東ア
フリカと南部アフリカという「地域」の成立は歴史的条件と地理的条件の両
方に依存している。東アフリカが中東やインド洋，そしてイスラームとの関
係が深いのに対し，南部アフリカは南アフリカ共和国（連邦）の影響が強く，

またヨーロッパ人の入植や植民地支配の長期化の結果，ヨーロッパの影響力が強かった地域である。

東アフリカ沿海部，ケニアとタンザニアの海岸部には，アラビア半島からのアラブ人が都市国家を建設し，インド洋を介した中東との交易が続くと共にアフリカ大陸内陸部との交易路が拓かれた。アラブ人と現地の住民との通婚が進み，スワヒリ人社会が形成され，言語もスワヒリ語が沿海部都市国家や交易路においてリンガ・フランカ（地域共通語）として使われるようになり，後にタンザニアやケニアの公用語／国語となった。

南部アフリカでは，南アフリカにオランダ系移民とイギリス系移民の入植が見られ，モザンビークとアンゴラはポルトガル領として，ナミビアはドイツ領として植民地化が進められた（星・林，1978および本書第7章を参照）。つまり南部アフリカはアフリカ大陸の中では，ヨーロッパ系移民の入植がもっとも長期間かつ大量に起きた地域であり，それが主因となって政治的独立あるいは黒人多数支配への移行が他の地域より遅れた地域である。ほとんどの国でヨーロッパ系移民の大農場や外国企業のプランテーションが形成されたほか，南アフリカ初め各国が鉱産物資源の生産国として連なっている。

また，南部アフリカの多くの国で大農場・プランテーションや鉱山型の植民地経済が発達したことは，この地域の農村住民の賃金労働を促進する役割を果たした。資源国ではないマラウイ，モザンビーク，レソトなどの諸国においても，南アフリカへの出稼ぎ労働人口が増加し，南アフリカ経済に依存するものとなった。

（2）「地域」内での国家間の相違──東アフリカ三国の経験

さて，南部アフリカのザンビア，マラウイ，ジンバブウェの三国は，南アフリカの強い影響力の下で，イギリスの植民地として支配されていた。同じ南部アフリカという地域にあるこれらの国々は，この点において比較的同じ条件に置かれていたといえる。他方，東アフリカの場合には，国々は植民地の歴史の点でいささか異なる条件にあった。同じ「リージョナル－ナショナル」という枠組みで考える際にも，このような違いがあることには注意が必

要である。東アフリカのケニア，ウガンダ，タンザニア三国の三者三様の起源と性格について詳しく見てみよう（吉田，1978）。

　ウガンダはナイル川の源流——大英帝国の支配の要であるスエズ運河を擁するエジプト，そのエジプトの命運を握る場所である——という戦略的理由から植民地化された。ウガンダではイギリスが理想とした間接統治のモデルとしてブガンダ王国を温存した統治が行われ，チャーチルが「アフリカの真珠」と呼んだモデル的な植民地としてあった。経済的にも現地の小規模農民が生産するコーヒーや綿花が主要輸出産品となった。

　これに対してケニアは当初インド洋に開けたモンバサ港とウガンダへの玄関であるヴィクトリア湖をつなぐウガンダ鉄道の通過地に過ぎなかったのだが，リフトヴァレー南部を中心とする一帯の土地が「白人」専用地（ホワイトハイランド）としてイギリスに接収され，ヨーロッパ系移民の入植政策が推進されたことから，ヨーロッパ系移民が政治的影響力を持つ南部アフリカ的な入植型植民地になっていく。

　ケニアでは，南アフリカ的な「人種」別土地分割と，「部族」ごとの保留地に土地が分割される，人種的・民族的分割のための土地制度が作られた[2]。ヨーロッパ系移民の大農場やイギリス系企業のプランテーションには保護優遇策が採られる一方，アフリカ人に対してはコーヒーの生産禁止，家畜の頭数制限などの規制が行われた。家畜の疫病・農作物の病害虫防止，環境問題がその理由とされたが，その意図はアフリカ人農民が大農場・プランテーションの競争相手になることを阻止し，彼らの出稼ぎ労働者化を促進することであった。

　タンガニーカ（タンザニアの本土部分）はドイツが植民地化したが，第一次世界大戦終了後国際連盟の委任統治領として，事実上イギリスの植民地となった。その結果，同地域に広がるケニア，ウガンダ，タンザニア三国が自らの植民地となったため，イギリスは行政の共通化，経済，交易上の関係強化を行っていく。大戦終了直後の1919年には東アフリカ・シリングという共同通貨を普及させ，1927年には三国での関税同盟が結成された。さらに第二次大戦後の1948～49年には，航空，鉄道，郵便，電話は三国共通のシ

ステムによって，運営された。

このように，東アフリカ三国では，植民地支配の起源，性格が異なるにもかかわらず，運輸サービス，通信サービスが共同化・共通化され，域内の貿易自由化が進んでいた。また植民地支配による行政サービスやインフラの共同化に加え，スワヒリ語という地域共通語を受け継いでいた。そして独立後東アフリカ連邦を結成することを表明し，イギリスも支援を表明していた。だが独立後，各国は独自路線をとるようになり，正式には1967年に共同市場化した「東アフリカ共同体」は1977年までには崩壊してしまった。

5　ケニアとザンビアの共通点と相違点
──植民地期から脱植民地化の時期──

（1）鉱山とプランテーション

　広域的な条件の検討を踏まえ，次にケニアとザンビアそれぞれの一国レベルに注目した検討に入っていこう。まず両国の共通点と相違点についてまとめておきたい。

　ケニア，ザンビアの両国とも従来の言語文化集団の境界，諸集団の移動などを考慮せず，当事者間の交渉や調整もせずに外部者が上から勝手に設定した人為的国境，人種別，「部族」別に分割された土地制度，その土地制度と連動した地方分権化された地方行政という形での間接統治など，植民地支配にまつわる制度的変化の面で共通している（Mamdani, 1996）。またケニアとザンビアは同じイギリスの支配下にあり，そして限定的なヨーロッパ系移民の入植を伴う「植民地」であった。そのため，二つの国の国家制度には共通点が多い。だが，それぞれに異なる地域的な特徴から，結果としては異なるインパクトが生じた。

　地域的な特徴として，ザンビアでは鉱産物資源輸出型の典型的なモノカルチャー（単一産品）経済が形成されたのに対し，ケニアはコーヒーと紅茶の輸出に頼る農業国であった。そのため，ザンビアでは鉱山都市が作られて都市化が進む一方，農村部は労働力の供給地となり，成人男子労働力が不足して食料生産に悪影響を与えることが懸念されていった。それに対しケニアで

は，ホワイトハイランドであるリフトヴァレー周辺に居住するキクユ人，ル
ヒヤ人が，白人の経営するプランテーション農場に労働力として集められた
結果，ザンビアほどの出稼ぎ移民による人口の流動化や都市圏への経済依存
化は起こらなかった。東アフリカと南部アフリカでは，それぞれの労働文化
や都市社会が異なっていき，後の二つの国家の経済基盤や国民性に影響を与
えていくことになる。以下，それぞれの国ごとに詳しく検討しよう。

（2）ケニアにおける土地分配とその政治的影響

　このような植民地経済と産業構成の違いは両国の脱植民地化過程の違いを
もたらし，独立運動の違いと相まって，独立後の民族グループ間，地域間関
係，階層関係の違いを生むことになる。ケニアでは農村の人口密度が比較的
高く，農業・牧畜が各民族・グループの生業にも商業的農業（市場向け農業）
にも重要であったため，これらに必要な土地の入手，確保が社会経済的に重
要な意味を持った。ホワイトハイランドという人種的土地分割・収奪によっ
て直接的に土地を最も多く奪われたのは，マサイ人を中心とするリフトヴァ
レーの牧畜民であったが，独立による土地返還要求の中心はホワイトハイラ
ンドに隣接する人口密度の高い地域に住む農耕民のキクユ人やルヒヤ人によ
るものであった。また多数のキクユ人やルヒヤ人が白人専用地の大農場やプ
ランテーションで労働者として働いており，特にキクユ人は定住労働者と呼
ばれる一定の土地を生活用に貸与される小作人的な労働者が多かった。つま
りホワイトハイランドは主にマサイ人などの牧畜民から収奪して作られた白
人専用地であったが，そこでの主要な人口を占めたのはアフリカ人，特にキ
クユ人，ルヒヤ人を中心とする隣接地域から流入した農耕民だった。

　ケニアの独立に伴う脱植民地化の過程では，ホワイトハイランドとコー
ヒー・茶の生産・輸出に象徴される農業生産，そしてその基盤である土地を，
誰がどのように継承するかが争点であった。誰がという継承グループを限定
させる点では，地域的，民族的区別が存在し（もしくは創り上げられ），階層
的違いもまたあって，これをどう考慮するかが問題だった。歴史的領土とい
う観点からするとほぼ全面的にマサイ人に返還されるはずだが，この路線で

はマサイ人しか受益しないものとなるので，その案は採用されず，ホワイトハイランドに近い民族グループがそれぞれ指定地を拡大するようなかたちで移転することになった。彼らはキクユ人を中心とした人口の多い農耕民であり，結果としてこの土地の「返還」のあり方は，ケニア独立後における多数の有権者の利益にかなうものとなった。

　資本主義・私有財産制度の維持で一致していた宗主国イギリスと新興独立国ケニアの政府は，土地の無償での接収は行わず，市場価格での売買による移転を決定した。ただ，それでは大農場・プランテーションという土地はあまりに高価格となり，資本を持たないケニアの人々は購入できないため，小規模，中規模の農地に分割して入植させる計画を立てた。そのための農地の購入資金を，独立後のケニア政府が融資し，その原資はイギリスが援助することとした。この入植計画の最大のものが有名な「百万エーカー計画」である。ケニア政府は百万エーカー計画など入植計画を実施することで，キクユ人を中心に広がっていた土地無し層や土地不足の農家に土地を与えた。これにより，農民は資産保有者として保守化し，政治的安定に貢献することになる。

　また，入植計画が行われたのは独立直後だけで，それ以降のホワイトハイランドのアフリカ人化は，大農場制度を維持したままでの移転を通して行われるようになった。ここで重要な点は，リフトヴァレー周辺の地域に住み，階層的な（主にキクユやルヒヤなどの）土地なし農民や小規模農家の人々に一定の配慮がされ，対応されてきたのに対して，マサイ人などの牧畜民やそのほかホワイトハイランドから離れた地域に居住するルオ人などの民族には，何ら配慮がされなかったことである。脱植民地化の過程において，乾燥地・半乾燥地の住民あるいは牧畜民は，ホワイトハイランドの土地権利の移転，旧アフリカ人地域での土地登記事業，コーヒー・茶生産の振興などの政策から，ほとんど恩恵を受けることがなかった。このようなリフトヴァレーの植民地支配と脱植民地化の過程での土地問題の処理は，政権の支持基盤の変化と，政権のその後の開発政策に影響を与えていくことになる。

（3）ザンビアにおける鉱山国有化とその政治的影響

　ザンビアの場合，植民地時代の末期の1951年から1963年まで中央アフリカ連邦（別名ローデシア・ニヤサランド連邦であり，ザンビア，ジンバブウェ，マラウイで構成）の一部であった。そのため，この状況がザンビア独自のナショナリズム的な問題の提示を容易にし，民族を超えての国家統一や政治的な連合を維持しやすくしたといえる。

　ザンビアという国家がイギリスの植民地から独立国家へと変わるにあたり，国民が利益を受けられる共有資源として重要であったのは鉱産物である。そのため独立運動の指導者や独立後の政府にとって，まず懸念されるのは鉱産物資源の所有権であった。

　採掘および輸出によって発生する鉱産物資源の価値は，部分的には課税や鉱山使用料（ロイヤルティ）によって徴収できる。もし鉱山などの企業そのものを国有化し，採掘・生産段階から所有権を移転させてしまえば，経済自立の観点からは経済的な価値を増す。いずれの形態をとるにせよ，鉱産物の輸出収入の管理については，統一されていた「国家」が重要な役割を果たした。鉱産物資源収入がどれくらいになるかの把握，そしてそれに伴う課税の段階では，政府が特定の民族グループや地域出身者に支配されていないかぎり，国家内での競争や対立は起きにくい。民族，および地域間の競合や対立が起こるとすれば，それは鉱産物資源による収入を国家財政，および予算として地域（地方行政）ごとに分配するときにであった。

　比較してわかるのは，ケニアとザンビアの権力構造の違いが，植民地時代や脱植民地化，独立後の権力確立などの歴史的過程と，それに伴う政治経済構造の違いから生じてきたことである。ケニアの植民地経済の中心は，白人専用地で外国企業が経営するコーヒー，紅茶などのプランテーションと白人入植者が行う小麦，トウモロコシなどの食料作物栽培と酪農による大規模農業であった。これに対してザンビアでは，ケニアと同様に白人専用の土地が区分けされ，白人入植が政策的に推進されはしたが限定的なものにとどまり，大農場での食料生産はなされたものの，コーヒーなどの輸出農業は発達しなかった。ザンビアの基幹産業は銅とコバルトを中心とする鉱業であり，独立

直後の 1960 年代には，銅鉱業が GDP の 43%，輸出の 94%を占めていたため（Ncube, Sakala and Ndulo, 1987)，自然にザンビアは鉱業という差額（レント）の捕足と分配のたやすい資源に依存することとなったのである。

6　二国の共通点と相違点
──1980 年代以降の経済自由化と「民主化」──

（1）債務問題と経済危機への対応

　アフリカにおけるグローバリゼーションはこの数十年間で趣が異なるものとなった。1980 年代以降の債務問題と経済危機への対応をめぐっては，欧米先進国と国際金融機関（世界銀行や IMF）とアフリカ諸国との関係が議論され，これらのドナー諸国や諸機関のアフリカへの影響力の増大が指摘された。一方で 2000 年代以降の中国を中心とするアジア諸国のアフリカへの経済的進出は，中国，インド，韓国などのアフリカ経済への影響増大として現れた。世界銀行は 1980 年に経済改革を行うための構造調整融資の制度を設けたが，ケニアは最初に構造調整融資を受けた国の一つである。1990 年代の貧困削減レジームなどの開発政策は，世界銀行や IMF などの主導によって行われていった（本書第 12 章を参照）。

　ただ，1980 年代における債務累積と債権国・援助国の経済改革圧力という状況へのアフリカ諸国の対応は必ずしも一様ではない（高根，2001）。それは以下のように三つの形態に分かれるだろう。①ガーナとウガンダを典型とする積極的受け入れを行う「優等生」型，②ニエレレ大統領時代のタンザニアが代表的な「反発・対決」型，③ケニア，ザンビアを含む「部分的改革」型である。なおザンビアはカウンダ政権の下③から②へと変化したが，その後，再び③へ移動する経緯となっている。後にカウンダに代わり MMD（複数政党制民主主義運動）のチルバ大統領の政権が成立することで，北側の援助国・債権国は①の実現を期待した。だがチルバは最初の時期こそ経済改革を矢継ぎ早に着手実行したものの，ほどなくして③の部分的改革型に移行している。

　ザンビアのカウンダ政権は 1964 年の独立以来の政権で，本格的な経済改

革に着手した 1980 年代半ばには 20 年近い長期の政権になっていた（1991 年にカウンダは下野）。ケニアのモイ大統領も 1978 年に就任以来，1990 年代初めの時点で在任 10 年余を経過しており（2002 年に退陣），どちらの政権も新家産制的で個人支配を伴う大統領集権型の国家を築き上げた。そのこともあり，ケニアとザンビアの二つの国家は債務問題に対して，グローバリゼーションへの抵抗を交えるかたちでの部分的改革の路線を採った。つまり，両国における類似した政治的な構造が，グローバリゼーションへの類似した対応を採らせることとなったといえる。

（2）「民族問題」とそれぞれの民主化への道

さて，ザンビアのカウンダ政権，ケニアのモイ政権の一党独裁が終わった 1990 年代から 2000 年代以降の両国の民主化がどのように進んでいったかを見ていこう。そのために「国民国家」における排外主義を伴った 1996 年のザンビアの大統領選挙候補者の国籍問題と 2007 年に起きたケニア危機（選挙後紛争とも呼ばれる）という問題を比較したい。

まず 90 年代から 2000 年代にかけてのアフリカ全体で，政治，つまり選挙において，民族グループや土地が，地域間対立の政治と関連づけられ，政治的対立や競争が激しい時期に生起し，再燃するような事例が多かった。例えば，1994 年以降，コートジボワールのベディエ政権下でザンビアと似たようなかたちで大統領の被選挙権をめぐって国籍問題が取り上げられた。ザンビアでも 1996 年選挙の際初代大統領カウンダが父親のマラウィ国籍を理由に大統領選立候補者資格を欠いているとされた。

だが，佐藤（2015）が分析しているようにコートジボワールの場合では，実際には国籍ではなく，法定イデオロギーによる真性イボワール人（生粋のイボワール人）性を理由にして，国内の北部人（北部出身者）や周辺諸国からのアフリカ人移民，在留フランス人を差別と排除の実践の対象にしている（佐藤，2015）。同国の初代首相になったワタラの大統領選挙からの排除もこのイデオロギーに基づく排除の一環であった。これに対してザンビアでは，特定の民族グループや地域出身者を差別・排除するようなナショナリズムの

促進や組織化はされていない。カウンダは父親がマラウイ出身だが，生まれも育ちもザンビアのベンバ人社会である。また，マラウイの主要言語チェワ語（カウンダの父親の母語でもある）は，ザンビアでは東部州の公用語ニャンジャ語と類似性の高い言語であり，チェワ語圏とニャンジャ語圏は植民地時代にも国境を越えた相互交流の多い地域であった。つまり，ザンビアにおいてカウンダが「外国人」であることは独立前後の時期にも野党などから批判材料にされてはいるものの，大統領が複数言語話者であり，複数の民族アイデンティティを持つことは，民衆レベルでは国民統合上問題があるとは考えられていなかったのである。

一方ケニアでは 2007 年末の選挙後に，激しい民族間の対立と紛争とを引き起こす結果となった。当時の現職であったキバキ大統領（与党の国民統一党）の当選が伝えられると，オレンジ民主運動の代表であるライラ・オディンガの当選を確実視していた彼の支持者たちは暴動を起こし，それに対して警察や軍などが動員されて，国内の紛争へと発展した。2008 年 2 月の国連などの仲裁によって鎮静化するまで，死者は千人以上，国内避難民は数十万人に上ったという（津田，2010）。

民主化の前提とされる複数政党制による選挙は，ケニアにおいてはこのように紛争の原因となった。だが，ここでは政治対立の構図として，キバキの出自民族であり彼の支持基盤であるキクユ人の民族グループと，オディンガの出自民族であるルオ人と国内の他の民族との連合グループとが選挙という政治活動だけでなく，植民地化時代から根付く土地問題を通じて，「民族」対立を深めていたことは指摘しなくてはならない。繰り返すが，ケニアにおいては植民地時代に形成され，人種的・民族的分割を促す土地制度が，独立後も引き継がれていった。紅茶やコーヒーなどの大規模農場とはまた別に，リフトヴァレー周辺にいるキクユ人やルヒヤ人などの小規模農民たちに土地が優先的に分け与えられた。だが，ルオ人などその分配にあずからなかった国内の多数の民族の積年の恨みが，モイやキバキなどによるキクユ人やカレンジン人主導による新家産制国家[3]体制に対して，2007 年の不正の疑いの強い選挙を通じて爆発し，暴動・紛争に至ったものと考えられる。

（3）ザンビアでの外国人排斥問題

　鉱産物資源を主な収益とし，また南アフリカへの出稼ぎ労働など，人口の流動化が高いザンビアにおいては，国庫からの再分配は国内での激しい格差を生まず，民族の対立はそれほどに大きなものにならずにいた。だがその反面，2000 年代以降急速に経済進出した中国（人）[4] やインド（人），また南アフリカ企業などを対象とした外国人排斥問題（ゼノフォビア）は，「アフリカ人」と「非アフリカ人」[5]を分ける運動となった。この問題は 2006 年のザンビアの国政選挙の際に起きたもので，90 年代とはまったく別の文脈で起きている。

　この問題の背景として，人類学者のファーガソンはザンビアをはじめとした南部アフリカの鉱産物資源をめぐる政治経済が，ザンビア国内の労働力を用いない，国外（北側や南アフリカ，中国などの新興国）の大資本企業と特殊技術者だけによる資源の「抽出の統治」にあることを指摘している（Ferguson, 2007）。つまり，90 年代以降の新自由主義と最新技術に裏打ちされた「抽出」方法（技術的なものだけでなく，企業の民営化などによる制度的な方法も含む）によって，ザンビア国内の資源（労働力を含む）はザンビア内に十分な資本を落とさず，ただ抽出，もしくは搾取されるだけの対象となり，結果として国内外の格差を拡げていくことになった。そのため，ザンビアにおいて選挙時の人々の敵意は，国内の対立でなく，国際的な対立（アフリカ人とそれ以外）へと向かうようになったのである。

　アフリカにおける民主化の議論では，コリアーが指摘するように，市民的な成熟を待たずに行うと，国内での政治的対立を強め，経済基盤を弱体化させるものと政治経済学の側から批判されている（コリアー，2010）。だが，ケニアとザンビアの比較を通して見たとき，植民地時代から独立以降を通して，各国家が管理できる資源（鉱業および農業，また出稼ぎ労働や土地などの不動産など）の性質によって，国民への富の分配のあり方が異なり，そのことからケニア，ザンビアそれぞれに異なる民主化の過程が築きあげられていることがわかる。歴史はフランスの政治学者バヤールが述べるように，一つの「地層」のように存在し，その地層のあり方に沿って，地域の現在が再形成され

ていく。地理的な要因によって一元的に決定される環境決定論では説明され
えないのである（Bayart, 2009）。

7　二国比較地域研究から見えてくるもの

　ここで，重冨が主張した二国比較地域研究の手法に立ち戻ろう。複数の国
における同一テーマの比較によって「同じ目的をもった行為や同じ衝撃に
よって生じた現象が，国・地域によって異なった現れ方をしたとき，その違
いを地域の文脈に求める」（重冨, 2012, 23）とすれば，そこからどのような
「地域の文脈」が現れてくるのだろうか。

　ひと際大きな違いとしてあるのは，ケニアでは「民族の政治化」（エスノポ
リティクス）といわれる現象が目立ってきたのに対して，ザンビアでは「人
種の政治化」といえるような，外国資本や中国・インドなどの新興国といっ
た「異邦人」への嫌悪となったことであろう。ケニアにおける民族および地
域社会の文化的要素が，政治では重要な意味を持ち，1990 年代以降はしば
しば暴力，紛争と結びついてきた。アフリカの「民族対立」の原因として指
摘される，植民地支配により引かれた人為的な国境線と民族の分割
（Mamdani, 1996）は，ケニアだけでなくザンビアでも見られる。だがこの植
民地時代の遺産は，ケニアでは内側での対立を，ザンビアでは外側との対立
を促す要因となった。

　では，この違いは何から生じたのだろうか。まず土地，特に農地の重要性
の差が挙げられる。ケニアは，先述のように，農村部の人口密度が高く，国
民経済に占める農業の比重が高いので，経済活動のための土地の重要性が高
い。また特に農村部の農業適地地帯における人口密度の高さと商業的経済活
動の集中が反映されて，生業にも，市場経済的にも，地域の環境・エネル
ギー（薪など）にも，土地の所有は必要不可欠なものである。一方でザンビ
アでは銅鉱業の発展により，出稼ぎ労働への依存や地方の都市化率が高くな
り，貨幣経済が浸透したことによって，農村の人口増加は緩慢で，もともと
低かった人口密度も低いままであった。そのためザンビアの人々の土地への

執着はケニアと比べて薄い。この土地への執着の濃淡が，二つの国の内部での政治対立の緊張度合いを左右したといえる。

　もう一つの理由として，人々の土地へのアクセス（使用権および所有権）が，植民地支配と脱植民地化という歴史的過程で政治化されたことがある。まず植民地時代の白人専用地の設定と「部族」別指定地によって人種的・民族的に分割された土地制度と，地方行政ごとに分断された間接統治制度と政党の全国的活動の禁止によって政治的・行政的に分断された。しかし実際には，植民地時代の白人専用地であるホワイトハイランドではキクユ，ルヒヤなどの周辺で人口密度の高い地域の農民が農園労働者として多数働いていた。特にキクユの多くは定住労働者と呼ばれる契約の労働者で，自給のための作物生産と家畜の飼養を許されていた。この結果，脱植民地化過程では，植民地化による収奪前の先住民であるマサイを中心とするリフトヴァレーの牧畜民，周辺のキクユなどの農民，農園労働者，そして移転から直接関与しない離れた地域に住む民族グループの人々という三者三様の関係が生じ，それが民族ごとの政治の志向性を明確に分けていったのである。

　以上，ケニアとザンビアという東アフリカと南部アフリカに属する二つの国の比較を行った。その共有されたイギリスによる植民地支配という歴史的経験にもかかわらず，それぞれに異なる民主化の道を辿り，異なるグローバリゼーションの現実にさらされている。二つの国の現在は，「地域」としての特徴（地理，主産業，政治経済，歴史）を細かく検証せねば明らかにならず，そのことによって多様なグローバル・サウスの現状が見えてくる。安易な類推（アナロジー）や理論化ではなく，細部の検証にこそ地域研究の核心があり，グローバリゼーション時代における世界情勢分析のための方法論としての存在意義があるだろう。

8　グローバリゼーションとコロナの時代の地域研究

　現代を特徴づけるグローバリゼーションとは，ヒト・モノ・カネをはじめ，情報やウイルスに至るまで多くのものが「国境がない」かのように，地球規

模で移動する現象である。その進展に伴い移民・難民の増加，多国籍企業や国際 NGO の越境的活動の拡大，地球温暖化などの環境問題の深刻化，感染症の大規模な流行などの現象が目立ちつつある。

　地域研究は一国地域研究を中心に発展してきた。そのため，狭い地域範囲での政治や経済を前提に研究していることが多く，越境的現象を研究対象として扱ってこなかった経緯がある。だが，本書で取り上げたグローバル・サウスの問題系（貧困・移民・紛争・開発）を考えたとき，実のところ今の時代は「国境がない」のではなく，「国境」や「国家」の重要性がますます増している時代だ。グローバルに拡がる不況と貧困，また新型感染症などに対して，国ごとの政策の違いはことさらに目だっている。また 2010 年代後半に顕著になった移民・難民をめぐる，それぞれの国家のあり方と国民の受容（もしくは拒絶）の仕方を見ると，そこにあるのは政治や経済の変化から，国民国家の枠組みが変容し，また再編されている状態なのである。そのため，グローバル・サウスの抱える問題系は，それぞれが越境的でいながらも，国などの「地域」において焦点化され，具体的な現象として形をとっている。

　最後に，本章を執筆している 2020 年の夏の時点において，コロナ禍（新型感染症 COVID-19 をめぐる社会変化）の状況と，これからの地域研究のあり方について言及しておこう。コロナはまさにグローバリゼーションに伴うモノ・ヒトの流通によって，この世界を覆っている。北米では経済封鎖による人々の不満と，社会的な宿痾と化していた「人種」問題への抗議から BLM（ブラック・ライヴズ・マター）運動が起こっている。本書で扱われていた各地域でも，今後の経済政策を踏まえた感染症への対策が取られ，それぞれの国の非常に多様な地域的な文脈を追うことが，本書の執筆者たちにとっても一仕事となっている。

　その反面，コロナ禍によって今後の現地調査実施の見通しが立たないことへの危惧が地域研究者の間で拡がっている。本書でも強調してきたのは，一国を選択し，現地に留まって，その様子を肌で知ることの大切さである。それは貧困や移民，紛争など世界的な問題を扱うとはいえ，地域的な文脈を通さなければ，その問題を実体として理解できないからである。そのために学

生を現地調査へと導く指導も重要になるのだが，その試み自体が危険視され，調査者や調査地の人々に健康上の脅威を与える時代となってしまった。

　だが，ここであらためて強調したいのは，このコロナの時代を超えた地域研究の視点と手法の重要性である。多くの国がとった感染を食い止めるための経済封鎖によって，国内の格差は確実に拡がり，経済的弱者の層が貧困に苦しむことになった。また感染症にからめて，世界各地では移民（特にアジア系）への排斥運動が起き，誰がその国の「国民」であるのかという問題はより紛糾して語られることになる。また，それらのことが潜在的要因となり，各地で紛争の問題は将来的にも現実的なものとなってくる怖れも指摘せねばならない。地球温暖化などの環境問題と同様，新型感染症もグローバル・サウスの問題を浮き彫りにしていく。そして，コロナ後のグローバル・サウスを対象にし，新たな時代の目標を見据えた開発計画が提起されることで，その検証も地域研究の枠組みで必要となってくるだろう。

　グローバル・サウスと地域研究は，このグローバリゼーションの時代に現実社会を見据えるため，欠かせない視点と方法とを提供するものである。現地調査からやや遠ざかる時代ではあるものの，この危機の時代を批判的かつ総合的に見る手法であることをいま一度確認しつつ，筆を置くこととしたい。

（児玉谷史朗・森口　岳）

●さらに学ぶための問い

振り返ってみよう　コリアー（2008）の主張する内陸国と沿岸国の開発モデルは，実際にケニアとザンビアの例に当てはめたとき，何が問題なのでしょうか。二つの国の特徴を示しながら説明してみよう。

議論してみよう　90年代以降のケニアとザンビアの民主化への歩みのそれぞれの違いはどのような事実から生じたのでしょうか。地理的な要因，歴史的な要因を分け，「民族対立」と「人種対立」の異なる結果がどのように生じたのかを議論してみよう。

調べてみよう　世界から一つの国を択び，その国の政治経済構造，歴史を調べて，卒業／修士論文のテーマとしての問いを立ててみてください。また，その問いに答えるためにはどのような調査が必要でしょうか。自らの地域研究の研究計画を作ってみよう。

●さらに学びたい人へ（参考文献ガイド）

①重冨真一，2012，「**比較地域研究試論**」『アジア経済』53（4）所収，23-33 頁．／本章の基盤となる比較地域研究の論文であり，この方法論の端緒を付けたものである。『アジア経済』誌同巻の特集「発展途上国研究の方法」にある論文はどれも示唆に富む。

②武内進一（編），2017，**『現代アフリカの土地と権力』**アジア経済研究所．／近年のグローバリゼーションに応じたアフリカ諸国における土地問題を取り上げた力強い論集。アフリカ地域研究の最新の議論が紹介されている。

③ Mamdani, M., 1996, *Citizen and Subject: Contemporary Africa and the Legacy of Late Colonialism*. Princeton University Press．／植民地主義以後のアフリカをその歴史的過程を重視して分析した良書。アフリカの地域研究，および政治学では必読の研究書であろう。

引用参考文献

コリアー，P.，2008，『最底辺の 10 億人──最も貧しい国々のために本当になすべきことは何か？』中谷和男訳，日経 BP 社．

────，2010，『民主主義がアフリカ経済を殺す──最底辺の 10 億人の国で起きている真実』甘糟智子訳，日経 BP 社．

サックス，J.，2006，『貧困の終焉──2025 年までに世界を変える』鈴木主税・野中邦子訳，早川書房．

佐藤章，2015，『ココア共和国の近代──コートジボワールの結社史と統合的革命』アジア経済研究所．

佐藤成基，2014，『国家の社会学』青弓社．

重冨真一，2012，「比較地域研究試論」『アジア経済』53（4）：23-33 頁．

高根務（編），2001，『アフリカの政治経済変動と農村社会』アジア経済研究所．

武内進一，2006，「第 4 章 紛争が強いる人口移動と人間の安全保障──アフリカ大湖地域の事例から」，望月克哉（編），『人間の安全保障の射程──アフリカにおける課題』アジア経済研究所，151-192 頁．

津田みわ，2010，「『2007 年選挙後暴力』後のケニア──暫定憲法枠組みの成立と課題」『アフリカレポート』50：10-15 頁．

星昭・林晃史，1978，『アフリカ現代史 I ──総説・南部アフリカ』山川出版社．

吉田昌夫，1978，『アフリカ現代史 II ──東アフリカ』山川出版社．

Bayart, J-F., 2009(1993), *The State in Africa: Politics of Belly*. Longman.

Ferguson, J., 2007, *Global Shadows: Africa in the Neoliberal World Order*. Duke University Press.

Mamdani, M., 1996, *Citizen and Subject: Contemporary Africa and the Legacy of Late Colonialism*. Princeton University Press.

────, 2012, *Define and Rule: Native as Political Identity*. Harvard University Press.

Ncube, P. D., Sakala, M., and Ndulo, M., 1987, "The International Monetary Fund and the

Zambian economy: A case", K. Havnevik（ed.）, *The IMF and the World Bank in Africa*. Scandinavian Institute of African Studies., pp. 127-148.

Pitcher, M. A., 2012, *Party Politics and Economic Reform in Africa's Democracies*. Cambridge University Press.

UN Comtrade, *International Trade Statistics Database*. "https://comtrade.un.org/", 2020 年 9 月 1 日閲覧.

UNDP, 2020, *2019 Human Development Index Ranking*. "http://hdr.undp.org/", 2020 年 9 月 1 日閲覧.

World Bank, 2020, *World Bank Open Data*. "https://data.worldbank.org/", 2020 年 9 月 1 日閲覧.

注

（1）南スーダン共和国は，長年の内戦を経て，スーダン共和国から 2011 年に分離独立した新しい国家である。そのためケニアは当初はスーダンと国境を接していたのが，独立した南スーダンが新たな隣接国となった。ちなみに 2013 年に国内での内戦が勃発し，ケニアは南スーダンからの難民も受け入れている。

（2）アフリカにおける「人種」や「部族」はイギリス，フランス，またその他の宗主国にとって植民地制度の要となる概念として機能し，植民地における国民はその区分ごとに分けられ統治された（Mamdani, 2012）。また，現代のアフリカ研究の文脈では「部族」は差別的なニュアンスが含まれるものとされ，言及が避けられるか，もしくは「民族」や「エスニック集団」という語に代えられることが多くなってきている。

（3）新家産制国家とは「フォーマルには『非人格化』された官職制度が」パトロン-クライアント関係と結びつくことで「実質的には『人格的』な関係によって運用されている」国家制度を指す（佐藤，2014，249）。

（4）中国は，1960 年代よりタンザン鉄道建設を通じて，ザンビアの貿易輸送路問題の緩和に貢献している。当時，ザンビア政府からの同鉄道建設への援助要請を世界銀行や米国が断ったためといわれており，中国とザンビアの関係を考察するには，中国の 90 年代の「資源外交」以前の国際外交のあり方についても考慮する必要がある。

（5）ここでいう「アフリカ人」とは「ブラック・アフリカ」のことを指し，南部アフリカのボーア人などのヨーロッパ系アフリカ人や数世紀にわたって入植した人々の子孫などは含まれずに言及される。先述したコートジボワールでの大統領の国籍問題のように，アフリカにおける現地民性（オートクトニー）はアフリカの複雑な歴史が絡んでいる。

おわりに

　本書は一橋大学社会学部，および一橋大学大学院社会学研究科を 2020 年
3 月に退官された児玉谷史朗名誉教授の退官記念論集として企画された。長
年の間，学部，および大学院での教育に熱心に関わられてきた児玉谷教授に
相応しいものとして，教科書として編まれている。

　企画案はまず森口岳，東智美，柴田暖子によって書かれ，その後，児玉谷
教授自らの目で企画書としてさらに練り上げられた。近年のグローバル化時
代を鑑み，「グローバル・サウス」と「地域研究」が本書の二つの軸として
据えられている。本格的な編集作業のため，佐藤章，嶋田晴行が企画に参加
し，編者・副編者の編集チームが発足した。その後，編集会議を重ねて教科
書としてのイメージをさらに具体化させ，ゼミの卒業生を中心に各章とコラ
ムの執筆を依頼した。半期の講義数にあわせての 15 章，その章間に「地域
研究」を専攻した卒業生・修了生たちの経験を盛り込んだコラム 14 篇と，
編者・副編者合わせて，執筆者 28 名の大勢となった。執筆者の出身，学問，
社会経験などの背景も様々に，マルチ・ディシプリンを得意とする地域研究
のゼミに相応しく，多彩さと広がりを備えた一冊が出来上がった。

　編集の過程としては，第 I 部・第 II 部・第 V 部を嶋田，第 III 部・第 IV 部を
佐藤が，その各章の編集・査読を担当し（終章については佐藤が対応），各執筆
者への伝達や細かなチェックなどは東，柴田，森口が行った。またコラムに
ついては，編集経験のある高坂はる香氏，安村侑希子氏の協力の下，森口が
担当し，編集作業を行った。本書各章の執筆者はもとより，コラムを寄せて
いただいた方々，コラムの編集にご協力いただいた高坂氏，安村氏に感謝し
たい。また本書の企画立案に立ち会っていただいたミネルヴァ書房編集部の
梶谷修氏，そしてコロナ禍をめぐる混乱の中で出版までの仕事を共にさせて
いただいた宮川友里氏にも深く感謝する次第である。

さて「地域研究」という，人文・社会科学にまたがるひとつの学問領域の中で，執筆者それぞれが自らの専門とする国々において豊かな経験を育み，それを凝縮するかたちでこの本ができあがったわけであるが，その出発点にあるのは大学のゼミという場での議論である。その知的な場を提供していただいた児玉谷教授の学識，そして誰をも受け容れる敬愛すべき人柄によって，この本が生まれたといっても過言ではない。また末筆ながら，本書の出版に携わった多くの方々，特にその場を育んでいただいた一橋大学社会学部の児玉谷ゼミ，また一橋大学大学院社会学研究科，地球社会研究専攻，および総合社会科学研究専攻の社会地理学研究室の関係者諸氏には，この出版を機に厚くお礼申し上げたい。

　2021 年 1 月

佐藤章・嶋田晴行・柴田暖子・
東智美・森口岳

索　引

執筆者紹介 （50音順，＊は編者・副編者）

秋山　道宏 （あきやま　みちひろ）　**第11章**

沖縄国際大学総合文化学部准教授。一橋大学大学院社会学研究科博士後期課程修了。博士（社会学）。主著に『基地社会・沖縄と「島ぐるみ」の運動』（八朔社 2019年），「平和／暴力への問いと「沖縄平和論」の可能性」『PRIME』42号（2019年）など。

江藤　双恵 （えとう　さえ）　**第13章**

獨協大学国際教養学部非常勤講師。一橋大学大学院社会学研究科博士後期課程単位取得退学。主著に「第12章　女性と家族に優しいコミュニティ福祉は可能か？」速水洋子編『東南アジアにおけるケアの潜在力』（京都大学出版会 2019年）など。

太田　和宏 （おおた　かずひろ）　**第4章**

神戸大学大学院人間発達環境学研究科教授。一橋大学大学院社会学研究科博士後期課程修了。博士（社会学）。主著に『貧困の社会構造分析——なぜフィリピンは貧困を克服できないのか』（法律文化社 2018年）など。

権　慈玉 （くぉん　じゃおく）　**第6章**

ハイデルベルグ大学東アジア学科助教授。一橋大学大学院社会学研究科博士後期課程修了。博士（社会学）。主著に 'Forging Feminism within Labor Unions and the Legacy of Democracy Movements in South Korea', *Labor History*, Vol.59 (5), 2018 など。

＊児玉谷　史朗 （こだまや　しろう）　**第1章，終章**

編著者紹介を参照。

＊佐藤　章 （さとう　あきら）　**第9章**

編著者紹介を参照。

設楽　澄子 （したら　すみこ）　**第8章**

北海学園大学非常勤講師。一橋大学大学院社会学研究科博士後期課程修了。博士（社会学）。主著に『ベトナムにおける農村の市場経済化と合作社——農産物の生産・流通における個人的ネットワークの役割』（一橋大学提出博士論文 2012年）など。

*柴田　暖子（しばた　あつこ）　**第7章**

副編著者紹介を参照。

*嶋田　晴行（しまだ　はるゆき）　**第3章**

編著者紹介を参照。

橋本　栄莉（はしもと　えり）　**第10章**

立教大学文学部准教授。一橋大学大学院社会学研究科修了。博士（社会学）。主著に『エ・クウォス──南スーダン・ヌエル社会における予言と受難の民族誌』（九州大学出版会 2018 年）など。

*東　智美（ひがし　さとみ）　**第2章，第5章**

副編著者紹介を参照。

古川　光明（ふるかわ　みつあき）　**第12章**

静岡県立大学国際関係学部教授。一橋大学大学院社会学研究科博士後期課程修了。博士（社会学）。主著に『国際援助システムとアフリカ──ポスト冷戦期「貧困削減レジーム」を考える』（日本評論社 2014 年。第 19 回「国際開発研究大来賞」受賞）など。

Myagmar　Ariuntuya（ミャグマル　アリウントヤー）　**第14章**

早稲田大学地域・地域間研究機構招聘研究員。一橋大学大学院社会学研究科博士後期課程修了。博士（社会学）。主著に「モンゴル──高等教育改革と海外人材育成の模索」松塚ゆかり編『国際流動化時代の高等教育』（ミネルヴァ書房 2016 年）など。

*森口　岳（もりぐち　がく）　**第1章，第2章，終章**

副編著者紹介を参照。

《コラム執筆者》

五十嵐　誠（いがらし　まこと）　**地域研究と私のキャリア①**
朝日新聞社社員。2002 年に記者職で入社，ヤンゴン支局長などを歴任。

五十嵐　理奈（いがらし　りな）　**地域研究と私のキャリア⑥**
福岡アジア美術館学芸員。バングラデシュなどアジア美術の現場を人類学的視点で研究。

市原　明日香（いちはら　あすか）　**地域研究と私のキャリア⑭**
目白大学専任講師。人文科学博士。明治大学，中央大学兼任講師を経て 2020 年より現職。

伊能　まゆ（いのう　まゆ）　**地域研究と私のキャリア④**
Seed to Table 理事長。小規模農家に環境保全型農業を紹介し，学校菜園に取り組んでいる。

岩崎　真紀子（いわさき　まきこ）　**地域研究と私のキャリア⑬**
2003 年 JICA 入構。東南アジアや中東における事業の計画・監理や評価に従事。

大内　ひかる（おおうち　ひかる）　**地域研究と私のキャリア⑨**
外務省。2014 年に総合職で入省。2018 年ハーバード大学ケネディスクール修士課程修了。

ギタウ（藤田）明香（ぎたう（ふじた）あすか）　**地域研究と私のキャリア⑩**
ピースウィンズ・ジャパン，プログラム調整員。現在ケニア・ガリッサ郡の業務に従事。

高坂　はる香（こうさか　はるか）　**地域研究と私のキャリア③**
音楽ライター，編集者。著書に『キンノヒマワリ ピアニスト中村紘子の記憶』（集英社）。

壽福　未来（じゅふく　みらい）　**地域研究と私のキャリア②**
味の素株式会社，栄養・加工食品事業部，海外即席麺担当。

積　奈津子（せき　なつこ）　**地域研究と私のキャリア⑦**
NPO 国際農民参加型技術ネットワーク研究員。伊藤忠商事勤務，青年海外協力隊を経て現職。

坊田　祐基（ぼうだ　ゆうき）　**地域研究と私のキャリア⑪**
広島県職員。現在，国際課に在籍。国際・平和分野の業務に携わって約 10 年になる。

村上　敏生（むらかみ　としお）　**地域研究と私のキャリア⑤**
WFP（国連世界食糧計画），JPO。元日本国際協力システム職員。2021 年 1 月より現職。

安村　侑希子（やすむら　ゆきこ）　**地域研究と私のキャリア⑫**
英治出版プロデューサー。『隠された悲鳴』『アフリカ 希望の大陸』などの編集を担当。

吉岡　礼美（よしおか　れみ）　**地域研究と私のキャリア⑧**
NHK 報道局社会番組部ディレクター。2015 年入局。子ども兵，紛争問題などを国内外で取材。

《編著者紹介》

児玉谷　史朗（こだまや　しろう）

一橋大学名誉教授。主著に「ザンビア」黒崎卓・大塚啓二郎編著『これからの日本の国際協力』
（日本評論社 2015 年），「ザンビアにおける自由化後のトウモロコシ流通と価格」高根務編『アフ
リカとアジアの農産物流通』（アジア経済研究所 2003 年）など。

佐藤　章（さとう　あきら）

アジア経済研究所主任研究員。一橋大学大学院社会学研究科博士後期課程修了。博士（社会学）。
主著に『ココア共和国の近代』（アジア経済研究所 2015 年），「『アフリカの問題のアフリカによ
る解決』の両義性もしくは逆説」『国際政治』194 号（2019 年）など。

嶋田　晴行（しまだ　はるゆき）

立命館大学国際関係学部教授。一橋大学大学院社会学研究科修士課程修了。博士（グローバル社
会研究）。主著に『現代アフガニスタン史──国家建設の矛盾と可能性』（明石書店 2013 年）な
ど。

《副編著者紹介》

柴田　暖子（しばた　あつこ）

政策研究大学院大学政策研究院事務局次長補。一橋大学大学院社会学研究科博士後期課程単位取
得退学。主著に「もうひとつの『少数民族』の暮らし──都市のドイツ系白人社会」水野一晴・
永原陽子編著『ナミビアを知るための 53 章』（明石書店 2016 年）など。

東　智美（ひがし　さとみ）

埼玉大学大学院人文社会科学研究科准教授。（特活）メコン・ウォッチ副代表理事。一橋大学大学
院社会学研究科博士後期課程修了。博士（社会学）。主著に『ラオス焼畑民の暮らしと土地政策
──「森」と「農地」は分けられるのか』（風響社 2016 年）など。

森口　岳（もりぐち　がく）

東洋大学アジア文化研究所客員研究員，早稲田大学他兼任講師。一橋大学大学院社会学研究科博
士後期課程単位取得退学。主著に「女たちは踊ることができるか？──カンパラのバーガールの
シティズンシップとその主体性への再考」『文化人類学』83 巻 2 号（2018 年）など。

地域研究へのアプローチ
——グローバル・サウスから読み解く世界情勢——

2021年3月30日　初版第1刷発行　　　　　　　　　　　〈検印省略〉
2023年11月30日　初版第3刷発行

定価はカバーに
表示しています

編　著　者　　児　玉　谷　史　朗
　　　　　　　佐　藤　　　　章
　　　　　　　嶋　田　晴　行

発　行　者　　杉　田　啓　三

印　刷　者　　藤　森　英　夫

発行所　株式会社　ミネルヴァ書房
607-8494　京都市山科区日ノ岡堤谷町1
電話代表　(075)581-5191
振替口座　01020-0-8076

亜細亜印刷

ISBN978-4-623-09093-8
Printed in Japan

グローバル・サウスとは何か

松下　憲冽　編著　A5判　三五〇頁　本体三五〇〇円

新自由主義に揺れるグローバル・サウス
——いま世界をどうみるか

藤田　松下　憲冽　編著　A5判　四〇〇頁　本体四〇〇八円

新時代のグローバル・ガバナンス論
——制度・過程・行為主体

松下　藤田　和冽子　編著　A5判　四〇〇頁　本体五〇〇〇円

新時代のグローバル・ガバナンス論
——制度・過程・行為主体

西谷　山田　真規子　高敬　編著　A5判　三五二頁　本体三二〇〇円

フィールドから考える地域環境 ［第2版］
——持続可能な地域社会をめざして

辻　西城戸　史　英誠　聡　編著　A5判　三七八頁　本体四〇〇〇円

アートがひらく地域のこれから
——クリエイティビティを生かす社会へ

家中　竹内　小野泉田　茂潔元宏邦弘　編著　A5判　二九二頁　本体三二〇〇円

ミネルヴァ書房
https://www.minervashobo.co.jp/